国家社会科学基金2011年教育学一般项目（BMA110098）
"民族教育与武陵民族地区农村劳动力转移研究"

民族教育与
武陵民族地区
农村劳动力转移研究

谭志松　著

中国社会科学出版社

图书在版编目（CIP）数据

民族教育与武陵民族地区农村劳动力转移研究／谭志松著 . —北京：
中国社会科学出版社，2018.10
ISBN 978 - 7 - 5203 - 3260 - 6

Ⅰ.①民… Ⅱ.①谭… Ⅲ.①少数民族教育—研究—西南地区②民族地区—
农村劳动力—劳动力转移—研究—西南地区 Ⅳ.①G759.2②F323.6

中国版本图书馆 CIP 数据核字（2018）第 230347 号

出 版 人	赵剑英
责任编辑	张 林
特约编辑	闫纪琳铖
责任校对	沈丁晨
责任印制	戴 宽

出 版	中国社会科学出版社
社 址	北京鼓楼西大街甲 158 号
邮 编	100720
网 址	http://www.csspw.cn
发 行 部	010 - 84083685
门 市 部	010 - 84029450
经 销	新华书店及其他书店

印 刷	北京明恒达印务有限公司
装 订	廊坊市广阳区广增装订厂
版 次	2018 年 10 月第 1 版
印 次	2018 年 10 月第 1 次印刷

开 本	710×1000 1/16
印 张	19.5
插 页	2
字 数	305 千字
定 价	88.00 元

目　　录

绪　　论

　　本著作是笔者主持完成的国家社会科学基金教育学一般课题《民族教育与武陵民族地区农村劳动力转移研究》（批准号：BMA110098）的结题成果。该课题自 2011 年年底获批到 2016 年 12 月完成，历时 5 年，在课题组成员的通力合作和相关部门的大力支持下，我们先后多次深入实地调查，访谈、收集第一手数据资料，采取点面结合、上下结合、理论与实际结合、个案剖析等分析方式，对课题内容进行了较深入细致的研究，取得了一系列成果。先后发表系列学术论文 10 篇，其中 CSSCI 源刊 4 篇，全国中文核心、CSSCI 源刊扩展版 3 篇，《新华文摘》论点摘编 1 篇，另有 3 个专题研究报告和 3 篇研究生论文。本著作是在充分消化和研究调查资料及文献、概述提升以上研究成果的基础上形成的。这里对全书及其核心成果作如下概括。

一　内容与方法

　　武陵民族地区指以武陵山脉为主线，湘鄂渝黔四省市接壤的地区，该地区以土家族、汉族、苗族为主体，土家、汉、苗、侗等 30 余个民族聚居，少数民族占 60% 以上。这些世代聚居的民族创造了这一地区独特的民族文化、地域文化，并构成这个民族社会区域的典型特征。然而，由于该地区属于老少边穷地区，长期以来由于交通、信息闭塞，经济社会发展相对滞后，一直属于国家重点扶贫开发的地区（武陵山片区）。随着改革开放不断深入和市场经济逐步建立及完善，人们的思想观念发生了重要变化，祖祖辈辈务农的农村家庭伴随着农村产业调整出现剩余劳动力，这些剩余劳动力为寻求生存和发展带上行囊离家到沿海地区、发达城市务工，以提高家庭经济收入和生活水平，务工经济逐步发展成为农村家庭脱贫致富的重要经济来源。转移的劳动力成了"农民工"。

农民工的出现和迅速发展，带来了农民工输出地和输入地的社会安全、稳定问题，人口流动带来的农民工就业安全和质量、流动儿童就学、家乡农村建设和留守儿童教育等问题成为政府和社会关注的热点问题。本成果围绕武陵山区农村劳动力转移的相关问题，包括劳动力转移流动的规律和趋势、素质与技术教育培训及其跨界运行协调机制、留守儿童教育管理及其运行机制等问题，以及与之相关的民族教育理论和农民工流动理论开展深入研究。

（一）主要内容

本书内容分五个部分：

第一部分，研究的目的和意义、研究方法和思路。

1. 研究目的。本课题的研究目的主要有三个方面：一是厘清武陵民族地区农村劳动力转移经历30余年后，在新的发展时期，劳动力转移的新的基本趋势和规律，以利于寻求农村剩余劳动力的更好的新的发展路径和对策；二是面对武陵民族地区农村劳动力转移的新要求，民族教育如何发挥作用，民族教育理论和劳动力转移理论能否有新的发展和突破，对此做深入的创新性研究；三是对农村劳动力转移中的三大问题：劳动力转移发展途径、留守儿童教育管理、武陵民族地区劳动力就业教育培训及其机制等进行对策性研究（在分析原因的基础上）。

2. 研究意义。本课题研究的意义有四点：一是对进一步找准武陵民族地区农村劳动力转移存在的问题及原因，寻求正确发展路径，促进该地区经济社会发展，实现全面建成小康社会具有重要的现实意义；二是本研究将在民族教育理论和劳动力转移理论上有所突破，所以，其研究具有重要学术理论价值，并有助于民族教育学学科的发展；三是本研究对武陵民族地区农村劳动力转移途径和转移培训、留守儿童教育等问题提出的对策性建议具有重要的现实指导意义；四是本研究的结论和建议对政府决策和其他民族地区劳动力转移问题有重要的咨询和借鉴作用。

3. 研究假设。本课题研究基于三个假设：假设一，农村劳动力转移问题仍然是关系到武陵民族地区经济社会发展的重要问题，而且武陵地区劳动力转移应有新的发展空间。所以，有研究的重要意义。假设二，民族教育对推进武陵民族地区农村劳动力转移有重要的直接推动作用。假设三，留守儿童教育问题困扰着劳动力转移发展，也影响到后继有人的问题。在这三个假设前提下，构建了本研究的思想和框架。

第二部分，主要阐述与民族地区农村劳动力转移研究相关的民族教育理论研究，重点阐述三点：一是界定和阐述民族教育社会学的学科概念和理论框架；二是文化素质教育与劳动力转移的关系；三是劳动转移新范式下民族教育内涵的拓展。

第三部分，研究留守儿童的教育问题，重点从三个方面阐述：一是用实证方式剖析现在武陵民族地区留守儿童及其教育管理现状和问题，包括留守中学生学业成就归因分析；二是小学布局调整政策"一刀切"的执行对武陵山区留守儿童教育的影响；三是留守儿童教育及管理的对策。

第四部分，对武陵地区农村劳动力转移流动趋势和规律的现代分析，重点是提出和阐述劳动力转移流动趋势的"三角良循环"模型及其理论。

第五部分，研究武陵民族地区跨省界农村协调发展和劳动力转移培训的协调运行机制等。

（二）研究方法

本书主要采用三种方法进行研究：

1. 文献分析法。通过对国内外相关研究文献的梳理分析，提出对问题分析的观点和建议，进而提出科学理论观点，总结出具有学术与实践价值的结论和指导意见。

2. 实地调查法。本研究注重到武陵地区进行实地调查，采取面点结合、宏观与微观结合、一般性与特殊性结合、理论与实践相结合的方法，通过对实地调查第一手资料和数据的分析，概述和提升出科学的结论。

3. 实证分析法。我们选定恩施土家族苗族自治州作为劳动力转移流动考察的实证对象，作具体数据分析与概括武陵地区劳动力转移流动的趋势和规律，提升出"流动模型"。以具有十万人口的大镇——野三关镇作为留守儿童教育与管理调查的具体点，深入社会、家庭和学校调查留守儿童问题，与当地干部和群众共同探讨解决留守儿童教育与管理的对策和方案。

二 结论与对策

本研究得出以下五个有益结论：

（一）理论方面得到两个重要发展

1. 提出中国社会转型视阈下的民族教育社会学的学科概念，即民族教育社会学是以民族教育问题和社会问题，特别是民族地区社会问题为目标，研究民族教育发展与社会进步，特别是与民族地区社会进步之间的相互关系和相互作用的学科。并提出民族教育社会学研究的十一个领域，从而初步构成民族教育社会学的基本理论框架。

（1）民族教育社会学学科的哲学基础研究。坚持马克思主义社会哲学的唯物史观和实践的观点是民族教育社会学理论的思想基础。民族教育社会学的对象直接涉及多民族人和多民族人的社会。马克思主义唯物史观既是我们建立民族教育社会学理论的思想基础，也提供了研究的方法论。如何用马克思主义实践的观点和唯物史观这个思想武器，根据中国民族教育与社会实际，建立起中国特色的民族教育社会学理论是我们要深入探讨的重要课题。

（2）民族教育社会学的基本原理研究。民族教育社会学的基本原理主要指民族教育与社会进步之间最一般意义的关系和互动规律。所以，民族教育社会学基本原理的研究，就是要揭示三个层面的具有一般意义上的关系：一是要研究民族教育学与社会学在学科意义上的一般性的相互关系；二是要研究民族教育与社会逻辑意义上的互动关系和基本规律；三是要研究社会问题与民族教育问题之间的一般意义上的内在关系。研究这些基本问题有助于学科知识体系的完善，有助于指导我们科学地进行具体问题的研究。

（3）民族教育与国家发展和民族团结的关系和作用研究。民族教育社会学要在党和国家的总方针下研究民族教育与"五位一体"格局（政治建设、经济建设、文化建设、社会建设和生态文明建设）中各部分之间的关系和民族教育应该担当起哪些责任，以及研究如何真正发挥其应有的作用等。要加强社会转型快速期的民族团结教育创新研究。

（4）民族教育与中国当今社会重大改革问题研究。研究中国民族教育在这些重大改革中的位置和作用；研究民族教育在这伟大的变革时代该做些什么和怎么做；研究这个时代民族教育社会学应该在理论上形成一个科学的完整体系。只有在这些方面取得成就和突破，才能更好地体现民族教育社会学的重要价值，才能为建立中国社会新常态和实现中国梦做出重要贡献。

（5）民族教育改革与社会转型。研究如何加快民族地区民族教育的改革、研究民族教育与民族区域社会进步，以促进民族地区快速社会转型，缩小其差距，最终达到民族社会和谐发展、繁荣富强。这是一个重要的研究领域。

（6）社会运行与民族教育问题研究。民族教育社会学，要研究民族教育在促进国家社会良好运行和协调发展的条件与机制中发挥出自身应有的重要作用。

（7）学校民族教育社会学研究。随着社会发展和社会转型，国家采取多种渠道支持少数民族学生受教育问题，加上社会人口流动加大，民族地区少数民族学生随父母到务工城市学校上学，内地各类学校不断有少数民族新成员进入（可能一部分散杂在各班中），等等。这些情况都面临着两方面问题，一是如何尽快使这些少数民族学生生活适应、文化心理适应和环境适应，让学生用较好的心态完成好学业；二是少数民族学生的社会化问题，即如何提高学生的民族认同和国家认同一致性的程度、社会制度认同的自觉性、如何培养民族学生成为中华民族优秀的一员，成为国家的主人。这就要根据民族教育规律，从培养机制、教学内容和教学方法着手去解决，还要从教育政策、社会服务建设去研究。学校民族教育社会学，当然可以按照学校的层次和类型分成若干分支方向进行研究。

（8）民族教育与社会文化发展。社会文化发展是一个国家精神生命的动力源泉，是国家软实力的重要体现。民族地区的社会文化发展与民族教育密切相关，研究民族教育与保护、传承和发展民族文化的内在关系，以及研究如何有效发挥民族教育的文化传承创新功能具有十分重要的意义。

（9）少数民族语言教育与民族社会进步。

（10）民族社会教育。

（11）民族教育社会学的方法论研究。民族教育社会学及其理论框架的建立是对民族教育学理论的重要发展，也为研究类似劳动力转移的社会问题提供了一种理论工具和研究视角。

2. 通过对武陵民族地区劳动力转移流动数据和城镇化发展情况进行分析，提出了城镇化发展中农民工流动的"三角良循环"模型，揭示了现在及以后一个较长时期劳动力转移流动的基本规律和基本发展趋势。

经过近10年发展，我国农民工流动发展形成一种新的范式，输出地农村剩余劳动力流入输入地城镇（沿海、发达中心城市）务工，经过努力，一部分发展较好的农民工选择迁入当地城镇（所在地市州区域内的城镇）定居，这部分人解决了自己的家庭问题，使自己成了真正的城市市民，同时，他们还可以选择去外地城镇挣钱（交通信息更方便）；输出地农村的一部分剩余劳动力（特别是初出务工农民工）仍然到输入地城市务工挣钱求生存。这样，"流而近迁"和"流而不迁"同时存在，进而共同构成现在农村劳动力转移的基本现象，形成了一个良性的循环流动模型。

我们把农民工流动的这些现象抽象出来，象征性地把农民工的流动表达为三角形的三条边，三类区域社会空间表达为三角形三个角的顶点，即农民工在输出地农村（用"O"表示这个顶点）与输入地城镇（用"I"表示）之间流动形成一条边（即"OI"边），在输出地农村（O）与近迁城镇（用"N"表示这个顶点）之间流动形成一条边（即"ON"边），在近迁城镇（N）与输入城镇（I）之间流动形成一条边（即"NI"边），从而构成了农民工流动的三角形模型：△OIN。其抽象形成如下"三角良循环"流动模型图：

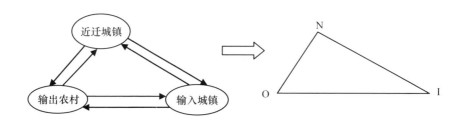

这个模型揭示了当前武陵地区农民工流动的基本趋势和规律。这个模型也启示我们：当前和今后一个较长时期，中国城镇化发展应该在国

家战略层面上重视和加快三线以下城市的发展。

（二）"实践运行"研究中得出三个重要结论

1. 国家"农村小学布局调整"政策措施的总体方向和内容是正确的，但是，在执行过程中没有考虑到民族山区，特别是贫穷边远山区的实际，采取"一刀切"的方式强行执行是错误的，给民族山区义务教育成果的巩固和留守儿童教育造成了严重损失。然而，2012 年国家教育行政部门根据两会代表意见，又实行"一刀切"全面停止调整农村小学布局，走向了另一个极端，导致该享受能享受优质教育资源的学生和地区又不能得到及时解决，出现严重的资源浪费、效率低下现象，需要及时纠正。

2. 农村留守儿童教育和管理关系到国家的未来、民族的兴衰，国家层面应该制定和实施切实有效的措施予以解决。

3. 需要进一步加强武陵民族地区劳动力转移培训教育和新生代农民（初高中毕业未上大学的青年）的职业教育培训。

（三）提出了五项对策建议

1. 教育学和民族教育学学者们在研究民族教育和教育社会学的同时，要加强民族教育社会学的理论研究，建立中国特色的民族教育社会学学科理论体系，以适应民族地区社会转型加速期经济社会发展和民族教育发展的需要。

2. 国家要更加重视和加大三线以下城市的建设发展投入，特别是民族地区的地市州区级城市、县市区级城市和区域性中心集镇的发展建设，为提升农民工"流而近迁"速度和质量创造条件，加快农民工流动的有效"三角良循环"，这既可以加快民族地区城镇化建设速度，又可以有效促进劳动转移发展和农村社会建设发展不充分问题的解决。

3. 在制定和执行国家相关教育政策、经济社会发展政策时，一定要考虑民族山区和多民族国家的特殊性和发展实际，因地制宜逐步推进民族地区社会和民族教育发展。切不可只有大统一的面上政策而搞"一刀切"，导致民族地区的新的困难和损失，进一步拉大民族地区发展的差距，形成新的更多的不平衡，造成新的社会矛盾。

4. 农村留守儿童的教育和管理问题应该纳入国家教育体系筹考虑，实现根本性解决。要从体制、机制、政策法规、内容、方式全盘系统建立完善的教育体系，不能只停留在呼吁、提倡、号召、要求等形式上，而实质上还是任其自由发展，致使问题越来越严重。这是一个关系到国家长治久安、民族后继有人的重大事情。具体要做好四个方面的工作：

一是要强化政府责任，全面统筹解决留守儿童教育问题。要大力推进民族地区农村城镇化建设，丰富劳动力就地转移的多样化形式；实施家长教育工程，提高家庭教育水平；加大农村学校教育投入，增强学校教育能力；利用社会资源，引入市场机制，规范民办教育办学行为。

二是要强调家庭教育的基础性作用，营造良好家庭氛围。监护人应履行监管责任，提升教育水平；外出务工父母应与子女建立良好的亲子关系，做到缺位不缺教。

三是要发挥学校教育的主渠道功能，探索留守儿童教育管理模式。实施以幼儿为主体的学前留守儿童教育；探索素质教育目标下的留守儿童针对性教育；创新寄宿制学校教育管理模式。

四是要营造良好社会环境，丰富社会教育形式。要大力发展文化事业，提升民族社会整体文化水平；加强托管机构自身建设，发挥积极教育效能；结合社区村落治理，化解家庭教育困境。

5. 在国家西部大开发和扶贫攻坚的大政策环境下，建立武陵民族地区跨省农村社会发展、劳动力转移培训、新生代农民职业教育的区域性布局和协调运行机制，形成相互补充、相互支持、相互融合、共同发展的有效机制，共同创造内地跨省区、山水环绕、园林生态、宜人宜居、安全和谐、丰衣足食、民族和睦的民族社会区域。具体要实现五个方面的协调机制：

一是区域经济合作协调机制：科学规划，建设跨省经济协作创新区；破除行政壁垒，构建区域性一体化市场体系；完善跨省市合作机制，构建区域产业协作发展体系；促进区域一体化，实现区域内基本公共服务共建共享；注重环境保护，实施区域生态合作协调治理。

二是区域交通物流联合协调机制：区域交通联合协调，就是要建设快速运输网络体系；建设区域交通枢纽体系；建设区域水运及管道运输体系；完善交通运输一体化管理体系；建设公路运输体系。区域物流联合协调，就是要构建区域一体化交通运输网络，提升区域物流体系综合能力；培育区域物流市场，加快重点物流行业发展；整合区域物流资源，提升现代物流的专业化、规模化、标准化、社会化水平；借助"互联网+"，发展智慧物流体系；创新区域性物流政策，扶持现代物流发展，共建区域统一物流体系。

三是旅游文化融合协调机制：区域统筹，合作共享；规划先行，深度营销；创新政策，多元协作。

四是劳动力"流而近迁"转移协调机制：发展区域民族教育，提高农村劳动力素质；推进区域城镇化建设，促进农村剩余劳动力就近转移；强化社会公共服务，实现城乡公共服务均等化；优化产业结构，以创业带动就业，引导农村劳动力进入非农产业领域就业；加强引导和规范，构建组织化的流动机制。

五是劳动力转移教育培训区域整体协调机制：建立健全武陵山片区农村劳动力教育培训的政策法规体系；借鉴国外成功经验，构建多元化的农村劳动力教育培训经费保障机制；优化师资队伍结构，切实加强区域职业技术教育师资队伍建设；改革区域职业学校办学体制，实现培训主体多元化；加强区域职业技能培训，提高农村劳动力转移区域职业需求培训的质量和效益。

第 一 章

民族教育社会学①

　　中国是一个统一的多民族国家，正处在社会转型快速期的伟大变革时代。由于社会结构转型滞后于经济结构转轨，社会矛盾日益突出，一些社会问题变得复杂而综合，需要不断探索新理论新方法以有利于促进诸多问题的解决。民族教育社会学是以民族教育问题和社会问题，特别是民族地区社会问题为目标，研究民族教育发展与社会进步，特别是与民族地区社会进步之间的相互关系和相互作用的学科。它随时代的呼唤应运而生，并坚持马克思主义哲学的唯物史观和实践的观点，以马克思主义社会学的维护建设性形态理论为指导，着眼于建立具有中国特色的民族教育社会学理论，使其研究的成果和形成的理论直接服务于建设中国特色社会主义国家的伟大事业。

第一节　研究背景

　　中国是一个拥有 56 个民族的多民族社会主义国家，少数民族占 8% 以上，主要聚居在社会经济发展相对落后的中西部地区。随着中国社会转型加速，民族地区社会发展面临更加严峻的挑战，社会矛盾日益突出，一些西方敌对势力也常趁此暗地不断挑起事端，唯恐中国不乱，总是以各种手段企图演变中国走解体之路，这些已成为不争的事实。面对现实，社会学国人理应秉持自己的崇高信念，坚持中国特

---

　　①　谭志松:《中国社会转型视阈下的民族教育社会学》,《当代教育与文化》2016 年第 1 期,《新华文摘》2016 年第 11 期。

色社会主义的道路自信、制度自信和理论自信。在马克思主义社会学的维护建设性理论形态指导下，根据中国实际在以习近平同志为核心的党中央领导下寻找建设中国特色社会主义的新路。这就要进一步创新和丰富我国人文社会科学学科的理论，以满足指导社会发展实践的需要。众所周知，在社会进步与发展的历史长河中，教育始终发挥着不可替代的重要作用，在中国这个多民族国家社会的发展中，民族教育也发挥了特殊的重要作用。面对中国社会转型快速期社会结构转型滞后于经济体制转轨①，社会矛盾日益突出，民族地区社会转型和发展更加落后的状况，我们经常会遇到或面对民族教育问题仅靠民族教育理论和方法已无法解决，社会问题仅靠社会学理论和方法也不能很好解决的状况。经常是，当我们把民族教育问题放在民族社会的环境里研究，在找到民族教育问题与民族社会进步的本质关系时，却可找到解决试图解决的民族教育问题或民族地区社会问题的一些途径。这些研究既不完全属于民族教育学范畴，也不完全属于社会学的范畴；也可以反过来表达为，既是民族教育学或社会学的内容，也有明显的社会学或民族教育学的特点。对于这类具有民族教育学和社会学双面学科属性事实，需要进行学科规范，既有助于对民族教育问题或社会问题（特别是民族地区社会问题）的认识和解决，又丰富和发展了相关学科理论。为此，笔者根据相关学科理论，提出民族教育社会学的概念，并阐释其主要意义和主要研究领域，试图以此构成民族教育社会学的基本理论框架。

"民族教育社会学"的名称是 21 世纪初由教育人类学家滕星教授提出的，他从民族教育学与其他学科可以形成交叉学科的角度提出"民族教育社会学"的名称，并将其定义为"民族教育社会学是以民族学、社会学的理论和方法对教育进行研究的一门民族学；是教育学和社会学相互交叉的分支学科"。亦没有深入阐述。②③ 笔者认为，这个界定的完整性和准确性有待进一步认识和研究。

———————————

①　郑杭生：《郑杭生自选集》，学习出版社 2013 年版，第 102—116 页。

②　哈经雄、滕星：《民族教育学通论》，教育科学出版社 2001 年版，第 16 页。

③　滕星：《族群、文化与教育》，民族出版社 2002 年版，第 29 页。

　　笔者从教育社会学概念的提出和发展过程考察，通过对国内外社会学家和教育学家对教育社会学的界定内涵的剖析，在对教育社会学概念作了进一步的概述和界定的基础上，结合中国社会实际，认为，民族教育社会学是以民族教育问题和社会问题，特别是民族地区社会问题为目标，研究民族教育发展与社会进步，特别是与民族地区社会进步之间的相互关系和相互作用的学科。我们的界定包含了两个层面：一个层面是指出了民族教育社会学的研究场域。即民族教育社会学强调其社会性，当今社会特别是民族地区社会是民族教育社会学的研究场域，社会特别是民族地区社会的运行状况是民族教育社会学研究的基本背景和基础。另一个层面是指出了研究的目标和主体对象。

　　首先，研究民族教育发展与社会进步的关系不是一个笼统的概念，研究这个问题，至少需要从三个方面去考察：一是从历史的角度考究，从现实的角度考证民族教育发展与社会进步的关系。这个关系涉及两个方面：一方面既要重点研究民族教育发展与民族地区社会进步的关系，也要研究民族教育发展与整体国家社会进步的关系，后者有其特殊的意义。因为，我们提出的民族教育社会学是基于中国社会转型加速的实际，这个时期，改革开放不断深入，社会结构不断转变，人口流动日益加速，再加上民族地区内地办学、办班等形式的内地民族学校教育与当地社会相关问题等，一些汉族地区也逐渐变成了以汉族为主体的多元民族社会区域（不记户口区别）。而民族地区也不断有汉族入住与当地民族生活在同一个地方。正如习近平总书记在 2014 年中央民族工作会议上的讲话中指出的：中国"形成了你中有我、我中有你，谁也离不开谁"的中华民族多元一体格局。① 所以，在这些地区多民族和谐问题及其导致的社会运行协调问题等构成了民族教育要关注的问题。另一方面，中国是一个多民族国家，部分和整体的血肉关系是国家强盛的基础。因此，研究民族教育发展与社会进步的关系，除了主要研究与民族地区社会进步的关系外，还要研究民族教育发展与整体社会进步的关系，只有把研究民族教育发展与民族地区社会进步的关系放在民族教育

---

　　① 王正伟：《做好新时期民族工作的纲领性文献——深入学习贯彻习近平总书记在中央民族工作会议上的重要讲话》，《求是》2014 年第 20 期。

与整体社会进步关系的大局下开展研究，才能把握"关系"的本质，才能沿着中华民族多元一体格局的正确民族观去认识民族教育发展与民族地区社会进步的关系。也只有这样才能真正发挥民族教育在社会进步中的重要作用，进而体现民族教育社会学的重要价值。二是从辩证唯物主义的观点分析其相互作用关系的运动规律。三是用系统论方法研究其多层次互动关系，要研究民族教育与社会（特别是民族地区社会）及其分支系统的互动关系，还要研究民族教育子系统与社会（特别是民族地区社会）及其分支系统的互动关系。

其次，以问题为导向的"两个目标"说，形成两条研究路线：一条路线是以解决民族教育问题为目标，用社会学的视野，吸取社会学（民族社会学）的基本理论、观点和方法研究拟解决的民族教育问题；另一条路线是以解决社会问题，特别是民族地区社会问题为目标，以其社会运行状况为背景，用民族教育的功能和特性及其理论和方法，研究民族教育在解决社会问题中应该发挥什么作用、能发挥什么作用和怎样发挥真正有效的作用。这种问题导向性，既充分体现了民族教育社会学是一个应用性很强的人文社会科学学科，也指出了民族教育社会学的一种研究范式和思路。

最后，民族教育社会学的学科属性应该从两个方面来认识：一是以社会问题为目的的民族教育社会学，是用民族教育学的理论、观点和方法去论证、阐释和解决社会问题，所以属于社会学学科，进而属于民族学或者社会学学科；二是以民族教育问题为目标的民族教育社会学，是用社会学的理论、观点和方法论证、阐释和解决民族教育问题，所以属于民族教育学或者教育学学科。

第二节　民族教育社会学的概念及意义

民族教育社会学的意义何在？我们不妨从民族教育社会学提出的缘由和背景来探讨它的重要意义。

一 学科交叉性衍生了民族教育社会学

学科是指"按照学问的性质划分的门类",① 对于一个学科来说就是一个具有内在逻辑联系的知识体系,不同的学科各自的作用不同。学科的发展是伴随着人类对自然界、社会以及人类自身的不断认识所创造的知识形成的,并且经历从综合到分离,又从分离到交叉、融合再到分离的过程。当一个学科比较成熟,在解决实际问题中又要借助其他学科的合力时,两个学科必然发生内在联系和相互的作用,而当这种联系和互动不断地加强和发展到密不可分时,就意味着新的学科将要衍生。这就是学科综合、分离、交叉、融合发展的基本规律。由这个规律形成过程我们看到,两个学科交叉衍生新的学科需要满足三个条件(或者称为两学科交叉衍生新学科的"基本原则"):一是两个学科已经比较成熟并相对独立(理论基础);二是在现实社会或自然界有它们共同关注的问题(现实社会需求);三是有较强的相互解释、相互借鉴、相互支撑和相互补充的关系(内在联系)。学科交叉的衍生性并不是两个学科名称的简单相加,而是要经过一个衍生的过程才能实现。

民族教育学是多民族国家的产物,在中国的学术界和教育界"民族教育"和"民族教育学"主要是指"少数民族教育"和"少数民族教育学"②,在西方称多元文化教育或跨文化教育。中国的民族教育起源于古代寺院教育③,但是,作为学科研究则是新中国成立之后的事。特别是改革开放以来,经过30多年的发展,民族教育学已事实上成为一个有影响的相对独立的学科(尽管目前国务院学科目录还没有将民族教育学纳入二级学科,但事实已经充分证明了这一点)。

社会学的历史较长,从西方的圣西门、孔德、涂尔干、马克思等社会学的创立者们的思想观点到现代社会学的发展和社会学研究对推进社会进步的实际,从西方社会学到中国社会学学派的形成过程,我们看到了成熟的社会学理论对社会进步的重要作用。然而,随着社会的变迁与

---

① 《现代汉语词典》,商务印书馆1994年版,第1309页。
② 哈经雄、滕星:《民族教育学通论》,教育科学出版社2001年版,第2页。
③ 谢启晃:《中国民族教育史纲》,广西教育出版社1989年版,第9页。

进步，一些社会现象和社会事实变得更加复杂和综合，相应地需要的学科知识变得更加多样或多元，不同学科相互碰撞和交融，进而互相借鉴和互相补充，乃至相互推进，这正是社会学互动理论在学科科学发展中的一种体现。①

民族教育是多民族国家的一种社会现象和社会事实，是整个社会事业的重要组成部分。作为一个社会活动的子系统民族教育必然与社会及其他子系统相互联系、互相交融、相互作用从而产生效果（或新的现象）；而民族教育学也必然与社会学及其分支发生关系、互相借鉴、互相补充、相互交叉、相互解释，从而形成新的知识体系或学科。因此，根据学科交叉性衍生原则，民族教育学与社会学的交叉性衍生出新的学科，即民族教育社会学，具有必然性。

二　教育社会学的形成为民族教育社会学提供了理论引导和动力源泉

教育社会学的形成和发展至今经历了 130 多年历史，现已成为社会学家和教育学家共同关注和有影响的学科。它的意义已远不只是学科本身，更重要的是它在解决许多社会问题和教育问题中发挥了重要作用，是一个应用性很强的人文社会科学学科。我们从部分具有代表性的学者的观点进行剖析。教育社会学的概念最早是由美国社会学家沃德（L. F. Ward，1841—1913）于 1883 年在其名著《动态社会学》中提出来的，并较为系统地论述了教育与社会进步的关系。他把当时流行的"教育观念划分为五种：①经验的教育；②训练的教育；③教化的教育；④研究的教育；⑤传播信息的教育"。但沃德认为后两者与社会进步直接相关。他认为研究的教育"以发现真理为最大目的，因为人类的一切进步都是发现真理的成果；传播信息的教育旨在把世界上已有的、最重要的知识传播给全体社会成员，这样做有助于智力的发展以及真理在社会实践中的充分运用"。他同时认为，"前三种教育无助于社会的进步"②。显然，沃德的观

① ［美］乔纳森·特纳：《社会学理论的结构》（下），邱泽奇译，华夏出版社 2001 年版，第 7 页。

② 马和民、高旭平：《教育社会学研究》，上海教育出版社 2000 年版，第 11 页。

点是：教育社会学必须是从推动社会进步的角度探讨教育及其行动的，强调的是教育社会学以社会问题为目标，是从社会学的视野阐释教育与社会进步的关系，研究如何利用教育的功能解决社会中的问题，促进社会的不断进步。因此，沃德认为教育社会学属于社会学。

被称为"教育社会学的真正奠基者"的法国社会学家埃米尔·涂尔干（Emil. Durkheim，1858—1917，也有译为"迪尔凯姆"），1903 年出版了著名教育社会学著作《教育与社会学》，他强调的是要科学地研究教育，就必须吸取社会学的观点和方法。在他看来，教育是一种社会事实，所以教育是社会的重要组成部分。他说"教育从其起源、功能来看，是一种突出的社会现实，因此，教育学比所有其他学科更加紧密地依存于社会学"。① 涂尔干强调教育是"一种社会事实"，要把教育问题看成社会问题来研究，所以要"吸取社会学的观点和方法"研究教育（这个社会问题）。因此，必须用社会学的视野，把教育放在社会场域中，借助社会学的观点和方法与教育学方法综合应用去研究这些问题才能获得科学的答案。涂尔干也实际上提出了教育社会学的一种功能，即教育社会学具有解决教育问题（也是社会问题）的功能。

美国社会学家、经济学家史密斯（W. R. Smith）1917 年出版了美国第一本教育社会学教材《教育社会学导论》，他认为教育社会学是有组织地运用社会学科学的精神、方法和原理去研究教育的学科②。其目的在于发现支配教育的社会法则以便改善教育实际。史密斯的观点与涂尔干的观点的共同点在于，他们都强调教育社会学具有解决教育问题的功能取向。不同点是史密斯认为教育社会学就是社会学在教育研究中的应用，在史密斯看来教育社会学属于教育学；而涂尔干是把教育看作社会中的一个事实，教育社会学是用社会的其他事实来解释教育和解决教育问题，因此他实际上认为教育社会学属于社会学。

苏联社会学家 Ф. Р. 费里波夫给教育社会学及其对象做了这样的定义："教育社会学是一门专门的社会科学，它的研究对象是作为一个社会设施的教育体系，以及各分支体系之间的相互作用，乃至教育

---

① 王养冲：《西方近代社会学思想的演进》，华中师范大学出版社 1996 年版，第 133 页。

② W. R. Smith, An Introduction to Educational Sociology, Houghton Mifflin, 1917, p. 15.

体系和它的各分支体系与社会，首先与整个社会体系之间的相互作用。"① 很显然，费氏更进一步强调教育社会学的社会学性质，认为教育社会学是社会学一个独立的分支学科，研究对象是教育体系及其分支体系与整个社会体系的相互作用，教育体系及其分支体系与社会的分支体系的相互作用。费氏的"社会设施的教育体系"，实际上是把教育体系看成整个社会体系的一个分支体系。因此，费氏的观点实际上是研究作为分支体系的教育体系与其母体系的相互作用以及教育体系及其分支体系与社会的其他分支体系的相互作用。是部分与整体、部分与部分的结构功能研究思想。他从定义直接指出了教育社会学的社会学属性。

我们再看几个教育学家的教育社会学观：美国哥伦比亚大学教育学家 H. 苏扎洛（H. Suzzallo，1875—1933）在 1913 年美国教育家 H. 孟禄（P. Monroe）主编出版的《教育百科全书》中撰写了"教育社会学"词条，他把教育社会学概述为"有组织地运用与教育问题有特别关系的现代社会学思想，系统地研究教育的专业理论和实践的一门基础性学科"②。他把当时的教育社会学研究归纳为五个方面：（1）对学校教育目标和教学问题的评估；（2）讨论学校建筑与人口密度的关系；（3）探讨学校发展与社会改革的关系；（4）研究费用的合理分配；（5）教育与资格待遇的关系。苏扎洛同样主张教育社会学要研究教育与社会的关系，但他强调的是教育（学校）的良性发展需要社会提供支撑，并强调教育发展必须考虑到社会的诸多制约因素。在他看来教育社会学就是以社会学为工具研究教育问题、教育学的理论和实践的学科。学科属性应该是教育学。

美国教育学家 F. J. 布朗（F. J. Brown）1947 年出版了《教育社会学》③，这是一部当时在美国具有重要影响的教材。他把教育社会学界定为：教育是社会化的别名，教育社会学是社会学的一种应用，它重视学

---

　①　［苏］Ф. Р. 费里波夫：《教育社会学研究的对象》，载张人杰《国外教育社会学基本文选》，华东师范大学出版社 1991 年版。

　②　H. Suzzallo，"Sociology"，In Paul Monroe（editor chief），A Encyclopedia of Education，1913，p. 361.

　③　F. J. Bromn，Educational Sociology，PrenticeHall，N. Y.，1947.

校分析并侧重探讨作为一种社会控制的教育过程。布朗强调教育社会学就是社会学在教育研究中的一种应用，并且强调从学校的教育来分析教育作为一种社会控制的教育过程①。布朗的主要观点与苏扎洛是一致的，他们强调教育社会学是以解决教育问题为目标的，因此，教育社会学属于教育学范畴。

美国教育学家（也是哲学家）杜威（J. Dewey，1859—1952）出版了两本有影响的教育社会学著作。一本是1899年出版的《学校与社会》②，他从美国工业发展与社会生活的变迁，以及教育怎样适应这种变迁出发，讨论了教育上的诸多问题，倡导"教育即生活"和"学校即社会"的主张。另一本是1916年出版的《民主主义与教育》，他论述了教育的社会功能，指出教育在达到分享社会意识的过程中起调节作用，并且论述了个体有效的社会化方式是非正式的社会参与。③ 很显然，杜威强调教育与社会进步的关系，同时指出教育社会学是从研究教育如何去适应社会变迁上研究教育问题，这实际上强调指出了教育发展与社会变迁密切相关，教育必须与社会实际相结合，教育才能得到良好的发展。中世纪大学发展的衰落到19世纪再兴起（以1810年德国柏林大学"大学教学科研两大功能"为起点），直至20世纪进入社会的中心（1904年美国威斯康星大学"大学教学、科研、社会服务三项功能"为起点）的起伏过程更能说明这一点④。杜威还指出了教育社会学的社会化功能和社会化方式。在杜威看来，教育社会学属于教育学范畴。

上面我们对国外教育社会学的主要观点进行了梳理和剖析评述。我们看到教育社会学在形成和发展过程中形成了两大学派：一种是持教育社会学是以社会问题为目标，研究教育与社会进步之间的关系和相互作用的学科，属于持教育社会学属于社会学学科的观点的学派，我们不妨简称为社会学学派；另一种是持教育社会学是以教育问题为目标研究教育与社会进步之间的关系和相互作用，属于教育学学科观点的学派，简

---

① 钱民辉：《教育社会学：现代性的思考与建构》，北京大学出版社2005年版，第3页。

② Dewey, J. The School and Society, The University of Chicago Press, 1900.

③ 马和民、高旭平：《教育社会学研究》，上海教育出版社2000年版，第14页。

④ 谭志松：《多民族国家大学的使命：中国大学的功能及其实现研究》，民族出版社2008年版，第48—70页。

称为教育学学派。然而，两个学派最基本的共同点是都认为教育社会学是研究教育与社会进步之间的关系的学科。但是，两个学派也有其重要的不同点：前者强调教育社会学以研究解决社会问题为目标，教育应该如何适应社会，进而如何发挥教育的功能促进社会进步，教育作为社会的一个特殊的子系统随之得到发展；后者强调的是教育社会学是以解决教育问题为目标，把社会学作为工具，用社会学的部分观点和方法研究教育问题，进而促进教育发展。因此，两大学派研究的出发点和落脚点是不同的。所以，北京大学钱民辉教授认为两大学派的观点只是"表述不同"的观点①，我个人认为有待商榷。但是，钱先生把教育社会学比较抽象地界定为"教育社会学是研究教育与社会及社会亚系统之间的关系和相互作用的学科"是有一定道理的。因为，这样既避免了两大学派的分歧，也在一定程度上反映了概念部分的主要内涵。但是，深入分析以上学者们的观点，感觉到这个界定还不是很完善。因为，它不能反映教育社会学研究"关系"和"作用"的"出发点"和"落脚点"。因而，它所表现出的学科应用性特点不强。所以，笔者认为，"教育社会学是以教育问题和社会问题为目标，研究教育发展与社会进步之间的相互关系和相互作用的学科"。

　　从教育社会学两大学派的形成和发展的轨迹看，教育社会学是随社会变迁和教育学与社会学的学科发展而发展起来的。因此，作为统一的多民族国家的中国，其社会变迁和社会转型必然带来民族教育发展与社会进步的相互关系，特别是民族教育发展与民族地区社会进步的相互关系；同时，民族教育学与社会学，特别是与民族社会学必然相关联。所以，我们给出的民族教育社会学概念如前所述。

三　中国社会转型加速为民族教育社会学提供了社会需求和发展机遇

　　著名社会学家、中国人民大学郑杭生教授根据中国社会实际，提出了中国社会转型论，他指出，中国社会的"'社会转型'指社会从传统型向现代型转变，即从农业的、乡村的、封闭的半封闭的传统社会，向工

――――――――――

① 钱民辉：《教育社会学：现代性的思考与构建》，北京大学出版社 2004 年版，第 4 页。

业的、城镇的、开放的现代型社会的转型"①。转型的内容主要表现在三个方面，即社会结构、社会运行机制、价值观念体系的转换。同时指出，中国社会转型始于近代，经历了 100 多年发展，直到新中国成立 30 年后在改革开放的新时代进入快速发展阶段。②

著名社会学家陆学艺先生曾对当前我国社会转型与经济结构转轨进行了深刻的比较研究，他指出，当前中国社会结构变动滞后于经济结构变化 15 年。这是当前诸多社会矛盾问题产生的重要原因。因此，面对中国社会转型快速期的诸多社会矛盾，我们应该把握好社会转型的本质内容及其相互关系。要明确社会的结构转型是目标，即社会结构转型应该以适应不断完善的中国特色社会主义市场经济体制为目标。所以，必须弄清楚这个时期究竟需要怎样的社会结构，才能真正明确目标。而结构转型的关键在于社会运行机制转换，没有良好的社会运行体制机制，就不能保证结构转型顺利进行甚至导致倒退。因而，必须改革现有不适应的部分，建立良好社会运行机制。价值观念体系转变是社会转型的前提，没有正确的价值观念，人们就会对新时期社会发展和社会转型认识不清，就会形成错误的社会观、国家观和民族观，就不能正确对待社会转型中存在的矛盾和问题。

中国是一个统一的多民族国家，1 亿多少数民族绝大部分聚居在占全国国土面积 61% 的中西部地区。面对整个社会的快速转型，民族地区的社会转型问题亦引起学者高度关注。郑杭生先生指出，民族地区的社会转型滞后于整体社会转型，即工业化水平、城镇化进程、开放性程度等相对于东部沿海和发达地区存在较大差距。就转型的内容而言存在三个滞后，即"社会经济结构转型滞后""社会运行机制转型滞后"和"价值观念转型滞后"。③ 其中，价值观念转型滞后更为突出。所以，民族教育以其独特的文化知识传授创造功能、对民族成员的社会化功能和思想教化功能必将在社会转型，特别是民族地区社会转型（特别是价值观念转

---

① 郑杭生：《关于"社会转型"一词》，载《郑杭生自选集》，学习出版社 2013 年版，第 117 页。

② 郑杭生：《中国社会大转型》，载《郑杭生自选集》，学习出版社 2013 年版，第 102—104 页。

③ 郑杭生：《民族社会学概论》（第二版），中国人民大学出版社 2005 年版，第 176 页。

型）过程中发挥不可替代的作用。

四 中国部分学者已经在关注和探讨民族教育发展与社会进步的关系和相互作用的问题

近十多年来，我国已有部分重要学者在关注和研究民族教育发展与社会进步之间的关系和相互作用。如著名社会学家郑杭生教授在他主编的《民族社会学概论》中开辟专章，从社会运行论的角度指出研究民族教育要从五个方面在社会学学科层面上把握民族教育的内涵①；社会学家马戎教授在其《民族社会学导论》中论述了少数民族语言教育与族群的关系，这实际上也是语言教育与民族社会发展问题②；教育社会学家钱民辉教授发表了有一定影响的论文《民族教育三疑三议》，他指出"如何贯彻民族教育的'多元一体'的理念，培养出既有本民族文化特点，又能适应普遍文化和全球化发展需要的人才"，"需要在理念上进行争鸣，获得共识"，强调现代民族教育应该注重民族性与现代性的和谐统一③；教育人类学家滕星教授研究了多元文化社会与多元文化整合教育问题④等，都从不同的角度研究了民族教育发展与民族社会进步之间的关系和相互作用。

笔者从 21 世纪初开始专注于区域民族教育的研究，2001 年主持申报了全国教育规划课题"西部开发背景下武陵地区民族教育发展研究"，并获批教育部重点课题。同时，又承担了著名民族教育学家哈经雄教授主持的国家社科基金（教育学）重点课题"西部大开发与中国民族教育改革与发展研究"的子课题"西部大开发与民族院校人才培养模式改革研究"。这两个课题都是研究民族教育发展与社会进步关系和作用的。为了较好地完成课题研究，课题组人员深入武陵民族地区和民族院校进行了广泛而深入的田野调查，其间，课题组遇到了一系列民族教育发展与社会进步不可分离开来研究的问题。其一，农村留守儿童教育问题，当时

---

① 郑杭生：《民族社会学概论》（第二版），中国人民大学出版社 2005 年版，第 225—251 页。

② 马戎：《民族社会学导论》，北京大学出版社 2000 年版，第 155—158 页。

③ 钱民辉：《民族教育三疑三议》，《西北民族研究》2004 年第 3 期。

④ 哈经雄、滕星：《民族教育学通论》，教育科学出版社 2001 年版，第 558—584 页。

看到的现状令人担忧和心痛。这既是一个民族教育问题，也是一个现实社会问题。这个问题来源于农村劳动力外出务工的浪潮，是一个社会转型过程中必然产生的社会问题。其二，当追踪关注民族地区农村劳动力转移问题时，了解到由于这些地区转移的劳动力存在文化层次低、缺乏技术特长、综合素质较差等问题，导致他们的转移就是卖苦力、拼体力、冒险甚至丢性命。民族地区农村不少地方出现了"孤寡老人留守多""尼姑村""光棍村"，并且产生了一系列影响社会安定、农村发展等社会问题。因此解决或者改善劳动力转移问题迫在眉睫。当务之急是如何尽快提高劳动力技术素质、心理素质、思想素质和应对城市务工中突发问题的基本能力和素质等。这又是民族教育中的社会教育和培训教育问题[1]。其三，民族地区的民族文化传承后继乏人，一些优秀民族文化遗产濒临传承断裂。如何利用民族教育的文化传承功能保护和传承民族文化，是一个需要深入探讨的问题。[2] 其四，民族地区基础教育发展问题，主要是高中教育和中等职业教育发展较慢，不能适应当地需要。[3] 其五，农村村民的社会教育问题直接影响农村社会治理和社会发展。其六，民族高等教育及其人才培养问题；还有民族高等教育国际化问题。针对这些，笔者相继主持了两个国家社会科学基金课题"民族教育与土家族非物质文化的保护和传承研究"和"民族教育与武陵民族地区农村劳动力转移研究"。笔者十几年来既有从民族教育问题为目标的社会学研究，也有以社会问题为目标的民族教育学研究，切身感受到了民族教育社会学的重要现实意义和理论意义。

第三节　民族教育社会学的基本理论建构

从以上四个方面阐释了我们所界定的民族教育社会学概念的缘由和意义。下面笔者试图通过探讨民族教育社会学的主要研究领域来阐释民

① 谭志松：《湖北民族地区农村劳动转移研究：以民族教育为视角》，民族出版社 2008 年版，第 1—34 页。
② 谭志松：《土家族非物质文化的教育保护与传承研究》，民族出版社 2012 年版，第 78—125 页。
③ 谭志松：《武陵地区民族教育的历史与现状》，民族出版社 2005 年版，第 20—21 页。

族教育社会学的基本理论构建。

一 民族教育社会学学科的哲学基础研究

辩证唯物主义和历史唯物主义及其结合是马克思主义哲学的理论精髓，也是我们研究民族教育社会学的宏观哲学基础。在此基础上，坚持马克思主义社会哲学的唯物史观和实践的观点是民族教育社会学理论的思想基础。民族教育社会学的对象直接涉及多民族人和多民族人的社会。马克思用其实践的观点界定了人的本质："人的本质不是单个人所固有的抽象的物，在其现实性上，它是一切社会关系的总和。"① 这一界定也揭示了人与社会的本质关系。马克思还指出："社会生活在本质上是实践的。凡是把理论引向神秘主义的神秘东西，都能在人的实践中以及对这个实践的理解中得到合理的解决。"② 这些最根本的实践的观点，是我们建立民族教育社会学理论的基本前提。马克思主义唯物观坚持的是唯物主义与历史的结合，马克思恩格斯曾批判费尔巴哈的唯心史观，他们指出："当费尔巴哈是一个唯物主义者的时候，历史在他的视野之外；当他去探讨历史的时候，他不是一个唯物主义者，在他那里，唯物主义和历史是彼此完全脱离的。"③ 马克思主义唯物史观既是我们建立民族教育社会学理论的思想基础，也提供了研究的一种方法论。如何用马克思主义实践的观点和唯物史观这个思想武器，根据中国民族教育与社会实际，建立起中国特色的民族教育社会学理论是我们要深入探讨的重要课题。

马克思主义社会学理论形成了两种形态，一种是革命批判性理论形态，这是马克思所处的时代和社会形态所决定的，他们当时面对的是"恶性循环的和畸形发展的不合理的"资本主义社会，所以，必须彻底地批判直至推翻它，建立新型的社会主义社会和共产主义社会。这就是马克思社会学理论的革命批判性形态。这一理论形态为中国以李大钊、毛泽东为代表的中国共产党领导全国人民推翻旧社会建立新中国提供了理论支撑和实践指导，并形成了中国革命批判性社会学理论及社会学方法。

---

① 《马克思恩格斯选集》第 1 卷，人民出版社 1995 年版，第 56 页。
② 同上。
③ 同上书，第 78 页。

当革命取得成功建立社会主义社会和共产主义社会后，要研究如何巩固和不断完善已经建立起来的新的社会制度，抵制资本主义的袭击。这就是马克思主义社会学理论维护建设性形态的基本思想。① 中国社会主义社会建立和发展 60 多年来经历了坎坷和风雨，但中国共产党坚持以马克思主义社会学的维护建设性理论为指导，找到了建设有中国特色社会主义社会的道路。面对新时期社会结构转型阶段，民族教育社会学研究必须继续坚持马克思主义社会学维护建设性理论为基本指导思想，使民族教育社会学成为建设有中国特色社会主义理论的有机组成部分。

二　民族教育社会学的基本原理研究

所谓基本原理就是指事物运动或发展的最一般和最根本的规律和道理。民族教育社会学的基本原理主要指民族教育与社会进步之间最一般意义的关系和互动规律。所以，民族教育社会学基本原理的研究，就是要揭示三个层面的具有一般意义上的关系：一要研究民族教育学与社会学在学科意义上的一般性的相互关系；二是要研究民族教育与社会逻辑意义上的互动关系和基本规律；三是要研究社会问题与民族教育问题之间的一般意义上的内在关系。研究这些基本问题有助于学科知识体系的完善，有助于指导我们科学地对具体问题进行研究。

三　民族教育与国家发展和民族团结的关系及作用研究

在一个多民族国家里，在追求国家发展、民族团结、社会和谐的国家目标过程中，必须考虑到时代背景和社会变迁过程，构建国家社会建设的框架和格局。中共十八大提出了中国社会主义社会建设"五位一体"格局：政治建设、经济建设、文化建设、社会建设和生态文明建设，为中国今后相当长一个时期的建设和研究工作指明了方向。因此，民族教育社会学要在国家总方针下研究民族教育与"五位一体"格局中各部分之间的关系和民族教育应该担当起的责任，以及研究如何真正发挥其应有的作用等。要加强社会转型快速期的民族团结教育创新研究。民族团结进步工作，是中国共产党民族工作的主线，围绕这个主线，中国共产

---

① 郑杭生、刘少杰：《马克思主义社会学史》，高等教育出版社 2006 年版，"前言"。

党立足中国是统一的多民族国家的基本国情，坚持中华民族是多元一体大家庭的观点，探索出了中国特色解决民族问题的道路。① 著名民族学家、中国社会科学院学部委员郝时远先生在他的名著《中国共产党怎样解决民族问题》中，从中国国家形成的历史变迁和各个历史阶段中华民族与各民族之间关系演绎中总结教训和经验，系统地阐述了中国共产党探索出的解决民族问题的特色之路。时逢社会转型快速期，中国共产党召开 2014 年中央民族工作会议。习近平总书记发表了重要讲话，深刻阐明了"中华民族和各民族的关系，是一个大家庭和家庭成员的关系，各民族的关系，是一个大家庭里不同成员的关系"，并精辟概括了中国共产党解决民族问题的"八个坚持"的中国特色之路。② 这些为我们研究民族教育在这个特色之路中应该发挥怎样的作用指明了方向。也要求我们的研究要站在国家发展和民族团结的高度认识和把握新时期民族问题的特点，深化民族教育的改革和发展。这不仅是学校教育改革和深化的内容之一，更是民族社会的素质教育和国家公民意识教育的重要内容。前者有学校为载体，便于操作；后者是当前存在的难题，要解决的问题很多，需要研究和探索的内容很多也很复杂。需要我们进行深入探讨。

四　民族教育与中国当今社会重大改革问题研究

当前中国社会改革的总纲就是中共十八届三中全会通过的《中共中央关于全面深化改革若干重大问题的决定》，中共十八届四中全会通过的《中共中央关于全面推进依法治国若干重大问题的决定》和习近平总书记系列重要讲话。研究中国民族教育在这些重大改革中的位置和作用，研究民族教育在这伟大的变革时代该做些什么和怎么做，研究这个时代民族教育社会学应该在理论上形成一个科学的完整体系。只有在这些方面取得成就和突破，才能更好地体现民族教育社会学的重要价值，才能为建立中国社会新常态和实现中国梦做出重要贡献。

---

① 郝时远：《坚定不移走中国特色解决民族问题的正确道路——学习中央民族工作会议精神的几点体会》，《民族研究》2014 年第 6 期。
② 王正伟：《做好新时期民族工作的纲领性文献——深入学习习近平总书记在中央民族工作会议上的重要讲话》，《求是》2014 年第 20 期。

五 民族教育改革与社会转型研究

前面我们已经论及郑杭生、李培林和陆学艺等著名社会学家提出和阐述的社会转型论，中国社会转型经历了 170 多年，自改革开放以来进入快速转型期，相对于经济结构转轨，中国社会结构转变滞后 15 年。根据这个结论，可以粗略地推断出，民族地区的社会结构转变滞后中国整体经济结构转轨远远在 15 年以上，这一差距是民族地区特别是边疆民族地区社会矛盾突出的重要原因，也因此，给以美国为首的西方国家寻找分裂中国、扰乱中国的可乘之机和可利用的空间。在这样一个关键时期，民族教育必然发挥重要的不可替代的作用。所以，站在这样的社会时代背景下研究如何加快民族地区民族教育的改革、研究民族教育与民族区域社会进步，以促进民族地区快速社会转型，缩小其差距，最终达到民族社会和谐、繁荣富强。这是一个重要的研究领域。

六 社会运行与民族教育问题研究

社会学是研究社会良性运行和协调发展的条件和机制的综合性具体学科①。民族教育社会学当然要研究民族教育发展与社会运行之间的关系。美国学者霍尔与尼兹指出："社会秩序是通过个体对社会生活中的正式和非正式的文化模式的遵从形成的。"② 在一个统一的多民族国家中，这种遵从绝大多数是通过民族教育的方式实现的。民族教育基础差、落后和发展不平衡已成为社会现实，这种社会现实与社会运行机制是非正常态的。所以，一方面要研究如何才能使民族教育发展与社会运行机制之间处于正常态就非常重要；另一方面从社会发展的角度看，民族教育的发展只是为社会运行的正常态提供必要的前提和环境，在这种前提和环境下，才有可能实现社会的整体发展和全面进步。"在民族教育的内涵中还必须体现出民族社会成员对现有社会制度安排的总体认同和在此基

---

① 郑杭生：《论马克思主义社会学的两种形态》，《郑杭生自选集》，学习出版社 2013 年版，第 61 页。

② ［美］约翰·R. 霍尔、玛丽·乔·尼兹：《文化：社会学的视野》，商务印书馆 2002 年版，第 25—26 页。

础上体现出来的行为上的大体统一，这种认同和统一均来自社会成员对社会规范的认同，认识到这一点对加深民族教育的理解尤为重要。"① 民族教育社会学，要研究民族教育在促进国家社会良好运行和协调发展的条件与机制中发挥出自身应有的重要作用。

七　学校民族教育社会学研究

学校教育是国家有目的、有计划、有系统地实施国民教育的主要载体，在一个统一的多民族国家里，民族教育不只是指民族学校和民族地区的学校教育，事实上，除了民族学校（包括高等学校）、民族地区学校（包括高校），还有内地学校民族班（如西藏班、新疆班、民族预科教育等），随着社会发展和社会转型，国家采取多种渠道支持少数民族学生接受教育，社会人口流动增多，民族地区少数民族学生随父母劳动力到务工城市学校或地方学校上学，各类学校不断有少数民族新成员进入学校，等等，这种情况都面临着两大方面问题：一是如何尽快使这些少数民族学生更好地生活适应、文化心理适应和环境适应，让学生用较好的心态完成好学业；二是少数民族学生的社会化问题，即如何提高学生的民族认同和国家认同一致性的程度，社会制度认同的自觉性和对中国特色社会主义道路的自信。这就要根据民族教育规律，从培养机制、教学内容和教学方法着手去解决。学校教育民族教育社会学，当然可以按照学校的层次和类型分成若干分支方向进行研究。如从基础民族教育社会学、大学民族教育社会学、职业技术民族教育社会学、师范民族教育社会学等方面进行研究。这些都是当下学校教育中民族教育社会学研究的重要内容之一。

八　民族教育与社会文化发展研究

社会文化发展是一个国家精神生命的动力源泉，是国家软实力的重要体现。民族地区的社会文化发展与民族教育密切相关，研究民族教育与保护、传承和发展民族文化的内在关系，以及研究如何有效发挥民族

---

① 郑杭生：《民族社会学概论》（第二版），中国人民大学出版社 2005 年版，第230—231页。

教育的文化传承创新功能具有十分重要的意义。民族地区的民族传统文化的原创和根基在乡镇、在农村，民族文化对于促进农村社会和谐，提升新农村建设水平，丰富村民社会文化生活，以及一些优秀的传统的艺术及内容、乡规民约、童话故事等对村民有重要的教育意义。然而挖掘、保护和传承民族文化的困难也在乡镇：一是农村50岁以下素质较好的劳动力绝大部分均外出务工，当地民族文化传承后继乏人，老一辈传承人逐步减少，濒临断层（有的甚至已经失去了传承人）；后一代甚至后下一代无心学习民族文化，更不愿做传承人。因为，现阶段做民族文化传承人不能创造理想的经济收入，没有外出务工的收入来得快和收入高。二是农村民族文化传承没有良好的保障机制和措施，基本处于自生自灭状态。其原因是政府的主要精力是直接经济提升和脱贫致富，无暇顾及乡镇的民族文化传承工作；更主要的是思想认识不够，也不知道如何进行；再加上资金缺乏，无力支撑。这是一个文化问题，更是民族地区农村的一个重要的社会发展和社会运行问题。对于这类问题，从民族教育的视角去研究，将是很有意义的。如，笔者针对土家族非物质文化传承保护问题进行了较深入的研究，在深入进行了土家族地区的田野调查和分析研究后，揭示了土家族非物质文化的民族教育保护与传承的五大特征以及民族教育与文化保护和传承的互动关系，提出了一系列措施。① 这项成果得到当地政府的重视，并进行了有效的试点，受到相关领导、干部和当地群众的高度评价。

九　少数民族语言教育与民族社会进步

在民族教育研究中，谈到少数民族语言教育，人们常常主要关注的是双语教育的具体活动及其效果等重要问题。然而，从现在民族社会存在的矛盾的视角看，少数民族语言教育与这些矛盾不无关系，所以，研究少数民族教育与民族社会进步的关系及其作用必然产生积极的意义。语言的出现和发展，促进了人类社会的形成和进步；语言所具有的"文

---

① 谭志松：《土家族非物质文化的教育保护与传承研究》，民族出版社2011年版，第78—125页。

化象征"性和"交流工具"性①，决定了语言在社会组织和社会活动中的重要作用，"共同语言"是斯大林定义"民族"概念的四个特征之一。② 关于"民族语言"与民族和社会，列宁和斯大林有许多精辟论述③；马戎教授研究了美国、苏联等国家的语言政策，也分析了中国的语言政策以及少数民族语言与少数民族教育问题，他认为，虽然"区域的社会、经济、文化发展需要一种'地区性共同语'"，但对于人口规模太小和只有语言没有文字的民族语言教育不宜"新造文字"，应该选择汉语作为"族际共同语言"，因为汉语是中国几千年文明史中应用最广泛、最通俗的语言，确立汉语为中国各民族的通用语，符合中国国情和社会和谐发展的需要。④ 这些研究已充分说明少数民族语言教育与民族社会进步有着密切的关系，需要深入研究。

十　民族社会教育

民族教育包括除了学校民族教育，还应包括民族社会教育、民族家庭教育。由于民族家庭是社会组成细胞的一种，因此，我们也可以把民族家庭教育归属于民族社会教育。所以，这里说的民族社会教育广义地涵盖了民族家庭教育。民族社会教育是贯穿一个人一生的教育。一个民族成员的学校教育总是有限的，更多和更长时间的教育是民族社会教育，这是确保一个民族成员始终坚持正确的国家（祖国）认同、民族认同和社会体制认同的重要教育，也是迄今为止我国关注度不够的方面。这方面当前应特别关注的是如何构建民族社会教育的理念、机制、内容、途径与方式。但是，这个领域的研究必须树立和坚持一个基本的思想：要把民族成员的国家（祖国）公民意识教育、个人发展与民族进步和国家富强的认识教育贯穿教育的各个方面。具体问题有：民族地区农村留守儿童教育问题、民族家庭教育与学校民族教育的协调问题、民族法制普

---

① 马戎：《民族社会学导论》，北京大学出版社 2005 年版，第 142 页。

② 中国社会科学院民族研究所：《斯大林论民族问题》，民族出版社 1990 年版，第 28—29 页。

③ ［苏］斯大林：《马克思主义和语言学问题》，载《斯大林文选》，人民出版社 1962 年版，第 520—559 页。

④ 马戎：《民族社会学导论》，北京大学出版社 2005 年版，第 143—159 页。

及教育问题、社会公民素质教育问题、民族成员社会文明素质教育、国家政策与意志的宣传和传输教育以及民族社区自治方式教育等。

十一 民族教育社会学的方法论研究

从方法论的视野角度，民族教育社会学的研究可以分为宏观研究、中观研究和微观研究三个层面。从民族教育社会学的内涵构成看，我们可以从两个途径入手：一是从社会和社会学问题入手，研究民族教育的社会功能和内在作用以及民族教育与社会的相互关系；二是从现行民族教育状况、问题以及民族教育学的问题，用社会学和民族社会学理论和方法研究这些问题。但是民族教育社会学直接涉及三个一级学科：民族学、教育学、社会学，民族教育学和民族社会学理论，还间接涉及文化学、政治学、管理学、法学等，是一个应用性和综合性很强的人文社会科学学科。因此其研究方法可以根据具体问题性质选择民族教育学、社会学、民族学等学科的研究方法进行研究。但是，作为一个独立的学科，建立起民族教育社会学自身的科学方法论体系是十分重要的，这有待于从具体方法到方法论的理论构建上进行深入探讨和系统研究。

小 结

本章界定了民族教育社会学的概念，并从学科交叉衍生性、教育社会学形成轨迹及其基本理论、社会转型的现实需求、中国学者研究的实践和取得的成果四个方面阐释了民族教育社会学的现实意义和学科意义。在这些探讨中还得出了两个附带的结果。一是提出了两个学科交叉衍生新学科的原则。需要满足三个条件：两个学科已基本成熟稳定，交叉是社会进步的需要，两个学科有内在的、相互解释和支撑的联系。这是一个具有一般意义的原则，对发现或构建新学科有重要的指导意义，也给学科交叉衍生新学科提供了科学依据。二是总结和概括并重新界定了教育社会学的概念，这是提出民族教育社会学概念内容的重要依据。在深入分析西方社会学家和教育学家们的教育社会学观点与中国教育社会学家观点之后，笔者提出了对教育社会学概念的新理解和新认识：教育社会学是以教育问题和社会问题为目标，研究教育发展与社会进步之间的相互关系和相互作用的学科。这个界定避免了教育社会学两大学派的分歧，又明确了教育社会学的出发点和落脚点，还包含了诸位学者的主要观点。这既是对教育社会学理论的一个发展，又是民族教育社会学概念界定的重要基础。本章的第三部分，试图以提出的 11 个研究领域来阐明民族教育社会学基本理论的建构。笔者在概括和阐述这些领域时，尽可能包含其主要研究内容的探究和阐释。它的意义在于明确民族教育社会学研究内容的划分和各领域的研究范围及思想和思路。也可以说是笔者目前认识到的一个基本的研究框架。要形成系统的理论体系还有待于学者们对这些领域进行不断深入的研究，并不断地拓展和完善。

第二章

文化素质教育与武陵民族地区
农村劳动力转移

  农村剩余劳动力向非农产业转移是世界经济和社会发展的基本规律，也是一个国家和地区走向现代化和实现工业化的必然过程。二十多年来，这种转移有力地推动了我国工业化、现代化进程，但在某种程度上也产生了消极影响，带来诸多社会问题。这些问题既具有普遍性，同时也具有特殊性。综合看来，过去的研究者多关注于两个方面的问题，一是就剩余劳动力本身而言，外出务工者文化素质的高低，决定了他们工作的环境和工资收入水平；政府介入的程度，决定了农村剩余劳动力转移的有序和有效性。二是就劳动力转移造成的影响而论，诸如农村留守儿童问题、空巢老人问题、家庭婚姻问题等。以上这些研究都具有很强的现实针对性，触及农村劳动力转移过程中一些深层次的矛盾，并且为矛盾的化解不断探索新的思路。但这种研究往往多是从社会现实的层面着眼，而从文化的适应性角度探讨劳动力转移过程中外出务工者受到的心理影响及文化困境，似乎没有引起学术界的普遍关注。笔者认为，由于民族地区农村剩余劳动力转移多是跨区域跨文化的异地就业，他们所面对的不仅是经济社会发展的差距，还有城乡不同文化和不同民族文化之间的差异。民族地区外出务工者遇到的最大困难并不是技术，而是对新的文化环境的适应。对于处于文化弱势地位的农民工来说，只有回归到相对熟悉的本民族文化环境，重建失去的精神家园，才能治疗他们因远离故土而导致的心灵创伤。换言之，对城市文化和异族文化的适应状况直接影响农民工群体的就业水平和生活质量。从该群体的文化适应性这一内因出发，利用文化教育为民族地区劳动力转移者打造良好的生存环境，是解决劳动力转移带来的诸多问题的根本途径。

第一节　劳动力转移过程中的文化
适应性问题[①]

一　武陵地区劳动力转移现状

武陵地区并非一个行政区划概念，而是指以武陵山脉为主线跨越湘、鄂、黔、渝三省一市交会的一个区域范围，它是我国跨省交界面积最大、少数民族聚集最多、贫困人口连片分布最广的地区之一，是国家西部大开发和中部崛起战略交会地带。贫瘠的自然条件和落后的经济基础决定了这一区域成为中国最主要的剩余劳动力转移地区之一。武陵地区剩余劳动力的转移为当地经济发展、农民增收起到了明显的作用。例如，有248万农村人口的贵州铜仁地区仅2010年便输出劳动力接近87万人，打工收入总额达到70亿元，按带回本区消费40亿元计算，占全区生产总值的13.62%，占全区财政总收入的比重达到19.84%。[②]湘西、恩施、渝东等地的情况大致相似。劳务输出俨然成为武陵地区农村建设和农民提高收入水平的支柱。

二　武陵地区劳动力转移中的文化适应

相对于其他务工者而言，民族地区农民工异地就业存在数量偏少、稳定性不够等问题。造成这一现状的因素很多，但关键因素在于民族地区农民工对就业地的文化适应程度不高、适应性不强。"少数民族农民工在就业地的文化适应性不强，体现在以下六个维度：生活适应、公德意识适应、交往适应、社会支持适应、就业模式适应和社会环境适应。"[③]

---

① 邓莹辉、谭志松：《加强文化素质教育　促进民族地区劳动力转移——基于武陵民族地区劳动力转移的调查分析》，《民族教育研究》2013年第6期。

② 铜仁地区人力资源与社会保障局：《关于铜仁地区劳动力转移工作的情况汇报》，2011年8月11日。

③ 李俊霞：《少数民族农民工异地就业的文化适应性理论研究》，《成都行政学院学报》2011年第5期。

自然环境、饮食、语言以及生活节奏在内的生活层面的适应在文化适应中，属于最浅层的问题，也是最容易解决的问题。公德意识包括公共卫生习惯、交通规则意识等，交往适应关系着民族地区农民工与其他民族之间的和谐关系。社会支持强调农民工因脱离原有生活环境而失去原来的社会支持之后，如何获得新环境的社会支持能力；就业模式适应是民族地区农民工异地就业对当地就业制度等的适应，它是农民工异地就业文化适应最核心的部分。社会环境适应是指民族地区农民工对就业地综合社会环境的适应。

不同地区和民族的人群都具有一种核心的信仰和对客观世界的固定看法，这些信仰和看法往往会体现在他们的行为中。文化的差异性带来思想观念的冲突，影响到不同地区不同民族的交往。传统文化与现代文化、乡村文化与城市文化的冲突是当今世界主要文化现象之一。一方面代表现代文化的城市有些部门、企业和人群对进城务工的农民存在一种歧视观念，对他们缺少尊重和关爱；另一方面农村文化与城市文化本身存在的较大差距，使得农民工在应对新的生活环境时会产生心理波动，产生自卑畏惧心理及无法进入主流文化等。民族地区的农民生活在相对封闭的环境中，他们一旦进入新的文化环境，其适应的进程往往十分缓慢，从个体、家庭、社区等维度影响着转移者的生活质量。从文化的角度看，武陵地区的劳务输出多流动到珠三角和长三角等地区，空间距离的远近也决定了文化差异的大小。民族地区劳动力转移过程中存在两大主要问题：一是本民族文化根基的动摇。民族文化是民族之魂、民族之根，它就像空气一样，是生活在这片土地上的人们须臾不可离开的东西。然而，对于转移到外地寻找生机的人们而言，长期远离故土，缺少民族文化的滋养，久而久之便会对原本熟悉的本土文化产生疏离感和陌生感。二是难以融入他族文化。转移后的工作所在地虽然是他们日常生活的地方，但由于环境陌生，在语言、文化、宗教、风俗、习惯等方面一时难以适应，很难让自己融入当地的文化环境。在自身文化疏离和他者文化缺席的双重压力下，农民工无所归依的漂泊感会越来越严重，心理压力也随之增大。可以说原有社会关系的缺失是造成农民工困难和压力的主要因素，农民工自身的客观条件又直接影响到他们对困难的感受程度。而由此产生的相对剥夺感和精神焦虑感会造成农民工群体心理的严重失衡，并进而造成一系列社会问题。

第二节　解决劳动力转移中的文化
适应性途径①

　　解决农民工群体的文化适应性问题是实现农村剩余劳动力成功转移的必然要求。针对农村剩余劳动力转移过程中出现的诸多问题，政府和学界从不同角度都在探讨解决问题的办法，而一些学者在对农村劳动力转移的传统模式进行反思的同时，开始探索新的解决上述问题的方式和路径。谭志松教授提出了"输得出去、能够提高、立志为乡、领头致富、促进和谐、带动发展、农村繁荣、民族兴旺"新型农村劳动力转移范式。② 笔者认为，这种新的转移模式特别强调了劳动力转移过程中文化教育的重要性：所谓"输得出去、能够提高"既强调农民工自身文化素质和能力的提高，又重视与输入地文化的融合；而"立志为乡、领头致富、促进和谐、带动发展、农村繁荣、民族兴旺"从另一方面说明利用本地区传统文化资源进行产业化转移，打造生态、文化旅游经济，应该是民族地区实现经济腾飞、达到小康目的的必由之路。因此，通过民族文化教育的方式达到实现这种新型的农村劳动力转移目标，应该是一条行之有效的途径。

一　文化融合是解决农民工文化适应性问题的有效方法

　　文化融合有两个维度，一是保持自己母文化的认同，二是保持与当地社会群体的关系。不同的融合态度决定其对异质社会文化适应水平的高低。对于武陵地区少数民族打工者来说，由于他们务工的地域多是沿海经济发达地区，其文化的差异性是十分显著的，适应的难度也是巨大的。在全球化的背景和劳动力转移的大趋势下，逃避困难显然是没有意

---

　　① 邓莹辉、谭志松：《加强文化素质教育　促进民族地区劳动力转移——基于武陵民族地区劳动力转移的调查分析》，《民族教育研究》2013 年第 6 期。

　　② 谭志松：《湖北民族地区农村劳动力转移研究——以民族教育为视角》，民族出版社 2008 年版，第 50 页。

义的。毛泽东在《矛盾论》中明确地告诉我们:"唯物辩证法认为外因是变化的条件,内因是变化的根据。外因通过内因起作用。"① 因此,要解决农民工在劳动力转移过程中遇到的诸多现实问题,尤其是要破解转移过程中存在的文化困境,就必须勇敢面对挑战,通过共同努力,使劳务双方逐步理解、接受和习惯彼此的文化价值观念,找到二者交流的共通点,最终实现民族文化的良性互动与融合。而要达到文化适应的目标,需要异地就业者和当地社会的共同努力。

1. 武陵地区劳动者需要提升自身的文化素质

民族地区的农民工在进入城市或经济发达地区后,面临着改变其原有的文化价值体系、生活方式以及思维模式等。"流动的人不能简单地抛弃旧有的角色属性和角色关系,但他们如果不接受新的角色属性,也不建立新的角色属性,那么,他们就不能适应他们的新位置。"② 由于民族地区农民工文化水平普遍不高、缺乏工作技能,外出务工往往会遇到工种选择有限、劳动收益偏低的问题,打工挣钱迅速致富的理想与辛苦劳累所得有限的现实形成巨大反差,从而造成农民工的失落感和幻灭感。要改变现实,农民工必须充分发挥主观能动性,一方面要不断学习文化,吸收现代科学知识,提升打工者自身的文化素质;另一方面要积极参加各种正规技术培训,掌握适应现代需要的技术,提高自身的工作能力。具备过硬的技术,才是提高打工收入的有力保障。经济文化相对落后的民族地区的农民工进入比较现代化的城市和发达地区,"这一迁移过程不仅仅是地理空间上的位移,还伴随着在文化习俗、社会心理、行为习惯等方面与城市生活和城市群体相适应的过程。"③ 必然会因为周围人的眼光和评价而对自己的身份角色产生困惑,从而带来一系列的心理问题。作为外来迁移者,农民工必须提高融入新的生活环境的积极性,主动认同并适应新生活所在地的社会文化。因此,农民工在职业发生转变后,要增强融入新生活环境的自信心和主动性,在角色

---

① 毛泽东:《毛泽东选集》第一卷,人民出版社 1991 年版,第 291 页。

② [美]彼得·M. 布劳:《社会生活中的交换与权力》,孙非等译,华夏出版社 1988 年版,第 257 页。

③ 江波:《文化支持:农民工子女融入城市文化的研究》,苏州大学出版社 2012 年版,第 117 页。

内涵（道德观、价值观、生活习惯、公共意识等）上尽快实现自动转换。适应新生活环境的过程，一般是通过人际交往的方式实现的，打破语言的障碍和身份的隔阂，尽可能快速融入新的生活群体和文化氛围，在群体文化中寻找心灵的归宿。

2. 就业地要为外来务工者创造宽松的文化环境

推行文化多元化政策，有助于形成一种包容、理解"异质"文化的社会氛围，加强不同民族文化的交流，促进社会的和谐发展。这就要求农民工生活所在地的政府和相关组织乃至当地普通民众要共同为外来务工人员营造一种宽松、包容、和谐的文化生活环境。有关政府部门要做好劳动力转移过程中文化适应性的相关工作。城市或经济发达地区往往由于传统文化的差异，对外来务工者缺乏应有的尊重和关爱。国务院为此专门召开会议，要求各级政府部门对农民工要加强服务，完善管理；统筹规划，合理引导。当地政府应该根据这些要求出台相应措施，在农民工集中的社区由政府或企业建立不同类型的文化活动中心，为民族地区农民工提供一定的具有民族特色的文化娱乐条件和活动空间，以利于民族地区农民工在文化交流中建立文化认同的关系。所在地企业应该遵循民族平等的基本原则，对民族地区的农民工要一视同仁，不仅不能抱有任何民族歧视的思想观念和行为，而且还应该给予这些相对弱势的群体以更多的精神关爱和心灵支持，在劳动生产中促进民族交流与融合。当地民众也应该为农民工创造宽松和谐的接纳环境，把他们视为与自己完全平等的公民，充分尊重农民工不同的生活和行为习惯，尤其要尊重少数民族务工者的民族生活习惯。对民族文化的包容和尊重，对民族生活习惯的理解和宽容，是一个国家和地区文明发展水平的标志。

二　利用文化资源拓宽剩余劳动力转移途径

随着国家城镇化速度的加快，农村劳动力转移的方式也在悄然发生变化，从过去单一的剩余劳动力输出到城市或东南沿海经济发达地区，发展到现在的劳务输出就地转移、回乡创业等多种形式。从文化的角度而言，本土转移和创业，不仅有利于民族地区经济的发展和生活条件的改善，更重要的是，这种方式让农民工兄弟姐妹生活在自己所熟悉的人际关系和自然环境之中，不需要忍受长期与故乡和家人分离带来的痛苦，提高了民众的幸福指数。劳动力转移的根本机制是为了寻求更多的经济机会，也就是说，农民以抛家别子、远走他乡为代价外出务工的根本动力是为了获取更多的经济收益。如果能够就近在故土家庭团聚、享受天伦之乐同时又能获得较多的经济收入，应该是农民工梦寐以求的理想生活。而且随着经济发达地区制造业加快升级转型，资本技术密集型产业对劳动力的数量需求正在逐步减少，对劳动力的技能素质要求越来越高，民族地区文化素质较低的人群异地就业难度越来越大，劳动力就地转移便成为一种必然的选择。就近转移，需要利用本地资源优势，发展当地产业，以促进民族地区的经济和社会发展。因此，根据武陵地区的民族资源禀赋、劳动力素质以及民族文化特征，利用武陵地区丰富而独特的自然和文化资源发展民族经济，是有效实现民族地区剩余劳动力就地转移，推进新农村建设的重要途径。

1. 借助民族文化遗产发展文化产业

文化产业是以产业化手段来发展文化事业，以文化为资源来进行商品生产，向社会提供文化产品和服务，以满足人民群众日益增长的精神文化生活需要的一种新型产业。民族文化产业作为中国文化产业发展链条中的重要一环，已经逐步成为民族地区新的经济增长点。发展民族文化产业，对促进武陵民族地区经济的快速增长，人们生活水平的提高具有重要意义。武陵民族地区具有自然与人文旅游资源丰富、历史与文化凝聚力较强等特色，不仅拥有像长江三峡、张家界、恩施大峡谷、贵州梵净山等特色鲜明的自然旅游资源，而且具有诸如凤凰古城、芙蓉镇等历史文化名城（镇）以及包括酉阳古歌、撒忧尔嗬、恩施灯戏、土家族打溜子、毛古斯舞、铜仁赛龙舟等一大批国家级非物质文化遗产资源。整合本地区丰富的文化资源，加快武陵地区民族文化产业结构调整，实行规模经营，并与其他地区联合，将过去形式单一、组织分散的文化产业整合成内容丰富、跨区域协同发展的综合型产业，促进本地区优势文化行业的文化产品生产规模化，实施集团化经营战略。"以资本为纽带而非以行政隶属关系来组建的真正意义上的跨地区、跨行业、跨所有制的以联合、重组、兼并等为形式的文化产业集团的出现，使市场在资源配置中的基础性作用得到真正发挥。"①

　　2. 利用文化资源打造旅游经济，推动文化发展

　　从文化产业的角度看，借助旅游就可以获得一个巨大的市场。从旅游的角度看，文化是旅游资源的魅力所在，是旅游业兴旺发达的源泉。文化是旅游发展的灵魂，旅游是文化发展的重要途径，二者相得益彰，密不可分。充分利用武陵民族地区丰富的自然与文化资源优势，大力发展具有突出民族特色的旅游经济，使农村剩余劳动力从过去单一地向城市或沿海经济发达地区转移，变为部分就近就地向旅游产业转移，实现"离业不离家"式的生产结构而非生活地域的转移，就可以在相当程度上缓和甚至解决诸如留守儿童问题、空巢老人问题等。可以最大限度地留住民族地区素质较高的民族旅游人力资本和金融资本，解决民族地区农村产业空心化的问题，通过就地消化缓解城镇的就业压力；可以通过文化旅游投资项目和文化旅游产品消费，吸引更多的闲置资金投放农村，从而实现资本积累，推动农村经济持续增长。民族文化旅游经济的发展，不仅能够有效持续提高农民收入、改变城乡经济的差异，还可以为民族文化遗产的保护与传承提供更多的资金支持，为民族文化的保护与利用建立更科学的良性互动机制，同时也一定程度解决农村剩余劳动力异地转移给城市和经济发达地区带来的一系列问题。因此，利用传统文化发展旅游经济是解决武陵民族地区农村剩余劳动力转移这一难题的有效途径。当然，农村剩余劳动力转移是一个复杂的系统工程，单靠某一种方式不可能解决所有问题。而提倡民族地区剩余劳动力就地转移也并非要自我封闭，拒绝变化，排斥对其他文化的吸收接纳。在世界文化生态系统中，任何文化形态、文化价值都有着独特的不可替代的价值，保护民族文化，实际上就是保护世界文化和谐健康发展的生态系统。民族文化处于相对弱势地位，借助文化产业化和文化旅游经济保护和传承优秀的民族文化遗产，是我们发展民族文化产业、开拓文化旅游经济的目的。文化适应的过程实际上对相互接触的两个不同文化都会产生影响，相对而言，主流文化受影响较小。非主流文化族群在适应新文化的同时，要尽力地保持自身的优秀传统文化。文化融合的最佳方案是采取整合的方

---

① 谢会时：《西藏文化产业的发展战略和对策思考》，《西藏艺术研究》2011 年第 2 期。

式，即在保持本民族文化传统的同时，注重对其他民族优秀文化的接纳与吸收。文化需要变化，变则通，通则久。我们对于武陵民族文化也应当采取如此态度。

第三节　新型农村劳动力转移范式下
民族教育内涵的拓展①

传统农村劳动力转移模式对增加民族地区农民的收入，带动民族地区农村经济、社会的发展起到了十分重要的促进和推动作用，但也不容忽视传统农村劳动力转移模式带来的诸如引起民族文化传承断裂、"留守学生""留守妇女"问题、新农村建设的主体人力资源减弱、造成"光棍村"现象等社会问题，严重影响了农村社会的和谐与稳定。为此，笔者提出了能有效解决上述问题的新型农村劳动力转移范式，即"输得出去、能够提高、立志为乡、领头致富、促进和谐、带动发展、农村繁荣、民族兴旺"②。这种新型农村劳动力转移范式提出之后，立即在学界引起了强烈反响，学者纷纷在《光明日报》《中国社会科学报》等国家权威期刊发表书评，对此范式予以充分肯定。经过这些年的推广验证表明，新型农村劳动力转移范式促进了有效解决传统劳动力转移模式所带来的上述社会问题。而实践证明，民族教育是推动新型农村劳动力转移范式得以实现的重要手段，且此范式的推广运用又会促使民族教育的内涵得到进一步的深化和拓展。有鉴于此，本节从民族教育的主体、客体和目的等方面对新型农村劳动力转移范式下民族教育内涵的拓展予以较为深入的分析。

一　不同历史时期民族教育内涵拓展的表现

"一个伟大的基本思想，即认为世界不是一成不变的事物的集合体，

---

① 覃美洲、谭志松：《新型农村劳动力转移范式下民族教育内涵的拓展》，《贵州民族研究》2014年第7期。

② 谭志松：《湖北民族地区农村劳动力转移研究——以民族教育为视角》，民族出版社2008年版，第50页。

而是过程的集合体，其中各个似乎稳定的事物以及它们在我们头脑中的思想映象即概念，都处在生成和灭亡的不断变化中。"[1] 同样，民族教育的概念及其内涵也是随着历史的变化而变化发展的。民族教育的发展史也是民族教育内涵不断深化和拓展的过程。

在原始社会中后期奴隶社会初期，逐渐产生了民族差别，于是就有了民族教育的萌芽。《韩诗外传》（卷三）曾记载："当舜之时，有苗氏不服。……以其不服，禹请伐之，而舜不许，曰：'吾喻教犹未竭也。'久喻教而有苗氏请服。"[2] 意思是说，在舜帝时期，所为少数民族的苗族人不服从舜的统治，禹请求对苗族予以攻打讨伐，使其臣服，然而舜帝却不答应，他说："我教化的方法还没用尽呢，还是先对他们实现教育感化吧。"经过艰苦持久的教化、教育，就有苗族人请求归顺了。由此可见，舜主张要使三苗归服，不是采用武力征讨，而要采取教化的方式。其教育主体是以舜帝为代表的统治集团，教育对象是当时不肯归顺的苗族这个少数民族，教育目的是要维护部落联盟的统治。

到了封建社会，封建统治者并没有真正认识到有一种与汉族教育不同的少数民族教育的存在，只是通过设立相应的少数民族教育机构对其进行"教化"教育。如在宋代设有专收蕃官子弟的"蕃学"，在元代设有专收回族子弟的"回回国子监"等。其教育主体是封建统治者，教育对象也只是少数封建贵族的官宦子弟，农民子女是不可能接受到这种教育的，其教育目的也只是为了对少数民族地区进行愚民教育和实行"大汉族主义"的同化教育。

在20世纪30年代，边患四起，日本帝国主义入侵我国东北，在东北对少数民族地区实行奴化教育。同时，英、法等国先后在我国西藏、云南等少数民族地区，以教育为突破口，培植亲信，用心叵测。基于此，国民政府改"蒙藏教育司"为"边疆教育司"，"切实推进边疆教育，彻底培养国族意识"，使"边疆各省，成为抗战之重要根据地"。[3] 这一时期民族教育的教育对象主要是边疆少数民族，民族教育的主要目的是为

---

①　《马克思恩格斯选集》第4卷，人民出版社1965年版，第239—240页。

②　《韩诗外传》卷三。

③　丁虎生：《论民族教育概念的形成及其范畴》，《贵州民族研究》1991年第4期。

了让少数民族和汉族团结一致，共抗外辱，其实质是以一元汉文化取代多元的少数民族文化，以期实现全国文化之统一。

中华人民共和国成立之后，党和国家领导人非常重视民族教育工作。1949 年 11 月，毛泽东在《对西北少数民族工作的指示》中指出："要彻底解决民族问题，完全孤立反动派，没有大批少数民族出身的共产主义干部是不可能的。"1950 年 11 月 24 日，中央人民政府政务院第 60 次政务会议批准颁布的《培养少数民族干部试行方案》明确指出："为了国家建设、民族区域自治与实现共同纲领民族政策的需要，从中央到有关省县，应根据新民主主义的教育方针，普遍而大量的培养少数民族干部。"1951 年 9 月，马叙伦同志在第一次全国民族教育会议上明确指出："民族教育就是指少数民族教育。……少数民族教育必须是新民主主义的内容的，即民族的、科学的、大众的教育，而不能是其他性质的教育。……少数民族教育目前应以培养少数民族干部为首要任务，以满足各民族政治、经济、文化教育建设的需要……"这一时期，民族教育的教育对象是我国境内的所有少数民族，其主要任务体现在为新中国的建设事业培养少数民族干部方面。

"文化大革命"时期，我国的民族教育遭受到严重破坏。"文革"后，在党的十一届三中全会精神指引下，民族教育得以拨乱反正和快速发展。主要体现在加强对民族教育工作的领导，恢复各级民族教育行政机构；从实际出发，采取多种形式，恢复和发展民族中小学教育；全面贯彻党的民族政策，积极推进"双语"教育；大力发展民族高等教育，加速为民族地区培养专门建设人才；坚持教育为少数民族地区经济建设和社会发展服务和为少数民族服务的"双服务"方针①。其民族教育的内涵也得到前所未有的深化和拓展。

二　新型农村劳动力转移范式与民族教育的关联

新型农村劳动力转移范式作为一种新出现的社会现象和社会问题与该地区的民族教育具有十分紧密的联系。

---

①　民族教育司：《蓬勃发展的中国民族教育——纪念党的十一届三中全会召开二十周年》，http：//www.skycedu.com/ex/web/old/teacher/jyxx/10.htm。

一方面，民族教育可以提升民族地区农村劳动力的素质和知识水平，可以有效促进新型农村劳动力转移范式的实现。马克思、恩格斯指出："最先进的工人完全了解，他们阶级的未来，从而也是人类的未来，完全取决于正在成长的工人一代的教育。"① 这表明，教育本身就是生产力的再生产，是培养先进生产生活技术拥有者的重要手段，进而推动社会向前发展。这是因为，社会的发展归根到底是由社会生产力所决定的，在生产力三要素中，劳动力是最活跃的因素，对生产力的发展起着决定性作用。教育虽然不直接生产物质财富，但它通过培养具有一定知识水平和生产技能的劳动者，通过提高劳动者的生产、生活能力，以此促进劳动生产率的提高，进而起到推动社会发展的重要作用。由此可以看出，教育对社会发展具有的巨大推动和促进作用，且这种推动和促进作用是通过对人的教育和培养来实现的，教育始终与不断变化发展的社会相适应，并为一定社会的政治、经济和文化服务。同样，新型农村劳动力转移范式下的民族教育也会为新型农村劳动力转移范式服务，并有效促进新型农村劳动力转移范式的实现。

另一方面，新型农村劳动力转移范式的实现，会引起民族教育本身的变化和发展，也必然会导致民族教育内涵的进一步扩展。马克思还指出："物质生活的生产方式制约着整个社会生活、政治生活和精神生活的过程。"② 这表明，教育是社会生活、政治生活和精神生活的重要组成部分之一，也会受到一定社会的政治、经济条件的制约，社会政治、经济条件发生了变化，教育本身也会随之变化，并与之相适应。同样，新型农村劳动力转移范式作为一种新现象、新问题，将会促进该地区社会政治和经济条件的变化，引起该地区民族教育本身的变化和发展，也必然会促进民族教育内涵和内容的进一步扩展。只有武陵民族地区民族教育内涵和内容得到拓展，并与该地区新型农村劳动力转移范式相适应，才能促进这种新范式的最终实现。

---

① 《马克思恩格斯全集》第16卷，人民出版社1964年版，第217页。

② 马克思：《政治经济学批判序言》，载《马克思恩格斯选集》第2卷，人民出版社1995年版，第32页。

三 新型农村劳动力范式下民族教育内涵拓展的具体表现

关于民族教育内涵的界定，学界主要有以下几种观点，如耿金生认为，凡是具有某个民族反映在语言、地域、经济生活以及表现在共同文化上的共同心理素质方面的基本特征的，为其政治、经济服务的培养人才的社会活动，就是民族教育。① 丁虎生认为，对民族教育的理解应该从三个方面进行：一是民族区域的教育，二是民族成分的教育，三是民族文化与现代文化交融的教育。② 王鉴认为，民族教育是民族地区的教育，它是民族传统教育与跨文化教育双向交融的活动。民族教育在我国是除汉族以外的 55 个少数民族的教育。③ 哈经雄、滕星认为，民族教育是指对一个多民族国家中人口居于少数的民族的成员实施的复合民族教育，即多元文化教育。其目的有二：一是帮助少数民族成员提高适应现代主流社会的能力，以求得个人最大限度的发展；二是继承和发扬少数民族的优秀文化传统、文化遗产，丰富人类文化宝库，为人类做出应有的贡献。④ 谭志松认为，凡是为少数民族服务，为少数民族地区服务所进行的一切教育均可称之为民族教育。纵观各位学者对民族教育内涵的界定，因对其界定采用的方式和所选角度不同，对民族教育内涵的界定也有所区别。但均可以从民族教育主体、客体、目的、内容和形式等方面来理解其具体内涵。

相对于传统农村劳动力转移模式下民族教育的内涵而言，新型农村劳动力转移范式下的民族教育内涵的扩展主要体现在以下几个方面。

（一）民族教育主体的拓展

民族教育的主体即由谁来主导实施民族教育。一般而言，民族教育的主体随着民族教育目的、目标及内容的不同而存在差异。当民族教育的目的和内容是为了保护和传承本民族文化时，民族教育的主体则应是相应民族地区的教育机构和民族群体自身，民族地区的各级学校和民族

---

① 耿金生：《论民族教育的概念和民族教育的特点》，《民族教育研究》1991 年第 2 期。
② 丁虎生：《论民族教育概念的形成及其范畴》，《贵州民族研究》1991 年第 4 期。
③ 王鉴：《简论民族教育的概念及其本质》，《西北师范大学学报》（社会科学版）1994 年第 2 期。
④ 哈经雄、滕星：《民族教育学通论》，教育科学出版社 2001 年版，第 9 页。

自己本身均有承担保护与传承该地区民族文化的责任和义务。当民族教育的目的和内容是为了提升少数民族人口的素质，为民族地区经济、社会发展培养合格的建设人才，民族教育的主体则主要是由国家主导的各级各类学校教育机构。

为了促使民族地区农村劳动力有效转移，民族地区纷纷通过"阳光工程""雨露计划""青春富康行动""温暖工程"等培训工程对该地区农村劳动力进行转移培训教育。"培训工程"不同，其教育主体也不一样。如"阳光工程"，是2004年由农业部、财政部、劳动和社会保障部、教育部、科技部、住房和城乡建设部共同启动实施，由财政支持的农村劳动力转移培训项目，重点是支持粮食主产区、劳动力主要输出地区、贫困地区和革命老区开展农村劳动力转移前的职业技能培训工作。其教育主体是上述各部门及相应的培训机构。"雨露计划"是由国务院扶贫开发领导小组办公室牵头，各级扶贫部门按照"大培训、大转移、大增收、大发展"的农村劳动力转移培训的工作思路，对农村贫困劳动力进行转移培训，其民族教育主体主要是各级扶贫部门及相应的培训机构。"青春富康行动"是由各级团委组织为推动农村青年富余劳动力转移的专门活动，其中，培训教育是该行动的主要内容之一。其教育主体是各级团委及受其委托的相应培训部门。"温暖工程"是中华职业教育社在中央统战部的大力支持下，于1995年初启动实施的，旨在通过职业教育和职业培训、职业指导和职业介绍，提高城乡富余劳动力和困难群体的劳动技能和职业素质，帮助其实现稳定就业的一项民心工程，具体培训教育主体是相关职校和农广校。而为实现我们所倡导的新型农村劳动力转移范式的民族教育主体，除了上述主体外，也得到了较大拓展。

一是各级非政府组织成为新型农村劳动力转移范式下民族教育的主体。如近几年来，湖北恩施州巴东野三关镇把发展各类专业合作社作为农业增效、农民增收的战略性措施。截至目前，该镇围绕种植、畜牧、林业、民间传统手工编制等产业成立农民专业合作社88家，各专业合作社以"合作社＋基地＋农户"的模式为其社员提供技术培训、信息交流、品牌宣传、产品推介等服务，入社农户已达6500多户，就地转移农村劳动力万余人①。

二是许多用工企业也成了农村劳动者的教育主体。为了让返乡农民工在本地就业，为自己家乡的建设服务，许多本地企业纷纷开展针对农村劳动力的各种技术培训，让农村劳动者在自己家门口就业。比如，湖北金山峡农业开发公司为了提升企业周边地区农民的种桑养蚕技术，特邀请巴东县农业局、县移民局相关技术专家，免费为巴东县官渡口镇前面山、水獭坪等6个村的蚕农进行集中培训。专家们就桑园管理、养殖技术、病虫害防治、小蚕共育等方面内容，为蚕农进行了详细的讲解。湖北金山峡农业开发公司还让蚕农们走进公司车间，参观了缫丝流程。此举不仅有利于农民更好地掌握养蚕技术，还有利于增加他们种桑养蚕的信心。②

三是在我们所倡导的新型农村劳动力转移范式中劳动者本身既是教育对象也是教育主体。联合国教科文组织国际教育发展委员会在《学会生存》一书中指出："未来的学校必须把教育的对象变成自己教育自己的主体，受教育的人必须成为这个人自己的教育。"③ 这个观点已经在新型农村劳动力转移范式下的民族教育中得以印证。为了新型农村劳动力转移范式的尽快实现，许多劳动者自觉主动地学习、习得各种知识和技艺，在此学习过程中，劳动者既是教育主体也是教育对象。

（二）民族教育对象的拓展

要正确地进行教育就必须正确了解教育的对象，就必须认识作为教育对象的人，由此可见，教育对象是教育的具体内涵之一。同样，教育对象也应是民族教育的具体内涵之一。

如前所述，民族地区传统农村劳动力转移的培训教育主要是通过"阳光工程""雨露计划""青春富康行动""温暖工程"等培训工程来完成的。培训工程不同，其培训教育的对象也不一样。如"阳光工程"的培训教育对象主要是针对具有农村户口，年龄在16周岁以上，且在农业生产第一线从事劳动的劳动者或普通初、高中毕业回乡的青年；"雨露计

---

① 陈千恩、张安地：《野三关镇专业合作社达88家》，2013年4月22日。
② 涂启亮：《湖北金山峡公司免费培训蚕农》，http：//www.cjbd.com.cn，2013－03－27。
③ 联合国教科文组织：《学会生存》，教育科学出版社1996年版，第2页。

划"的培训教育对象主要是16—45周岁扶贫工作建档立卡的青壮年农民、贫困户中的复员退伍士兵（含技术军士）、扶贫开发工作重点村的村干部和能帮助带动贫困户脱贫的农村致富骨干①；"青春富康行动"的培训教育对象主要是农村青年富余劳动力；"温暖工程"的培训教育对象主要是城乡富余劳动力和困难群体。

而民族地区新型农村劳动力转移范式下民族教育的教育对象则拓展为该地区农村所有的劳动者或潜在的劳动者。

根据我国劳动就业制度规定，男性年满18岁到60岁，女性年满18岁到55岁，都列为劳动力资源，属于劳动者。且《劳动法》第十五条禁止用人单位招用未满16周岁的未成年人。由此可见，男性年满16岁到60岁，女性年满16岁到55岁，均应是劳动者，未满16周岁的未成年人属于潜在劳动者。这些劳动者毫无疑问都是劳动力转移范式下民族教育的教育对象。当然，由于我国劳动法并没有禁止用人单位招收年满60周岁及以上的男性和年满55周岁及以上的女性，且在民族地区农村还存在这种现象：一部分60周岁及以上的男性和55周岁及以上的女性身体硬朗，身体条件允许其外出务工，加之绝大部分民族地区属于贫困地区，外出务工是该地区农民的主要收入来源，这部分人也会选择外出务工增加自己的收入，改善其生活条件。他们也应是劳动力转移范式下民族教育的教育对象。

潜在的劳动者主要是指在各级各类学校接受教育的学生，他们是未来的劳动者。为了新型农村劳动力转移范式的实现，还必须对这些潜在的劳动者予以相应的职业技术教育、自然资源教育、民族文化传承教育、爱乡教育等。因此，上述这些潜在的劳动者必定也是新型农村劳动力转移范式下民族教育的主要对象。教育对象也就由具有外出务工能力的劳动者拓展为农村所有的劳动者或潜在的劳动者。

（三）民族教育目的的扩展

一般来讲，教育目的是指国家或社会对教育所要造就的人的质量规格所做的总体规定与要求。教育目的有根本目的和具体目的之分。我国教育的根本目的主要是为建成有中国特色社会主义培养"四有"建设者

---

① 《雨露计划》，http://baike.baidu.com/view/918145.htm。

和接班人，实现人的全面发展。在我国境内任何地方的各级教育机构，无论是汉族还是少数民族都必须遵守这个教育根本目的。教育的根本目的具有较强的稳定性，在一定时期内，一个国家或民族的教育根本目的不会变化。

但是，教育的具体目的则会随着一定社会的政治、经济、生产、文化科学技术发展的要求和受教育者身心发展的状况的变化而变化，不同阶段教育的具体教育目的是不同的，比如说，基础教育的具体教育目的和职业教育的具体教育目的是有区别的。我们所说的民族教育目的的扩展主要是指民族教育具体目的的扩展。

民族地区传统农村劳动力转移模式下的民族教育的主要目的是通过各种民族教育形式，让更多的农村剩余劳动力输出去，使其稳定就业和收入增加。如"阳光工程"的主要目的旨在提高农村劳动者素质和就业技能，促进农村劳动者向非农产业和城镇转移，实现稳定就业和增加农民收入，推动城乡经济一体化发展；"雨露计划"的主要目的是通过中职教育和劳动力培训教育，帮助贫困地区青壮年农民顺利创（就）业，最终实现该地区农民增收，社会经济协调发展；"温暖工程"的主要目的是通过职业教育和职业培训教育，提高城乡富余劳动力和困难群体的劳动技能和职业素质，帮助其实现稳定就业。而我们所倡导的新型农村劳动力转移范式不仅要求农村剩余劳动力输得出去，更重要的是要能够提高，利用外出务工积累的资金和习得的技艺回乡创（就）业，继而带动其所在家乡的经济和社会协调发展。

因此，与其相对应的民族教育目的也就至少拓展为以下两点：一是通过各种教育形式，提高农村劳动者的就业技能，让其充分有效地输出去；二是在此基础上，采取各种教育手段，教育外出务工者回乡创（就）业，为其家乡的发展做贡献。

第 三 章

农村留守学生学业成就归因研究

本章我们试图选择一个非民族地区农村中学实证考察一般农村留守学生的学业情况,意在考察一般留守学生"留守"影响学业的因素有哪些,这对研究民族地区留守儿童教育问题有直接的意义。我们选择了赤壁市两所农村中学为实证案例,并指定三峡大学教育学专业研究生吴容在笔者的直接指导下,作为毕业论文深入调查、悉心钻研完成。从确定题目和内容到完成前后经历了两年时间,其间她多次深入考察学校进行实地调查,并花了相当的精力做了较细致的数据和材料分析,再几经修改完善,下面的内容就是在她的硕士论文的基础上修改而成的。

第一节 研究背景

随着我国经济的发展,工业化和城市化进程的加快,人口流动日益频繁,大量的剩余劳动力从农村涌入城市,出现了中国历史上规模最大的人口流动潮。作为一个社会群体,农民工问题逐渐凸显,除了一小部分随父母进城的农村学生,由于沉重的经济压力和城乡二元结构体制的影响,还有相当大部分的农村学生被父母留在农村老家上学,形成了所谓的"留守学生"。据中华全国妇女联合会(2013)发布的《全国农村留守儿童、城乡流动儿童状况研究报告》,我国现有农村留守学生人数超过6110万。[①] 大规模的留守学生成为一个引发全社会广泛、持续关注的

---

① 全国妇联课题组:《全国农村留守儿童、城乡流动儿童状况研究报告》,《中国妇运》2013 年第 6 期。

特殊群体，特别是在 2002 年后更成为政府、社会、学界和媒体关注的焦点。[①]

我国留守学生这一非常庞大的群体，分布在学龄前、小学、初中、高中等各个阶段，其中，初中"留守学生"的心理健康问题较小学生、高中生而言更引人关注，这是因为这个年龄阶段的初中生大多开始步入青春期，正处于心理发展的转折期，也称"心理断乳期""消极反抗期"，这一时期的孩子身心发展呈现出一定程度的不平衡性，心理成长过程中会体验到种种挫折和危机。而对初中留守学生而言，他们与父母分居、离散，客观上处于不完整的家庭之中，无法享受正常的亲情与教育引导，父母外出打工对他们最显著的消极影响是造成学习成绩不理想，并且具有普遍性。因此，从心理层面来关注初中留守学生的学业成绩尤其重要。在学生学习的众多影响因素中，"非智力因素"的重要性已经得到了普遍认可，其中，与学习紧密相关的成就归因、成就动机的研究也就成为我们感兴趣的课题。大量的研究和实践表明，学生对学业成败结果的归因，影响其成就动机、自信、自强等个性品质，学生对其学业成败原因的解释，直接影响到他们今后的成就行为和学业成绩。以往的研究关于留守学生的研究很多，关于中学生的成就归因、成就动机的研究也很多，但是针对初中留守学生这一特殊群体的学业成就归因的研究却很少。

一 国内外相关研究概述

（一）关于留守学生的研究

1. 留守学生概念的界定

"留守学生"在 20 世纪 90 年代产生之初是指"出国热"时因父母出国留学或工作而被留在国内的学生，但到了 20 世纪 90 年代后期，特指"民工潮"时因父母离开农村外出务工而被留在农村老家的学生。[②] 在本研究中，留守学生一般被界定为：因父母双方或一方在外务工被留在户

---

① 段成荣、周福林：《我国留守儿童状况研究》，《人口研究》2005 年第 1 期。

② 范柏化、刘伟、江蕾：《乡村留守儿童及其应对策略研究》，Journal of US-China Public Administration，2007，4（6）：1 – 10。

籍所在地，并因此不能和父母共同生活的未成年学生。

如今，关于留守学生概念界定的争论一般表现在以下几个方面：第一，父母外出状况，大多数研究者坚持只要父母一方长期外出就可认定为留守学生，如叶敬忠等学者认为，留守学生是农村地区因父母双方或一方长期外出务工而被交由父母单方、长辈、他人抚养和教育的学生。[①] 当然，也有少部分学者认为只有父母双方都外出的孩子才能认定为留守学生。还有学者认为，母亲角色至关重要，母亲缺位所带来的负面影响巨大，只有父母双方或者母亲一方长期外出务工才可认定为留守学生，而把父亲一方外出、母亲在家抚育孩子的情况排除在外。[②] 第二，父母外出期限，多数研究者认为父母外出务工半年以上可算留守学生，也有些研究者以三个月或一年以上的时间标准来界定农村留守学生。第三，留守学生的年龄界定，很多研究者并未明确提出，但从具体的研究中可以发现，大多把对研究对象限定为义务教育阶段的农村孩子，除了吴霓2004 年的"农村留守学生问题的调查"课题组对留守学生年龄的下限作了界定外（6—16 岁），[③] 大多数的研究都是对其年龄上限作出说明，一般认为 14 岁、16 岁、17 岁或 18 岁以下的时间段称为留守学生，各方观点不一。留守学生的类型主要分为以下 4 种：①父母一方外出，子女交由另一方照顾；②父母双方均外出，子女交由祖父母，或外祖父母，或其他亲戚照顾；③父母双方均外出，子女交由教师代为照顾；④父母双方均外出，子女独自留守。

概括而言，留守学生具有几个典型特征：①地域性，大多数留守学生分布于经济不发达的农村地区；②时段性，留守学生基本分布于义务教育的各个阶段，也包括学龄前学生；③空间性，大多数留守学生与其父母有较远的空间阻隔，平时见面和聚会较少也较难；④动态性，留守学生是一个动态化的概念范畴，随其家庭关系、成长经历等的变化而变

---

① 叶敬忠、王伊欢、张克云、陆继霞：《父母外出务工对农村留守儿童学习的影响》，《农村经济》2006 年第 7 期。

② 曾祥文：《贫困地区农村留守儿童与非留守儿童学业差异及影响因素研究》，博士学位论文，云南大学，2013 年。

③ 吴霓：《农村留守儿童问题调研报告》，《教育研究》2004 年第 10 期。

化，但本质是发生了亲子分离。[1]

　　基于以上分析，本研究将留守学生界定为：因父母双方或一方外出务工而被滞留在家，亲子分离半年及以上，年龄在 16 周岁及以下，需要其他成人监护的学生。留守学生产生于中国经济社会发展的特殊背景下，对广大农民工家庭来讲是城乡二元制度格局下无可奈何的选择，也是中国农村社会发展必经的阵痛。对于留守学生而言，亲子分离、亲情缺失、家庭教养缺位和特殊依恋经历对其健康成长具有巨大的潜在风险，对于面临中考的初中留守学生而言，这种潜在风险的外在表现即在其低学业成绩上。

　　2. 关于留守学生的研究

　　与留守学生概念类似的研究多见于西方学者对移民留守学生的相关论述中。国外研究表明，移民家庭中的学生会感到孤独、愤怒、悲伤以及躯体化反应，甚至产生犯罪行为。[2] 随父母一同移民去国外的学生与忠诚品质的养成、自我同一性发展、自律性和权威性、孤立、拒绝与反拒绝、疏远、抛弃、幻想等问题有高相关。[3]

　　从 20 世纪 80 年代中期我国出现大规模流动人口开始，留守学生的现象就产生了。但留守学生真正引起人们的注意是在 2004 年。2004 年 5 月，教育部召开了"中国农村留守学生问题研究"座谈会，会上指出党中央、国务院领导非常关注农村留守学生问题，教育部将加大研究力度，广泛听取专家的意见，共同努力做好留守学生的教育工作。从 1994 年正式提出留守学生这一概念直到 2000 年，有关留守学生的研究和报道仅仅只有 4 篇，而到 2005 年，可以查到的相关研究文献增至 389 篇。到 2010 年，有关留守学生的文献已超过 10000 篇。到目前为止（2015 年 12 月），在 CNKI 上检索到的有关留守学生的论文已经超过 13 万篇。我国的研究与国外研究的结论有类似之处，关于留守学生的研究包括心理健康、情

---

　　① 江立华、符平：《转型期留守儿童问题研究》，上海三联书店 2013 年版。

　　② Pottinger, A. M. , Children's experience of loss by parental migration in inner city Jamaica [J]. American Journal Orthopsychiatry. 2005a, (4): 485 – 496.

　　③ Pottinger, A. M. , Stair, A. G. , Brown, S. W. A counseling framework for Caribbean children and families who have experienced migratory separation and reunion [J] . International Journal for the Advancement of Counseling. 2008, (30): 15 – 24.

绪与行为、学业发展等各个方面。

（1）心理健康方面

留守学生较非留守学生更容易出现心理问题，他们在躯体化、恐怖、敌对、偏执、强迫和人际关系敏感问题上的得分较高，且存在年级差异和性别差异。初中留守学生心理健康状况好于小学留守学生，高中留守学生的心理状况好于初中留守学生，年龄越小心理问题越突出。女留守孩的 SCL-90 量表的总均分及躯体化、抑郁、焦虑、恐怖 4 个因子分显著高于男留守孩，[①] 但男生的症状强于女生[②]。张帆等（2011）发现，留守学生心理健康存在诸多问题，但有关留守学生与非留守学生的心理健康比较研究结果存在争议。[③] 性别、家庭经济、学习管理、学习成绩、父母关系和父母回家频率是影响农村留守初中学生心理健康的重要因素。[④] 留守学生心理健康水平较差，留守经历对学生心理影响具有长期效应，父母外出务工时应尽量留下一方照顾孩子。[⑤]

（2）情绪与行为方面

曾嵘等（2009）采用长处与困难问卷（SDQ 父母版）对随机选择的 3944 名农村 4—7 岁留守学生的看护人进行了问卷调查，结果发现留守学生情绪与行为问题检出率为 43.6%[⑥]。刘晓慧等（2012）对宁夏 205 名留守学生和 235 名非留守学生的调查研究表明，留守学生存在较多的情绪性问题，留守学生得到的社会支持有助于缓解情绪性问题[⑦]。闫茂华、陆长梅（2013）抽样调查了连云港农村中学 15—17 岁 637 位初三年级同学的

---

① 王东宇、王丽芬：《影响中学留守孩心理健康的家庭因素研究》，《心理科学》2005 年第 2 期。

② 黄爱玲：《"留守孩"心理健康水平分析》，《中国心理卫生杂志》2004 年第 5 期。

③ 张帆、刘琴、赵勇、孙敏红、王宏：《我国留守儿童心理健康问题研究的系统评价》，《中国循证医学杂志》2011 年第 8 期。

④ 龙翔、章秀、陈利群、朱梅芳、汤银霞：《铜陵农村不同类型留守初中生心理健康状况分析》，《中国学校卫生》2013 年第 1 期。

⑤ 黄艳苹、李玲：《不同留守类型儿童心理健康状况比较》，《中国心理卫生杂志》2007 年第 10 期。

⑥ 曾嵘、张伶俐、罗家有、龚雯洁、杜其云、吴虹：《中国 7 省市农村地区 4—7 岁留守儿童情绪与行为问题及其影响因素研究》，《中华流行病学杂志》2009 年第 30 期。

⑦ 刘晓慧、杨玉岩、哈丽娜、王晓娟、李秋丽、戴秀英：《留守儿童情绪性问题行为与社会支持的关系研究》，《中国全科医学》2012 年第 15 期。

生活习惯和健康状况，发现农村留守学生亚健康的比例显著高于农村非留守学生，近视率和贫血率显著高于农村非留守学生。在生活习惯上，农村留守与非留守学生均存在日饮水量偏少、睡眠时间不足、运动量不足、吸烟、喝酒等问题，且在多数方面，留守学生的生活习惯问题更为严重。[①]

（3）学业方面

研究表明由于父母离开，尤其是母亲的离开，留守学生的学业成绩确有显著下降。[②] 与非留守学生相比，学习习惯不良者较多。[③] 学习兴趣不高，学习态度不端正，学习成绩容易下滑[④]；辍学现象严重，逃学、厌学、纪律差、迷恋网吧的现象也比一般学生严重。研究发现在进入初中教育阶段后，留守学生在校率急剧下降，在完成初中教育方面存在比较明显的问题。[⑤] 另外，留守学生在不和谐师生关系、不和谐同学关系以及校园暴力上得分高于非留守学生，尤其以小学生为重。[⑥] 农村留守学生进入高中学龄阶段后，教育机会急剧减少。受父母外出流动影响，高中学龄农村留守学生终止学业后很快就外出打工，身份过早地从"农村留守学生"转换为"新生代农民工"。[⑦]

（二）关于成就动机的研究

1. 成就动机概念的界定

心理学家 Murray 在 1938 年提出了"成就需要"这一概念，他把人类的基本需要分成了 20 种，而成就需要在其中居于首位。Murray 将成就动机定义为：克服障碍、锻炼能力和尽可能快及尽可能好地努力克服困难

① 闫茂华、陆长梅：《农村留守与非留守儿童健康状况调查分析——以连云港市为例》，《安徽农业科学》2013 年第 2 期。

② 吴霓：《农村留守儿童问题调研报告》，《教育研究》2004 年第 10 期。

③ 马艳琳：《对初中"留守儿童"学习习惯现状的调查研究》，《当代文化与教育研究》2007 年第 3 期。

④ 叶敬忠、王伊欢、张克云、陆继霞：《对留守儿童问题的研究综述》，《农业经济问题》2005 年第 10 期。

⑤ 周福林、段成荣：《留守儿童研究综述》，《人口学刊》2006 年第 3 期。

⑥ 高文斌、王毅、王文忠、刘正奎：《农村留守学生的社会支持和校园人际关系》，《中国心理卫生杂志》2007 年第 11 期。

⑦ 吕利丹：《从"留守儿童"到"新生代农民工"——高中学龄农村留守儿童学业终止及影响研究》，《人口研究》2014 年第 1 期。

的倾向和愿望。20 世纪 50 年代，McClellan d 和 Atkinson 开始了有关成就动机的系统研究，在 McClellan d 的著作《成就动机》一书中指出，成就动机是指在自己根据特有的良好或优秀的标准相竞争时，通过学习得来的一种渴望成功的需要和驱力。McClellan d 将成就动机定义为"在具有某种优胜标准的竞争中对成功的关注"。① Atkinson 认为，成就动机形成过程中，在意识上存在着两种方向彼此相对的心理作用：一是希望成功，即追求成功和由成功带来的积极情感的倾向；二是害怕失败或避免失败，即回避失败和由失败带来的消极情感倾向。成就动机涉及对成功的期望和对失败的担心两者之间的心理冲突。② 这一理论把人的动机的情感方面与认知方面统一起来，是成就动机研究的突破性进展。心理学家一直认为，成就动机是个体心理的重要方面，每个人都有成就动机，其强度也表现出明显的个体差异。成就动机的概念也是随着对它的研究的深入而不断发展的。

张春兴将成就动机的概念阐述为以下三个方面：①个体追求进步以期达成期望目标的内在动力；②个体在完成某一任务时自我投入并追求完美的心理倾向；③个体在逆境中，冲破障碍，克服困难，奋力实现理想的心理倾向。在朱智贤所编著的《心理学大词典》中，将成就动机定义为个人对自己认为重要的或有价值的工作，不但乐意去做，而且力求达到更高标准的内在心理过程。以上研究者们对成就动机的界定有两个共同点：一是成就动机能够促使个体最大限度地追求成功的目标；二是成就动机能够驱动个体克服困难，努力去实现目标。综上所述，本研究认为成就动机是指个体追求成功的目标，并且努力克服各种困难使之得以实现的一种内驱力。

2. 成就动机的理论研究

（1）麦克利兰的社会成就动机理论

美国心理学家 McClellan d 在 20 世纪 50 年代通过对人的需求和动机

---

① McClellan d DC. The achieving Society ［M］. Princeton, NJ: Van Nostrand, 1961. 231 –340.

② Atkinson, J. & Bitch, D. An introduction to motivation ［M］. New York: Van Norstrand, 1964: 3, 412 –422.

进行研究，创立了著名的社会成就动机理论。他把个体的高层次需求分为三种，包括成就需求、权力需求、对亲需求。成就需求强的个体会倾向于尽力做好各种事情，追求最大程度上的成功。他们更加关注依靠自身解决各种困难，最终达成目标的奋斗过程和成就给他们带来的荣誉感，而不会在乎成功后的物质奖励。成就动机在学生早期就有差异，可以通过训练的方法来提高。他的理论对后来的研究具有很大的启发。

（2）阿特金森的"期望—价值"成就动机理论

"期望—价值"成就动机理论是心理学家阿特金森在1957年提出的。他认为，个体自身具有两种相互矛盾的动机，即追求成功的动机和避免失败的动机。一个人的行为倾向是其动机强度、对行为目标的主观期望概率和诱因价值三因素的函数。个体追求成功的动机（Ts）可以用以下公式来表示：$Ts = Ms \times Ps \times Is$。在这一公式中，Ms 代表追求成功的动机的强度；而 Ps 代表对成功概率的主观估计，它受个体的经验、对他人经历的学习等因素的影响；Is 代表了成功的诱因价值。个体避免失败的动机（Taf）可用如下公式来表示：$Taf = Maf \times Pf \times If$。其中，Maf 代表回避失败的动机强度；而 Pf 代表对失败概率的主观估计，它会受过往经验、同伴榜样及对竞争的估计等因素的制约；而 If 代表失败的诱因价值。阿特金森于1974年将名誉、地位、权力、金钱等外部动机（TE）也引入到其理论当中，成就动机的公式重新表达为 $T = Ts - Taf + TE$。

（3）成就目标理论

20世纪80年代，Nicholls 和 Dweck 等人将成就目标概念引入成就动机领域，并使之成为20世纪90年代动机研究的一个热点。他们认为，成就目标指的是个体为了实现预定目标而参加活动的一种内驱力。Dweck 把成就目标分为学习目标与成绩目标。具有学习目标的个体将智力视作是后天的、能够培养的，所以会努力学习新的知识并且尽力提升自我能力；而具有成绩目标的人将智力视作是天生的、难以改变的，所以会尽力搜集与能力相关的材料来提出对自身有利的评价。

（三）关于成就归因的研究

1. 学业成就归因概念的界定

若仔细思考一下日常生活，你就会发现，其实归因并非罕见或者不同寻常的事情。当一个人邀请别人看电影被拒绝，或者在一场重要的考试中发挥失常,他本能的第一反应常常就是寻找原因。对于某件重要或者意外的事情的发生,我们往往会问自己一个"为什么"。对"为什么"问题的回答关系到把一个结果考虑为一个原因。原因是知觉者(活动者或观察者)所加的解释,来说明一种行为和一种结果间的关系。人们不仅会从他人的行为中去推断行为形成的原因,也会对自己的行为及其带来的结果的原因进行推断。归因,即为"对原因的归属",即如上所说的个体对"为什么"这个问题的回答,它是指人们对他人或对自己的某种行为结果的原因进行判断或推论,即对行为原因的知觉和分析。而在心理学中,一般将归因看成是一种决策过程,是根据行为或事件的结果,通过知觉、思维、推断等内部信息加工过程而确定造成该结果的原因的认知活动。学业成就归因指学生对自己的学习行为及结果的产生原因进行分析、推论,它对学生的学习行为发生深刻影响。

2. 归因方式的理论研究

成就归因理论认为人们对自己行为结果(成功或失败)之原因的知觉与评价是个体获得成功的内部原因,且这种归因信息是个体行为效能判断的重要来源。

(1)韦纳的成就动机归因理论

归因理论是一种以认知的观点解释动机的理论,近年来在心理学界日益流行。其中比较有代表性和影响广泛的是美国著名心理学家韦纳(B. Weiner)在1974年提出的成就动机归因理论。[①] 韦纳认为,每个人都力求解释自己的行为,分析其行为结果形成的原因,无论是成功还是失败,一个人在分析其根源时,主要有六个方面的原因:能力、努力、工作难度、运气、身心状况和别人的反应。这些成败的原因可以从三个维度进行归类:一是控制信念,即把成败归于自身内部原因还是外部原因。能力、努力和身心状况属于内部原因,而工作难度、运气和别人的反应则属于外部原因。二是稳定性,即原因在性质上是稳定的还是不稳定的。能力和工作难度是较稳定的原因,而努力、运气、身心状况和别人的反应则是不稳定的原因。三是可控性,即原因能否由自己控制。努

---

① B. Weiner, An attribution theory of achievement motivation and emotion [J]. Psychology Review, 1974, (92).

力是可由自己控制的，而能力、工作难度、运气、身心状况和别人的反应则不是个人所能控制的。韦纳指出，对成功和失败的不同原因、不同维度的归因，会对个体以后从事成就任务时的态度以及行为产生积极或消极的影响。如果一个人把成功归因于稳定的原因，他自然会期望自己在以后类似的情境中继续成功。如果成功被归因于随情境变化而变化的不稳定原因，则他对下次的成功就不那么有把握了。相反，对某项任务的失败，如果归因于个人难以改变的稳定原因，如能力太差或任务太难，则他会对以后类似的任务做出失败的打算；如果把失败归因于不稳定的原因，如运气不好或努力不够，则他会对以后的成功抱有更高的期望。内部原因和外部原因同个人的自我感觉和对任务的坚持性有关，并产生特定的情感反应。如果将成功归因于自己的能力或努力这些内部原因，个人会感到愉快并能坚持完成任务。如果将失败归因于内部原因，则会对个人产生消极影响，并会削弱以后对成功的追求。韦纳所建立的成就动机理论模型是动机理论中较为完善、系统的一种，他的归因模式不仅是一种成就动机理论，而且也是研究成就动机的一种有效方法。但也应看到，作为一种成就动机理论，韦纳的理论还是有明显局限性的。首先，韦纳的成就动机归因理论是建立在这样的假设基础之上，"寻求理解是人类行为的重要动因"。[①] 而实际上，人类行为的基本动因除了理解之外，还有很多，寻求理解只是其中的一种。其次，归因的动机作用主要是影响后继行为动机形成过程中的中介调节和新需要的产生。而归因只不过是影响成就动机的多种因素之一，不能反映整个成就动机过程。

（2）余安邦、杨国枢的"个人—社会"取向成就动机理论

20世纪80年代，余安邦、杨国枢提出了"个人—社会"取向成就动机理论。他们通过对传统中国的生计形态、社会结构及社会化历程加以分析后，经过实证研究提出中国人与西方人的成就动机在本质上是不同的。传统中国是一个权威主义社会，以集体主义和家族主义为特征，强

---

① Weiner B. A theory of motivation for some classroom experience ［J］. Journal of Educational Psychology, 1979, (71).

调团体意识，个人的成就必须放在集体的成功之中才有意义。[①] 因此，个人的成就目标并非由自己来决定，而是为了集体的目标，为了家庭的利益。这种成就动机的意义具有高度的社会工具性，带有鲜明的他人、集体或社会的色彩，因而被称为社会取向的成就动机。而西方社会强调与重视的是个人的力量和价值，对成就目标的选择是由个人决定的，为了达到自己设立的成就目标所需采取的行动由自己判断，成功与失败的结果也由自己来评价。成就价值具有高内化性和标准的自主性，这种成就动机被称为个我取向的成就动机。他们还认为，任何个人都具有个我取向的成就动机和社会取向的成就动机，只是相对强度不同而已，中国人以社会取向成就动机为主，而西方人是以个人取向成就动机为主。

3. 成就归因的测量与归因训练

（1）成就归因的测量研究

国外对于成败归因的研究开始得比较早，目前已形成了一些被研究者认可并广泛使用、具有一定影响力的学业成败归因量表。①Katkovsy 和 Crandall 于 1965 年编制的 "Intellectual Achievement Responsibility Scale"（IARS），主要测量的是学生的学业成败归因状况。②多维度—多归因因果量表（the Multidimensional-Multiattributional Causality Scale，简称 MMCS），也叫学业成就和人际关系归因测验，是由 Lefcourt 等于 1979 年编制而成，分别用来测查个体关于学业成就和人际关系的因果信念。该量表包括 48 个条目，分为学业成就和人际关系两个分量表，各 24 个条目，每个分量表又包括成功与失败的归因的条目各 12 个，每题采用五点记分制。MMCS 提出了分属于两个量表的四类可能的归因，即属于内控性的能力和努力，属于外控性的背景和运气。经研究表明，MMCS 量表中学业成就分量表的 Cronbach α 系数在 0.58—0.80；人际关系分量表的 α 系数内控性为 0.70—0.84，外控性为 0.62—0.81。重测相关系数，学业成就分量表为 0.51—0.62，人际关系分量表为 0.50—0.70。量表采用五点记分，总分为外控性得分减去内控性得分，范围是 96—96，分数越高，

---

① 余安邦：《影响成就动机的家庭社会化因素之探讨》，《中研院民族学所集刊》1991 年第 71 期。

外控性越高①。MMCS 先后经过 4 次修订，曾应用于许多群体，但从量表本身的内容和难度来看，最适合大学生使用。③由 Peterson 和 Barrett 于 1987 年编制的学业归因风格问卷（AASQ）。

　　上述这些国外的问卷或量表，有些在国外已经使用了很长时间，影响也较大，但可能是由于中外文化传统的不同或其他原因，至今没有介绍到我国进行译订使用。目前，我国对于学业成败归因的测量问卷或量表主要有：①根据 Graudells 于 1980 年编制的《成就归因问卷》修订而成的"学习归因量表"，共 24 个题目，分为成功归因和失败归因两个维度，分别从努力、能力、运气和任务难度四个方面考察学生对学业成败的归因情况采用强迫选择法让被试进行选择，每一项目若归因于外部记 1 分，归因于内部记 2 分。②②多维度—多归因因果量表。这两个量表虽然被国内不少研究者使用，但都是结合自己的研究而修订使用，缺乏有效的、国内统一的修订版。③国内的自编问卷是由李占江等人于 2001 年编制的，该问卷由在学习和人际关系上常见的个负性情境构成，要求学生对每一情景发生的原因从内在—外在、稳定—不稳定、整体—局部三个维度进行归因。④中学生考试归因量表由南京师范大学孙煜明教授于 1999 年主持编制，是由成功和失败两个分量表（内容上完全相反）组成，分别呈现成功与失败的假设情境，每个分量表包括 39 道题，每道题后附有一个 5 点量表。被试从完全不同意（1 分）到完全同意（5 分）中做出唯一选择。分数越高表明这一因素对成功或失败的影响越大。该量表的再测信度为 0.62（$p < 0.01$），校标效度为 0.46（$p < 0.01$）。③ 总之，目前国内研究中编制的归因问卷往往是为满足个人一时之需，应用范围十分有限，因此亟须在我国开展这方面的探索研究。

　　（2）归因训练

　　归因训练（attributional training）是指通过一定的程序，使被训练者

　　① Robinson、Shaver、Wrightsman 主编：《性格与社会心理测量总览》，杨宜音等译校，远流出版事业股份有限公司 1998 年版，第 582—587 页。

　　② 钱珍：《初中生父母教养方式、学业归因、学业自我效能感与学业成绩的关系研究》，硕士学位论文，华中师范大学，2008 年。

　　③ 孙煜明：《考试成败结果的复合原因、情感和行为决策试探》，《南京师范大学学报》1999 年第 4 期。

掌握某种归因技能，改变其原有的不良归因方式，形成积极的归因方式①，归因训练的基本思想是，个体在对自己的行为结果的原因归因中会存在各种归因偏差，而通过归因训练，个体可以获得各种不同形式的归因反馈的信息，从而消除归因偏差，形成积极的情感和期望，掌握正确合理的归因方式，积极正确地对自己的行为结果进行归因分析。目前，主要有以下三种归因训练模式：

①习得性无助模式的归因训练

习得性无助（Learned helplessness）是指个体经历了失败和挫折后，面临问题时产生的无能为力的心理状态和行为。习得性无助是众多心理学家最为感兴趣的归因研究领域之一，其中塞利格曼（Seligman，M. E. P.）等对习得性无助的研究最全面且影响最大。塞利格曼研究发现，如果个体意识到自己的行为不可能达到目标，或不可能成功时，就会产生一种无能为力或自暴自弃的心理状态，并表现为认知缺失、情绪低落和动机降低等②，也就是说如果个体将自己失败的原因归因于无法控制的条件时，会低估自己的能力，认为努力是无效的，不再寻求克服困难的方法，对以后的成功不再抱有希望，这属于不期望的归因；如果个体将自己失败的原因归因于努力不够等可以控制的条件时，会有信心改变失败的现状，愿意付出努力，对以后的成功抱有希望，这属于期望的归因。习得性无助模式的归因训练，目的就是在失败的原因归因上，用努力不够等可控制的原因代替能力低等不可控制的原因，在成功的原因归因上，用能力和努力等原因代替运气等原因，将不期望的归因转变为期望的归因。从而使被训练者恢复自信心，摆脱无助感和缺失感。

②自我效能模式的归因训练

自我效能理论是班杜拉（Bandura，A.）社会学习理论体系的重要组成部分，自我效能是个体应对或处理内外环境事件的效验或有效性，指个体在执行某一行为操作之前对自己能够在什么水平上完成该行为活动所具有的信念、判断或主体自我感受。班杜拉等研究发现，

---

① 袁晓琳：《归因训练的研究及其对教育的启示》，《当代教育论坛》2005 年第 12 期。

② 韩仁生：《当代归因训练三种模式述评》，《齐鲁学刊》1998 年第 4 期。

个体的自我效能感在一定条件下可以发生变化，并且其变化可以引起个体行为的变化。自我效能感主要取决于个体自己的成败经验，并受任务难度、个人努力程度等影响，也就是说个体对自我效能的判断除了受过去成就的影响，在一定程度上还与知觉到的行为结果的各种原因有关。由此，自我效能模式的归因训练的主要目标就是，由"我不能"变为"我能够"的信念，也就是将成功由归因于努力、运气、他人帮助等原因转变为归因于能力原因，将失败由归因于能力原因转变为归因于努力原因。①

③成就归因训练模式

韦纳的成就归因训练是以其成就和情绪归因理论为基础的，最早应用于对成就动机方面的解释，后来则发展到探索助人行为、社交行为、运动、管理、罪犯的假释，以及抑郁、多动和戒烟等临床方面的问题，成为当代最主要的归因训练模型②。韦纳的动机和情绪归因模式主要分为期望的和不期望的成败结果归因两部分，具体为：一是不期望的归因：当个体把成功归因于运气好时，就会缺少情绪刺激，变得冷漠，对成功的期望不会增加，从而缺乏趋向任务的倾向；当个体把失败归因于能力低时，则会引起无能、自卑等消极情绪，降低成功的期望，从而在努力程度上坚持不够，回避成就任务。二是期望的归因：当个体把成功归因于能力高时，就会产生自尊等积极情绪，增加成功的期望，从而趋向完成任务；当个体把失败归因于努力不够时，就会产生内疚等动机性情绪，维持较高的期望，从而增强坚持性，趋向成就任务。在韦纳的归因训练中，特别强调努力和能力的归因，在成功时让被训练者做能力归因，在失败时让被训练者做努力不够的归因③，通过训练增强其成功期望，提高其成就动机，形成并增强其积极的行为模式。成就归因训练在学校情景中的具体实施，包括对象的选择、教育干预和效果测量三个部分，对象的选择就是通过一定的工具测量筛选出由于归因方式不当而导致其他方

---

① 余洁：《大学生自尊与自我效能感及归因的相关研究》，硕士学位论文，湖南师范大学，2002 年。

② 韩仁生：《韦纳的归因训练理论模式及其实施》，《齐鲁学刊》2003 年第 1 期。

③ 邹敏：《初中生的考试成败归因特点与归因训练实验研究》，硕士学位论文，曲阜师范大学，2006 年。

面存在问题的学生，将其作为归因训练的对象；效果测量就是比较实验组和对照组在训练前后的行为变化，找出训练的效果；而作为整个归因训练的核心部分，教育干预是指按照规定的训练程序，在教育教学过程中有目的、有计划、有针对性地进行归因训练①。教育干预分为两种形式：集体干预和个别干预，集体干预是面向全体被训练者，在具体的干预过程中采用说服、讨论、示范、强化纠正等技术，多次定期进行；个别干预是针对个别被训练者所存在的问题，采用咨询、定向训练等技术，帮助其克服困难，形成积极的归因方式。将集体干预和个别干预同时进行，才能取得最好的训练效果。

4. 留守学生的成就归因研究

目前有关农村留守学生成就归因的研究还很少。梁慧（2011）用多维度—多归因因果量表（MMCS）对湖南怀化肖家乡和金龙乡两所中学的六年级到九年级的学生进行调查研究，结果发现留守学生的归因方式总体以内控归因为主，随着年级的增高有逐渐降低的趋势，且农村留守学生的归因以努力为主。② 王世媛和赵洁（2012）采用学习归因问卷对济南市 526 名留守中学生进行调查发现，留守中学生内部可控归因居于中间水平之上，内部不可控、外部可控和外部不可控的归因较低。③ 尤祺（2014）采用多维度—多归因因果量表（MMCS）的成就归因部分对青海413 名高中生留守学生进行研究，结果发现努力归因会对自尊产生正向影响，并且通过自尊影响亲社会行为倾向；运气归因会对自尊产生负向影响，并且通过自尊影响亲社会行为倾向。④

二　研究方法

本研究采用静态文献梳理与动态调查访谈相结合、定量与定性相结

---

① 孙煜明：《考试成败结果的复合原因、情感反应和行为决策试探》，《南京师范大学学报》1999 年第 4 期。

② 梁慧：《农村留守儿童心理弹性与一般自我效能感、归因方式的关系研究》，博士学位论文，曲阜师范大学，2011 年。

③ 王世媛、赵洁：《留守中学生学习归因与学习自我效能感的关系》，《中国学校卫生》2011 年第 12 期。

④ 尤祺：《青海省高中留守学生自尊、亲社会行为倾向与学业成就归因的关系研究》，硕士学位论文，青海师范大学，2014 年。

合、量的解析与质的研究相结合、宏观与微观相结合的方法，综述前人关于留守学生、成就归因的相关研究，梳理国内外关于留守学生学业成就归因研究的现状、问题和趋势；探讨留守学生成就归因的特征、社会认知特征、影响因素等。在此基础上，采用《多维度—多归因因果量表》（MMCS）的学业成就归因部分和叶仁敏修订奥斯陆大学 Gjesme 和 Nygard 编制的《成就动机量表》，对湖北省赤壁市两所农村中学即新店镇中学和赵李桥镇中学的 7—9 年级的留守学生与非留守学生进行问卷调查。主要采用 5 级评分，总分为统计指标，用 SPSS17.0 统计分析软件对结果进行常规的描述统计和推断统计分析，如相关分析、回归分析等。之后，选取留守学生个案对其"学业成就归因"的特征、影响因素、认知特征等进行深度访谈，验证留守学生成就归因的相关研究结果。

第二节　两所农村初中留守学生学业成就归因的调查分析

一　学校简况与研究设计

（一）学校简况

赵李桥镇中学是湖北省南大门赤壁市最南边的一所公办乡镇初级中学。赵李桥镇地处鄂南边陲，与湖南省临湘市接壤，素有"一脚踏两省，鸡鸣闻三镇"之称。东靠崇阳县城 40 公里，南距湖南岳阳市 80 公里，西临长江赤壁深水码头 45 公里，北倚武汉市 160 公里，扼湘、鄂两省咽喉。辖区京广铁路、107 国道南北贯穿，距京珠高速公路开口 5 公里，镇区向东有公路互通 106 国道，直达崇阳、通山、通城三县和江西修水县。赵李桥镇中学便坐落于这样一个农村集镇。该校有教职员工 60 多人，教学班 16 个，学生 1100 余人。本校教学质量过硬，教学设施先进，教师工作认真负责。在连续几年的中考中都取得了优异的成绩。

新店镇中学坐落在湘鄂交界的新溪河畔。新店镇位于赤壁市西南 30 公里，与湖南临湘市坦渡乡、定湖镇交界。全镇区域面积 103 平方公里，辖土城、花亭桥、益阳桥、大湖岭、蒲首山、雨亭、朱巷、官仕坳、夜珠桥、望夫山、龙门桥 11 个行政村，总人口 2.8 万人。新店镇中学建于 1966 年，距今已有 50 年的历史，现校园面积 45000 平方米。校园绿树成荫，环境优美，办学条件优越，文化氛围浓厚。新店镇中学师资强，管理严，校风正，学风浓。连续三届中考成绩辉煌，2007 年考上重点高中 33 人；2008 年上重点线 34 人，其中实验班 3 人；2009 年上重点线 34 人，其中实验班 2 人。学校为各级各类高级中学、中专学校输送了大量人才，曾被市一中誉为"状元故里，育人摇篮"。新店镇中学在狠抓教学质量的同时，对德育工作也丝毫不放松，整个学校学生淳朴，教师勤奋，校园和谐。学生的学业和品质经过教师的教育得到了质的飞跃，学校管理在社会上取得了极好的口碑。该校多次被咸宁市教育局评为"市先进学校"；2008 年被咸宁市教育局、环保局授予"绿色学校"称号；2009 年被湖北省教育厅授予后勤保障工作"四个创建"先进学校荣誉称号。学校一直秉承《义务教育法》的理念要求开展和组织各项教育教学活动，努力将学校打造成教育强区的窗口学校和示范学校，争取以优美的学习环境、优秀的做人品德、优质的教学质量成为学生成才、教师发展、家长放心、社会满意的新教育特色学校。

（二）研究设计

一般而言，生命个体在成长、发展和成熟的过程中，个体的心理和行为特征必然会受到多种因素的综合影响，比如先天遗传、先天气质和后天社会文化环境、自然生态环境、家庭教育环境、学校教育环境、家庭经济状况教育成长经历和性格个性特点等。个体的成就动机和成就归因特征也必然会受到这些因素的影响。在各种不同环境条件下成长起来的个体，必然会表现出显著差异的成就动机和成就归因心理与行为特征。一般来说，区别和影响个体或群体心理与行为特征差异的主要因素，既包括先天既定的、生理的或客观的人口统计学因素，还包括后天发展的、心理的或主观的人口学变量。常见的区分留守学生与非留守学生身心发展品质的人口学变量有：性别、年龄、年级、是否独生子女、家庭经济状况、父母受教育状况、父母外出务工状况等。

1. 研究样本

研究样本共有 600 份，分别来自赤壁市赵李桥镇中学和新店镇中学两所农村中学，所有研究对象人口学变量的具体分布情况见表3-1。600名研究对象中共有371名留守学生，其人口学变量的具体分布情况见表3-2。

表 3 - 1　　　　　　　研究样本的人口统计学变量分布（*n* = 600）

变量	类别	人数（比例）	缺失值（比例）	变量	类别	人数（比例）	缺失值（比例）
性别	男	314(52.3)	2（0.3）	父亲文化程度	小学及以下	64（10.7）	27（4.5）
	女	284（47.3）			初中	294（49.0）	
出生年	1999—2000年	60（10.0）	2（0.3）		高中及以上	215（35.9）	
	2001—2002年	378(63.0)		母亲文化程度	小学及以下	85（14.2）	31（5.2）
	2003—2004年	160(26.7)			初中	334（55.7）	
学校	赵李桥镇中学	399(66.5)	0（0）		高中及以上	150（25.0）	
	新店镇中学	201(33.5)		家庭经济状况	较好	61（10.2）	18（3.0）
年级	七年级	221（36.8）	0（0）		一般	482（80.3）	
	八年级	191（31.8）			较差	39（6.5）	
	九年级	188（31.3）		是否留守（留守类型）	非留守	227（37.8）	2（0.3）
是否独生	是	173（31.8）	6（1.0）		父母皆外出	210（35.0）	
	否	421（31.3）			仅父亲外出	123（20.5）	
学业成绩	较好	147（24.5）	1（0.2）		仅母亲外出	38（6.3）	
	一般	452（75.3）		—	—	—	—

注：学校和年级两个人口学统计变量是笔者发放和收集问卷后统一编制而成，故并没有缺失值的情况出现，其他的人口学变量由于学生被试遗忘作答等原因都有一定程度缺失值的情况出现。

表 3 - 2　　　　　　留守学生的人口学变量样本分布（$n = 371$）

变量	类别	人数（比例）	缺失值（比例）	变量	类别	人数（比例）	缺失值（比例）
性别	男	197（53.1）	1（0.3）	父亲文化程度	小学及以下	44（11.9）	1（0.3）
	女	173（46.6）			初中	188（50.7）	
出生年	1999—2000年	43（11.6）	1（0.3）		高中及以上	138（37.2）	
	2001—2002年	228（61.5）		母亲文化程度	小学及以下	54（14.6）	3（0.8）
	2003—2004年	99（26.7）			初中	219（59.0）	
学校	赵李桥镇中学	234（63.1）	0（0）		高中及以上	95（25.6）	
	新店镇中学	137（36.9）		家庭经济状况	较好	36（9.7）	4（1.1）
年级	七年级	145（39.1）	0（0）		一般	306（82.5）	
	八年级	112（30.2）			较差	25（6.7）	
	九年级	114（30.7）		留守类型	父母皆外出	210（56.6）	0（0）
是否独生	是	110（29.6）	3（0.8）		仅父亲外出	123（33.2）	
	否	258（69.5）			仅母亲外出	38（10.2）	
学业成绩	较好	81（21.8）	0（0）	—	—	—	—
	一般	290（78.2）		—	—	—	—

2. 研究工具

采用的《学业成就归因量表》是《多维度—多归因因果量表》（MMCS）的学业成就归因部分，用于测量受试者的学业成就归因的特点，共 24 个题项，四个因素，即四种归因倾向，分别是能力归因、努力归因、背景归因和运气归因，每一类归因方式分别有 6 道题项，其中有 3 题测量失败经验的归因方式，另外 3 题测量成功经验的归因方式。问卷采用 Likert5 点记分方法，即"1 = 完全不同意、2 = 比较不同意、3 = 介于同意与不同意之间、4 = 比较同意、5 = 完全不同意"。其主要统计指标为总分。

采用叶仁敏学者修订奥斯陆大学 Gjesme 和 Nygard 编制的《成就动机量表》，共 30 个题项，两个因素，分别用于测量追求成功和避免失败的动机，每个因素分别 15 道题，量表采用 Likert4 点记分，即"1 = 完全不对、2 = 有点正确、3 = 基本正确、4 = 完全正确"。成就动机得分为追求成功的动机得分减去避免失败的动机得分，其得分越高表明成就动机水平越高。

3. 统计方法

采用 SPSS20.0 对调研收集的数据进行统计处理。

二 留守学生学业成就动机与归因的调查结果

（一）留守学生学业成就动机与归因的描述性统计

前文已经提到，成就动机包含追求成功和避免失败两个方面，其最终得分为追求成功的动机得分减去避免失败的动机得分；成就归因包含四个维度：能力归因、努力归因、背景归因和运气归因。分别对 371 名留守学生的成就动机和成就归因的各维度进行描述性统计分析，具体结果见表 3 – 3。

表 3 – 3　　留守学生成就动机与归因的描述性统计结果（$n = 371$）

	N	最小值	最大值	均值	标准差
成就动机					
追求成功	371	15.00	60.00	37.19	6.988
避免失败	371	15.00	60.00	31.76	8.393
成就动机	371	-45.00	45.00	5.43	11.896
成就归因					
能力	371	6.00	30.00	17.28	4.315
努力	371	6.00	30.00	22.60	4.318
背景	371	6.00	30.00	15.77	4.601
运气	371	6.00	30.00	14.99	4.545

根据表 3 – 3，可以发现，371 名留守学生对其成就动机进行 1—5 点评分，根据其题项的数量，所以追求成功和避免失败的最小值都为 15，最大值都为 60，而由两者之差所得的成就动机得分的最小值就为 –45，最大值为 45。上表还显示：留守学生追求成功的得分高于避免失败的得分。留守学生对其成就归因进行 1—4 点评分，根据成就归因题项的数量，所以成就归因各维度的最小值均为 6，最大值均为 30，所以以其中值 18 分为标准，只有努力归因得分在中值以上，说

明留守学生和一般学生一样都认为努力才是取得好成绩的根本；能力归因得分接近中值，说明留守学生对努力和能力归因的认同程度都达到中等及以上程度。通过成就归因各维度的均值，可以发现留守学生对归因因素影响从大到小的排序为：努力归因＞能力归因＞背景归因＞运气归因。

（二）留守学生学业成就动机与归因的差异性检验

1. 性别差异

鉴于男女两性的生理结构和心理特征都有很大不同，各自对学业成就的外显或者内隐想法有所不同。所以，以人口统计学变量性别为分组变量，对调查数据进行性别变量的独立样本 t 检验。

表3－4　　　　　　　　　　　　性别差异（$M \pm SD$）

因素	男（$n=197$）	女（$n=173$）	t
成就动机			
追求成功	36.76±6.84	37.69±7.16	−1.275
避免失败	32.11±8.24	31.34±8.59	0.882
成就动机	4.65±11.03	6.35±12.80	−1.373
成就归因			
能力	16.99±4.23	17.58±4.40	−1.302
努力	21.82±4.34	23.52±4.12	−3.838***
背景	15.50±4.46	16.03±4.73	−1.121
运气	15.49±4.76	14.43±4.23	2.252*

根据表3－4，可以发现努力归因和运气归因均出现了显著性差异，其中努力归因出现极其显著性差异，女生的得分非常显著地高于男生；而在运气归因上，男生的得分却显著地高于女生。

2. 是否为独生子女的差异

为了解独生子女和非独生子女在学业成就动机和归因上的差异，以人口统计学变量是否为独生子女为分组变量，对调查数据进行独立样本 t 检验。

表 3-5　　　　　　是否为独生子女的差异 （$M \pm SD$）

因素	独生子女 （$n=110$）	非独生子女 （$n=258$）	t
成就动机			
追求成功	36.76 ± 6.04	37.36 ± 7.36	-0.819
避免失败	32.86 ± 7.72	31.31 ± 8.68	1.621
成就动机	3.90 ± 10.11	6.06 ± 12.58	-1.589
成就归因			
能力	17.78 ± 3.75	17.09 ± 4.42	1.510
努力	22.10 ± 3.98	22.79 ± 4.32	-1.410
背景	16.69 ± 4.42	15.40 ± 4.64	2.489 *
运气	15.77 ± 4.67	14.68 ± 4.47	2.117 *

根据表 3-5，可以发现背景归因和运气归因均出现了显著性差异，独生子女的得分均显著高于非独生子女。

3. 学校差异

为了解两所中学的留守学生在学业成就动机和归因上的差异，以学校为分组变量，对调查数据进行独立样本 t 检验。

表 3-6　　　　　　　学校差异 （$M \pm SD$）

因素	赵李桥镇中学 （$n=234$）	新店镇中学 （$n=137$）	t
成就动机			
追求成功	38.04 ± 6.99	35.73 ± 6.76	3.109 * *
避免失败	31.48 ± 8.38	32.23 ± 8.43	-0.825
成就动机	6.56 ± 12.11	3.50 ± 11.31	2.403 *
成就归因			
能力	17.02 ± 4.32	17.71 ± 4.29	-1.495
努力	22.67 ± 3.96	22.49 ± 4.89	0.355
背景	15.99 ± 4.75	15.39 ± 4.32	1.209
运气	15.17 ± 4.65	14.68 ± 4.36	0.998

根据表 3-6，可以发现追求成功和总的成就动机均出现了显著性差异，赵李桥镇中学留守学生的得分均显著高于新店镇中学留守学生。另外，两所中学并不存在显著的学业成就归因差异。

4. 学业成绩差异

本研究让留守学生在"较好"和"一般"两个选项上对其学业成绩作自我评定，以学业成绩为分组变量，对调查数据进行独立样本 t 检验。

表 3 – 7　　　　　　　　　　成绩差异（$M \pm SD$）

因素	较好（$n=81$）	一般（$n=290$）	t
成就动机			
追求成功	38.96 ± 6.53	36.69 ± 7.04	2.598**
避免失败	31.61 ± 9.52	31.80 ± 8.07	-0.166
成就动机	7.35 ± 13.55	4.89 ± 11.36	1.647
成就归因			
能力	17.40 ± 3.97	17.24 ± 4.41	0.292
努力	22.62 ± 4.22	22.60 ± 4.35	0.043
背景	15.37 ± 4.69	15.88 ± 4.58	-0.892
运气	15.36 ± 4.89	14.88 ± 4.45	0.830

根据表 3 – 7，可以发现追求成功出现了显著性差异，较好组的得分显著高于一般组。

5. 年级差异

本研究的研究对象来自 7—9 年级的初中生，以人口统计学变量年级为分组变量，对调查数据做单因素方差分析。

表 3 – 8　　　　　　　　　　年级差异（$M \pm SD$）

因素	①七年级（$n=145$）	②八年级（$n=112$）	③九年级（$n=114$）	F	LSD 比较
成就动机					
追求成功	37.35 ± 7.44	37.01 ± 7.01	37.16 ± 6.41	0.074	
避免失败	29.62 ± 8.06	32.80 ± 8.57	33.46 ± 8.12	8.219***	①<②③
成就动机	7.73 ± 12.14	4.21 ± 12.18	3.70 ± 10.89	4.585*	①>②③
成就归因					
能力	16.65 ± 3.93	17.15 ± 4.76	18.19 ± 4.21	4.210*	①<③

续表

因素	①七年级 （$n = 145$）	②八年级 （$n = 112$）	③九年级 （$n = 114$）	F	LSD 比较
努力	22.54 ± 4.36	22.16 ± 4.68	23.12 ± 3.85	1.424	
背景	14.54 ± 4.20	16.71 ± 5.08	16.41 ± 4.27	8.999 * * *	① < ③②
运气	13.72 ± 4.11	15.33 ± 5.03	16.27 ± 4.18	11.126 * * *	① < ②③

根据表3－8，可以发现除了追求成功和努力归因外，其余各项具有显著或者极其显著性差异，七年级的避免失败得分显著低于八年级和九年级，其余的都大致随年级的上升而升高，且八年级与九年级之间并无显著差异。

6. 父亲文化程度差异

本研究将留守学生的父亲文化程度分类为小学及以下、初中和高中及以上三种，以人口统计学变量父亲文化程度为分组变量，对调查数据做单因素方差分析。

表3－9　　　　　　　父亲文化程度差异（$M \pm SD$）

因素	①小学及以下 （$n = 44$）	②初中 （$n = 188$）	③高中及以上 （$n = 138$）	F	LSD 比较
成就动机					
追求成功	36.21 ± 5.97	36.77 ± 7.43	38.12 ± 6.60	1.988	
避免失败	33.22 ± 7.99	31.51 ± 8.46	31.61 ± 8.46	0.770	
成就动机	2.99 ± 11.30	5.26 ± 12.36	6.51 ± 11.39	1.511	
成就归因					
能力	17.12 ± 4.87	17.06 ± 3.90	17.63 ± 4.68	0.732	
努力	22.78 ± 5.28	22.54 ± 4.26	22.66 ± 4.09	0.069	
背景	16.43 ± 4.56	16.00 ± 5.03	15.20 ± 4.48	2.941 *	① > ③
运气	15.68 ± 4.76	15.26 ± 4.70	14.42 ± 4.30	3.150 *	① > ③

根据表3－9，可以发现背景归因和运气归因出现了显著差异，其中，父亲文化程度为小学及以下组的得分显著高于高中及以上组，另外，父亲文化程度较高的留守初中生追求成功和成就动机水平也相应提高，但均未达到显著性水平。

7. 母亲文化程度差异

同样地，本研究将留守学生的母亲文化程度分类为小学及以下、初中和高中及以上三种，以人口统计学变量母亲文化程度为分组变量，对调查数据做单因素方差分析。

表 3 – 10　　　　　　　　　母亲文化程度差异（$M \pm SD$）

因素	①小学及以下（$n = 54$）	②初中（$n = 219$）	③高中及以上（$n = 95$）	F	LSD 比较
成就动机					
追求成功	37.37 ± 6.71	37.00 ± 6.95	38.18 ± 7.13	0.650	
避免失败	32.54 ± 8.12	31.42 ± 8.23	31.88 ± 9.40	0.597	
成就动机	4.83 ± 10.42	5.58 ± 11.98	6.31 ± 14.13	0.276	
成就归因					
能力	18.06 ± 4.28	17.04 ± 4.28	17.38 ± 4.39	1.248	
努力	22.39 ± 4.39	22.52 ± 4.09	23.86 ± 4.29	2.572*	① < ③
背景	16.59 ± 5.20	15.44 ± 4.69	16.15 ± 3.87	1.737	
运气	15.31 ± 4.93	14.62 ± 4.40	15.65 ± 4.66	1.865	

根据表 3 – 10，可以发现努力归因出现了显著性差异，其中，母亲文化程度为小学及以下组的得分显著低于高中及以上组。另外，母亲的文化程度对留守学生成就动机水平也有一定影响，比如母亲文化程度高的学生，成就动机水平也最高，但是同样均没有达到显著性水平。

8. 家庭经济状况差异

本研究让留守学生在"较好""一般"和"较差"三个选项上对其家庭经济状况作自我评定，以其家庭经济状况为分组变量，对调查数据做单因素方差分析。

表 3 – 11　　　　　　　　　家庭经济状况差异（$M \pm SD$）

因素	①较好（$n = 36$）	②一般（$n = 306$）	③较差（$n = 25$）	F	LSD 比较
成就动机					
追求成功	39.24 ± 6.71	37.11 ± 6.85	35.22 ± 7.90	2.615	

因素	①较好 （n = 36）	②一般 （n = 306）	③较差 （n = 25）	F	LSD 比较
避免失败	32.60 ± 8.80	31.75 ± 8.40	31.53 ± 7.76	0.182	
成就动机	6.63 ± 12.36	5.35 ± 11.94	3.70 ± 9.76	0.454	
成就归因					
能力	18.68 ± 5.19	17.08 ± 4.13	17.47 ± 5.17	2.219	
努力	23.47 ± 4.06	22.50 ± 4.30	22.71 ± 5.05	0.817	
背景	16.12 ± 4.40	15.70 ± 4.58	15.49 ± 5.09	0.172	
运气	16.38 ± 5.05	14.76 ± 4.39	16.46 ± 5.20	3.433 *	① > ②

根据表3 - 11，我们可以发现只有运气归因出现了显著性差异，其中，家庭经济状况较好组的得分显著高于一般组。

三 留守学生学业成就动机与归因的结果分析

（一）留守学生学业成就动机与归因的总体状况分析

1. 留守学生学业成就动机特点分析

研究结果发现，农村初中留守学生在成就动机中追求成功的得分高于避免失败的得分。这与汪胜亮（2009）[①] 等研究者的研究结论一致。说明初中留守学生在成就动机中的整体特点还是具有一般中学生的特点。在整体上，留守初中生也与非留守初中生一样，具有该时期初中生的一般特点，初中生已经步入青春期，生理和心理的进度不协调、发展不平衡，初中生阶段是儿童自我意识发展的第二个关键期，无论他们的实际学习行为是付诸行动还是臆想无为，他们都开始比小学阶段更加深切重视自己的学业成绩和学习能力，就像突然强烈关注自己的外貌、外形和风度一样，因为这都强烈关乎他们的自尊心，他们渴望取得好成绩，渴望获得成功，追求成功。整体而言，他们的学业成就动机水平较高。留守初中生在自我意识里同样具有较高的学业成就动机水平，他们这一代的父母双方或者一方都在外务工，亲子分离之痛俨然于心，而在外务工的原因当然就是经济条件的限制，去大城市务工赚钱更多，这就会使留

---

① 汪胜亮：《中学生成就动机归因训练对学业成绩的干预研究》，博士学位论文，江西师范大学，2009 年。

守学生在行为意识里渴望追求成功，这也是在外务工的父母对他们的期望和要求。

2. 留守学生学业成就归因特点分析

研究发现，留守学生对学业成就归因因素影响从大到小的排序为：努力归因＞能力归因＞背景归因＞运气归因，这说明留守初中生的学业成就归因整体上倾向于内部归因而非外部归因。这个研究结论与沃建中、黄华珍、林崇德（2001）[①] 和汪胜亮（2009）[②] 等研究者的结论基本一致。留守初中生总体上在学业成就归因上同样表现出对努力归因的偏重的典型特点。他们相信，上课认真听讲，下课认真完成作业，多做练习，积极思考，勤奋刻苦是取得理想学业成绩的制胜法宝。可是，另一些研究者有不同的发现，如栾国霞（2007）[③] 发现中学生在整体学习归因上，能力归因的得分最高，努力归因的得分最低，表现出能力归因倾向，而非努力归因倾向。总而言之，农村初中留守学生整体上表现出努力归因的学业成就归因倾向，他们相信通过自身的努力可以改变自己的处境甚至命运。

（二）留守学生学业成就动机与归因的差异性分析

1. 性别差异分析

通过本研究的整体调查研究发现，留守初中生在努力归因和运气归因上均出现了显著的性别差异。女生在努力归因上的得分非常显著地高于男生，而男生在运气归因上的得分却显著地高于女生，相对而言，留守初中生中女生比男生更倾向于努力归因，而男生比女生更倾向于运气归因。这说明初中留守学生群体中当女生在考试中取得好的学业成绩时更倾向于归因为自身的努力这样内部的、稳定的、可控的因素；而学业成绩不理想时会更倾向于认为是自己不够努力的原因。而留守男生群体相对女生来说外归因程度较高，他们在考试成绩不理想时更倾向于认为

---

① 沃建中、黄华珍、林崇德：《中学生成就动机的发展特点研究》，《心理学报》2001 年第 33 期第 2 卷。

② 汪胜亮：《中学生成就动机归因训练对学业成绩的干预研究》，博士学位论文，江西师范大学，2009 年。

③ 栾国霞：《中学生时间管理倾向、成就动机、自我效能与成就归因对学业成就的影响》，硕士学位论文，曲阜师范大学，2007 年。

是自己运气不太好的原因，这可能说明初中留守女学生学习较男生来说更认真踏实，学习成绩相对来说波动也会更小，另一方面也说明培养留守学生合理的学业成就归因方式的重点还应放在留守男学生上。在初中阶段，男生的学业成就感和效能感普遍低于女生可能也是一个重要的原因。这个结论与以往无论是对一般中学生还是对留守学生的相关研究结果基本一致，在这一点上留守学生与非留守学生的归因性别差异并无很大的不同。吕勇、阴国恩和练永文（2003）也发现初中生在学业成绩的归因上存在性别差异，对待满意的学习成绩，男生倾向于认为是自己能力和环境条件的作用，而对于不满意的学习成绩，男生更容易归咎于自己运气不佳、题目难度过大或环境条件不利于自己发挥这些外部因素。[1]尤祺（2014）调查发现在学业成就归因方式上，男女生在背景和运气两方面都存在显著差异，男生在这两个归因倾向上的得分都显著高于女生。[2] 另外，本次调查研究结果显示：农村初中留守学生的成就动机水平并无性别差异。这与樊洁、梁宁建（2003）[3] 和周生彬（2007）[4] 关于中小学的研究结论基本一致。到初中阶段，女生与男生同样具有强烈追求成功的动机，但是回避失败动机不如男生，其整体上成就动机水平比男生稍强，但没有达到显著性水平。

2. 是否独生子女的差异分析

本次调查研究发现，独生子女在背景归因和运气归因上的得分均显著高于非独生子女。背景归因和运气归因都属于外部归因，这说明在留守学生中的独生子女在取得好成绩时更倾向于是认为老师讲课比较好、题目比较简单、运气比较好等外部原因；而在学习成绩不好时更倾向于是认为老师教得不好、题目太难了、运气太差了等外部原因。而留守学生中非独生子女外归因倾向却相对较弱，这说明留守学生中非独生子女

---

①　吕勇、阴国恩、练永文：《中学生学业成就归因与学习动力的相关研究》，《心理与行为研究》2003 年第 1 期第 4 卷。

②　尤祺：《青海省高中留守儿童自尊、亲社会行为倾向与学业成就归因的关系研究》，硕士学位论文，青海师范大学，2014 年。

③　樊洁、梁宁建：《中学生成就动机的年级差异研究》，《心理科学》2003 年第 5 期。

④　周生彬：《中小学生成就动机、成就归因和成就目标的研究》，硕士学位论文，曲阜师范大学，2007 年。

较独生子女在初中学习阶段中学习更加踏实认真，他们不会轻易将坏成绩归咎于外部因素，而留守学生中的独生子女则不会如此，他们在学业成绩上存在一定的归因偏差。另外，发现独生子女与非独生子女在成就动机水平上不存在显著性差异，这与刑心菊（2007）[1] 等许多研究者的结论一致。留守初中生是否为独生子女对其成就动机水平的高低不具有显著影响。总之，留守初中生中的独生子女比非独生子女更倾向于外部归因。

3. 学校差异分析

在本研究中，关于两所农村中学的留守学生学业成就的差异分析在成就动机特点上是独有的，调查结果发现，追求成功和总的成就动机均出现了显著性学校差异，赵李桥镇中学留守学生的得分均显著高于新店镇中学留守学生，而两所中学并不存在显著的学业成就归因差异。这说明赵李桥镇中学的留守学生整体上在追求成功上比新店镇中学的留守学生的意愿更强烈，从而出现前者比后者的学业成就动机水平更高的现象。这应该与两所学校的教学风格差异、教师的教学管理风格或者受调查者在调查填写中不稳定、不可控因素等有关，有待具体分析探讨。

4. 学业成绩差异分析

本调查研究让留守学生在"较好"和"一般"两个选项上对其学业成绩作自我评定，留守儿童中真正对自己学业成绩自评为"较好"者仅占21.8%。结果发现，认为自己学业成绩较好组的追求成功得分显著高于一般组。这表明追求成功与学业成绩的高低具有正性关联。追求成功意愿更强烈的学生，会更加容易取得好成绩。一般而言，学业成绩比较好的学生，会拥有更高的学业自信，更加敢于或者更加有自信评定自己的学习成绩是"较好"而非"一般"，学习成绩的高低是反映学生自己完成学业任务，解决学习问题的效能感，这确切说明他们的自我效能感、自我满意感和自我接纳感比较高，从而他们会有更高的学习热情，更好的学习能力，更愿意采取学习策略和学习方法，完善自己的学习习惯，以进一步提高学业成绩。因此，良好学业成绩的拥有者必然也伴随着更高地追求成功的动机和自我效能感。

---

① 刑心菊：《初中生成就动机与心理控制源、父母养育方式的关系研究》，硕士学位论文，扬州大学，2008 年。

5. 年级差异分析

本研究选取 7—9 年级的初中生作为研究对象，调查发现除了追求成功和努力归因外，其余各项具有显著或者极其显著性差异，七年级的避免失败得分显著低于八年级和九年级，其余的都大致随年级的上升而升高，且八年级与九年级之间并无显著差异。这说明随着年级的升高，由于避免失败动机的上升而使初中留守学生的合成成就动机水平降低。这与已有研究对于一般中学生的研究结果既有吻合也有差别，比如，周生彬（2007）的研究结果显示，对于农村的学生来说，追求成功动机呈现 V 字形，合成成就动机呈宽 V 口字形，初二年级学生追求成功的动机和合成成就动机最低。[①] 而本研究针对留守初中生的结果却显示，随着年级的升高，由于避免失败动机的上升而使初中留守学生的合成成就动机水平降低，而非呈现 V 字形。这可能是由于留守学生亲子学业指导的缺失与高考的临近使得留守学生效能感降低，害怕面对失败，更害怕接受失败，不能经受住挫折的考验，而随着年级的上升，学业紧张的加剧使其面临的问题越来越多，对他们的消极影响也越大，但他们又觉得自己没有能力去改变，产生深深的无力感与无助感，只有刻意去回避。

另一方面，虽然留守初中生整体学业归因仍为努力归因倾向，但是其在能力归因、情境归因和运气归因倾向上大致都随着年级上升而升高。初中阶段属于儿童自我意识发展的第二个飞跃期，随着年级的上升，初中生自我意识增强，表现在学业归因方面同样如此。他们逐渐会认为，学生的大多数学习时间都是一致且统一的，同一个班级里老师的授课方式和内容都相同，老师布置的作业也相同，面临同样的学业压力大家的努力也大同小异，可是同样的努力有时候往往得到迥然不同的学业结果；同时，到初二以后，开始增加的物理、化学等学科的学习使得初中阶段的学业整体层面上的学科特征产生变化，还包括学业任务的加重、调整和变化，以及初三临近中考压力等环境因素的影响，使得学生逐渐倾向于把学业成败归因于能力、运气等不可控的因素。所以，初二和初三留守学生的不可控性归因倾向强于初一学生。

---

① 周生彬：《中小学生成就动机、成就归因和成就目标的研究》，硕士学位论文，曲阜师范大学，2007 年。

6. 父母亲文化程度差异分析

本研究将留守学生的父母亲文化程度分类为小学及以下、初中和高中及以上三种，调查结果发现父亲文化程度为小学及以下组的得分在背景归因和运气归因维度上显著高于高中及以上组，母亲文化程度为小学及以下组的得分在努力归因维度上显著低于高中及以上组。这说明父亲文化程度的高低影响留守子女对学业成就的外部归因，父亲文化程度在小学及以下的初中生更易采用老师教得好不好、考试题目难不难、自己运气好不好等外部归因方式来分析自己在学业上取得的成绩好坏状况的原因，而父亲文化程度在高中及以上的留守初中生则相对不易如此。另一方面，母亲文化程度的高低则显著影响留守子女对学业成就运用努力等内部归因方式的程度，母亲文化程度在高中及以上的留守子女更倾向于采用努不努力或者说够不够努力来分析学习成绩好坏的原因，而母亲文化程度相对较低的留守初中生则相对不倾向于这样归因。张巨贞（2007）的研究结果也认为，归因方式在父母文化程度上存在差异，父母文化程度高的学生在归因方式方面较好，且高成就动机的人更倾向于内部归因，这些倾向于内部归因的父母在教育孩子时的言传身教也都偏向于内部归因。① 另外，虽然父母亲文化程度对留守初中子女的成就动机的影响并未达到显著性水平，但父母亲文化程度较高对提高留守初中生的成就动机水平有一定程度的影响。

7. 家庭经济状况差异分析

个体感知到自己家庭经济状况和物质条件，与其对自己的学业成绩归因方式有何差异呢？本研究让留守学生在"较好""一般"和"较差"三个选项上对其家庭经济状况作自我评定，调查结果发现只有运气归因出现了显著性差异，其中，家庭经济状况较好组的得分显著高于一般组，其他组之间无差异。这说明在整体上，初中留守学生一般不会认为家庭经济状况与学业成绩的高低好坏有关联。可是，在小范围内有这样的现象，认为自己家庭经济状况较好的初中留守学生在学习上取得好成绩时，更加倾向于认为是自己运气好，猜对的题目比较多或者说刚好考的都是

---

① 张巨贞：《初中生归因方式对自我意识和学业成绩的影响》，博士学位论文，河北师范大学，2007年。

我会做的；而在成绩不理想时，则会认为是自己运气不好，猜的题目都做错了或者说刚好考的都是我不会做的题目。

第三节 留守学生学业成就归因个案访谈的心理分析

前面提到，美国心理学家伯纳德·韦纳认为，个人对成败的解释不外乎以下四种因素：①自身的能力；②所付出的努力程度；③任务的难度；④运气的好坏。他认为"内外因素"和"稳定性"这两个维度是相互独立的，对一个人成就动机的产生和质量分别起着不同的作用。"稳定性"维度对以后类似情境中是否成功的期望或预测产生重大影响，即当人将成败归因于稳定性因素时，他对之后的类似情境中成败的期望和预测将会与以往情境的成败结果相似；当人将成败归因于不稳定性因素时，他对之后的类似情境中成败的期望和预测将会与以往情境的成败结果相反。"内外因素"维度，即对人的成就行为的内控或外控判断，会影响到人对个人价值的判断，并进而影响着其成就动机，即相对于人将成败归因于外部因素，归因于内部因素将影响人对于自身个人价值及自信心的构建和瓦解。简言之，归因的控制点影响着人们对成败赋予的价值判断，而稳定性则影响着成就期望。价值判断和成就期望共同决定人在以后的成就行为中所付出的努力和追求。

在缺乏日常直接家庭教育、亲子分离背景下成长起来的留守学生，他们的成就动机和成就归因具有哪些独特性呢？留守学生的学业成就动机与归因特点是否集中反映了他们独特的生活现实、成长环境与经历？留守学生的学业成就动机与归因具有哪些独特典型表现？它们又受到哪些因素的影响呢？本研究意在通过个案访谈的方式对农村初中留守学生的学业成就归因方式进行个案访谈，并进行初步整理和归纳。

一 留守学生学业成绩归因的个案访谈对象与过程

（一）访谈过程

本研究采用目的性抽样方法选取各方面更为典型的留守学生进行个案访谈。笔者对教师及受访者说明访谈目的、访谈要求及访谈过程，在征得教师及受访者的同意后开展个案访谈，并对访谈的过程进行录音和纸笔记录。访谈时间为每位访谈者 30 分钟左右，访谈地点选取在一间安静且无人打扰的学校办公室。访谈内容是大致根据笔者提前拟好的访谈提纲（见附录 3）所列的问题与受访者展开谈话。笔者尽量创设轻松、快乐的谈话氛围，并使用方言和受访学生进行无障碍交流，尽量把访谈专业词汇转换成通俗易懂、生活化的方言式语言，努力降低访谈对象的心理不适感；鼓励受访学生轻松、自由地随时表达自己对问题的想法，并自由发挥，这样有利于受访者更多丰富而有效信息的呈现；当受访者出现语言或者意思表达不清或者遗漏的情况时，笔者会认真倾听并对其表达信息进行及时澄清和确认，并做出必要的提示和补充。另外，在访谈过程中，受访学生有权因任何原因随时拒绝访谈或者中途退出；若受访者在访谈过程中出现情绪困扰比如哭泣等，实属正常现象，笔者会让受访学生尽情地哭泣和发泄，充分释放内心的压抑和不安情绪，并对其进行情绪疏导和提供心理支持。最后，在个案访谈结束后，笔者对每位受访学生赠予一份学习用具小礼品以示感谢。

（二）访谈对象

本研究访谈个案的对象选取于赤壁市赵李桥镇中学和新店镇中学，这两个镇都处于湖北省东南角，两镇接壤，是典型的中部丘陵地区，经济发展程度一般，都有许多农民弃田到经济发达地区打工。镇上的初级中学都属于典型的公立农村办学单位。根据所在学校教师的推荐，笔者访谈了 36 名初中生，对访谈资料进行认真归纳、整理和分析，并从中选取典型案例谈话记录进行报告。

二　留守学生学业成绩归因的个案访谈的因素分析

（一）留守学生"学业成绩归因"的典型表现

1. 分离式教养方式下的内心状态：不安冷漠与安定充实

父母常年外出务工，会明显缺少与孩子的交流和沟通，严重影响父母对孩子的教养方式和教养程度。父母只能通过打电话或者视频等方式来进行间接交流、浅显简单沟通与生硬式教导，或者父母将自己的教养思想嘱咐给孩子的代养监护人，笔者将这种在外务工父母对留守孩子的间接教养方式造成的不仅是亲子空间分离，更重要的是亲子内心分离称为"内心分离式教养"。而非留守儿童积极性的教养方式如父亲温暖、母亲温暖等心理健康状况显著好于留守儿童和曾留守的儿童的心理健康状况。①

一方面,这种"内心分离式教养"在一定程度上会形成孩子对父母的牵挂和想念,对父母安危状况的担忧与焦虑,使孩子们在学校就会产生诸如压抑、郁闷甚至极度脆弱不安的内心感受。当问到"你在外出打工的父母回家和离家时你的心情以及你在学校的感受"等问题时,比较典型的反应和回答是,微微低着头,眼睑向下,眨呀眨着睫毛说道:

> "我很想他们!"
>
> "我好希望妈妈每天陪着我,照顾我,可以经常到学校来给我送晚饭,来学校看我,让爸爸出去挣钱就行。"
>
> "舍不得,不希望他们走,我拉着妈妈,让她不要走,可是她骗我还是走了,我记得每次她走的那天我都会哭一整晚。"
>
> "他们每次都是过年才回家,我现在都想着快点过年,可是有时候他们甚至过年都没回家,都不知道他们在外面过年怎么样,我好担心他们,我怕他们会离婚。"

另一方面,日积月累的"内心分离式教养"也让孩子们习惯了父母不在身边,在父母回来后不知道该与父母怎样交流,甚至对他们的出现表现出假性冷漠的态度。

> "没什么心情,走了就走了呗!"
>
> "没什么感觉,从小到大都这样啊,我都习惯了。"
>
> "还好,他们回来后,我感觉都不怎么认识他们,后来都是他们做他们的事,我玩我的。"
>
> "他们在外面赚钱吧,我也不想管他们在做什么,反正他们也不怎么管我。"

----

① 黄艳苹:《家庭教养方式对农村留守儿童心理健康的影响》,硕士学位论文,江西师范大学,2006 年。

　　长期的亲子分离式教养产生的无力感和不可控制感使他们的内心备感不安，表现出强烈的自欺与自弃，他们对父母很冷漠，这种防御性方式，实则是内心对父母的强烈责备和深切的渴望。

　　所以，地域性的空间分离只是表象，内心分离才是潜藏在其中的恶瘤，如果父母能定期回来探望，定时与子女做好心灵对话和人生沟通，孩子将不会有那么强烈的安全感缺失，取而代之的是内心的安定与充实。

　　在访谈案例中，也有典型的正面个案，"轻松，快乐，安全，充实，作业多的时候就不怎么轻松，因为每天都需要写作业嘛，担忧老师讲的知识点自己没弄懂。我相信我会管好自己的学习的，不用父母操心，但就是一些生活知识比如礼节性的知识，我都不是太清楚，都需要父母的教导，许多生活上的知识还需要父母来教导，奶奶教的都是她那个年代的旧礼仪，对于现在不适用。我觉得父母不在我身边对我的生活并没有不良影响，因为学习是自己的事情，我能处理好自己学习的事情。父母在的话，我就会更多地依赖他们，因为我知道他们会督促我写作业，所以我会更加放松。如果他们不在，我反而会自己管理好自己，对自己更加严格，更自立。父母知道我已经长大了，已经是一个青少年了，他们也不会管我太多，他们会给我自由的空间。只是一些细节方面的东西，如果我做得不好，他们会提醒我。在学习上，他们认为如果你真的喜欢学习，认为学习很重要，你就会自己管住自己，所以他们不会太担心我的学习。爸妈总说，我都这么大了，应该会管住自己的。感觉自己的性情多多少少和书中的情节有些像，比如书中13岁的孩子已经像个大人了，很多事情也都会处理了。我看的书《一个成功的人士》，觉得有些方面我们青少年需要向书中的主人公学习，我觉得父母外出打工对我的学习成绩没有什么影响。"通过进一步询问得知，该受访留守学生的父母定期和她进行交流和双向分享，从小就注意从细节上培养其学习习惯、生活习惯，父母的缺席反而让他比同龄人更独立自主。

　　2. 分化内心状态下的学业状况：无心向学与全心学习

　　亲子分离、长期留守的状态造成了留守学生脆弱不安与假性冷漠的不良内心状态，这种不良内心状态，长此以往会影响留守学生的心理健康状况，还会泛化到他们对其他的人、物以及外部世界的感受上，从而潜在地被这种黯淡心境所弥漫和吞噬。当被问到他们对自己的学习成绩和学习状态的看法和如何看待父母对自己学习成绩的态度等问题时，受访学生在笔者细问之下才渐渐说道："我现在感觉好压抑、郁闷，我好想打电话给妈妈，妈妈只是偶尔给我打电话，总是说一句叫我好好学习，"说着说着开始哽咽，"我哪有心思好好学习。奶奶很不喜欢妈妈，总是和我说妈妈的不好，说我妈妈和别人走了，我不是很喜欢奶奶。妈妈去年过年没有回来住，只有爸爸回来了，我好怕她和爸爸离婚，我好怕她不要我了。老师，你说，我爸妈会不会离婚啊，我现在一想到爸妈会离婚，妈妈不要我了，我就写不下去作业了，我上课根本听不进去，脑子里总是嗡嗡的，写作业有什么用？成绩好有什么用？成绩再好爸妈也不会在我身边陪着我。"

"我成绩不好，我也不喜欢搞学习，无聊死了，大概我比较爱玩吧，我有几个玩得好的兄弟，我们还约定一起到初三不读了，反正也读不进去，我都长大了，也不需要谁管了。"

"也许父母在我身边管我的话，来按时监督我写作业，我相信我的学习成绩会有提高。"

当谈到有关学习和学习成绩的话题时，出现了两种状况，一种是受访者想尽快结束对话，并不想谈论有关学习和学习成绩的话题，显然，这不是他喜欢的话题，在学习上，不想努力，主观能动性低，认为自己是无能的，逐渐无心向学、自我放弃，成就动机较低。脆弱不安与假性冷漠的内心状态长期影响留守学生的心境情绪状态，从而导致他们无心向学。而另一种状况是受访者长期与父母进行内心沟通充分有效地弥补了亲子地域分离所带来的缺失，从而获得安定充实的内心状态，使留守初中生得以顺利履行现阶段的职责——全心学习。他们用全心投入学习的方式来弥补内心的缺失。

"因为我现在在读书嘛，感觉自己没这么多心思想这么多，因为一读书，就有很多朋友同学陪我嘛，就感觉没有什么，哈哈。我的学习成绩，一般啊，还可以嘛（在班上的成绩暂时第一名），因为你看这是赵李桥嘛，和赵李桥一样大的地方，还有很多，我虽然现在是班上的第一名，但是以后未必还是第一，未必是这个年级的第一名，也未必是这个学校的第一，这个城市的第一名，所以还需要努力。"

3. 两极学业状况下的归因表现：努力归因与能力不足

无论是内心分离式教养方式形成脆弱不安与假性冷漠的心境状态，从而无心向学、自我放弃，导致学业状况较差的留守学生，还是内心不分离式教养方式形成的内心安定与充实的心境状态，从而心无旁骛，全心学习，学业状况较好的留守学生，他们对自己学业成绩好坏的归因典型特点都是：努力归因。他们都认为自身努力学习才是取得好成绩最重要的因素，努力学习包括上课认真听讲、下课认真完成作业等。其中，学业状况较好的留守学生努力归因的潜意识更强烈。

"学习成绩高低当然还是要靠上课努力听讲，认真听老师讲的内容，把老师讲的东西都记下，下课认真做作业。"

"首先，我自己付出了很多努力，每天认真听讲、做作业，有了很多学习的经验，然后通过老师讲的教材、练习题等，知道了题目的种种类型，才让我在考场上没那么紧张，能够轻松面对，所以我才能考到一个比较好的分数。题海战术和能力相比，我认为我取得的好成绩更多是来自我的努力，如果我这段时间不好好学习的话，那这个月月考我的成绩肯定会下降，我觉得是努力使我取得了好成绩，能力是我在努力学习的基础上才有的这个能力，努力才使我有能力，通过努力学习，我的能力才会提高。"

显然，学业成绩好的留守学生把成绩好归因于努力，他们认为努力与能力是相辅相成的，而学业成绩差的留守学生把成绩差归因于不努力，他们清楚地知道自己"无心向学"。尽管学业成绩差的留守学生把成绩差归因于不努力，但是他们依然不会通过努力学习来提高成绩，因为他们觉得自己的能力不足，他们会认为那些学习成绩好的学生能力更强，更聪明。这就会形成习得性无助。

　　"我成绩不好，我这个人比较笨，不适合搞学习，我又没有他们那些学习成绩好的人那么聪明啊。"

（二）留守学生"学业成绩"影响因素

有关"如何看待父母外出打工对自己的学习和学习成绩的影响""如何看待父母对自己的学习和学习成绩的态度"和"如何看待自己的学习能力和生活能力"等问题的访谈，笔者通过对访谈内容的整理归纳与观察，总结出几个重要的留守学生"学业成绩归因"影响因素。

1. 亲子内心分离影响学业动机

当亲子不仅在地域空间上分离，更是内心上分离时，父母很少或者从未与子女进行过心灵对话和人生沟通时，孩子获得的勤奋感更少，具有低学业成就动机。

　　"我爸爸妈妈在我很小的时候就出去打工了，父母出去打工对我的学习应该是有影响的吧，他们在的话就可以每天监督我写作业，这样我就能按时完成作业，或许我的学习成绩就会更好啊。"

　　"父母出去了，只有奶奶照顾我，奶奶又不识字又不懂，只会说叫我写作业写作业，听得都烦了。爸妈又总说工作忙，打电话也说不了两句，说长途电话费贵，他们对我的学习成绩也没有什么要求。"

　　"妈妈对我学习上的要求挺严的，但是她只会嘴上说说来要求我，我不想听她的，她从小就没怎么管过我学习，我对学习也没多大兴趣。"

根据埃里克森人格发展八阶段理论，初中生处于童年期向青少年期的过渡时期，主要解决的阶段心理社会危机为自我同一性与角色混乱冲突。由于中国学生心理发展的滞后性，童年期勤奋对自卑的冲突并未得到解决，或者说正在解决之中，所以这个阶段的学生会依然处于勤奋对自卑的冲突之中。亲子内心分离导致亲子互动的缺失，亲子互动的缺失影响勤奋感的培养与获得。自卑感是由于儿童生活中十分重要的人物对他的嘲笑或漠不关心造成的。当父母长期对孩子的学习漠不关心或者不够关心，乃至错过孩子成长的关键期时，你会期望孩子自己能获得勤奋感胜过自卑感吗？所以，亲子内心分离导致了留守初中生低的学业成就动机水平，从而影响了留守初中生的学业成绩。

2. 不安无助心境影响学习状态

　　"妈妈去年过年都没有回家，来看我和我打电话的次数越来越少，我担心爸爸妈妈在办离婚了。我现在一想到爸妈会离婚，我就写不下去作业了，我上课根本听不进去，脑子里总是嗡嗡的，写作业有什么用？成绩好有什么用？成绩再好爸妈也不会在我身边陪着我。"

　　"爸爸大概是在我小学五年级出去打工的，妈妈一年后出去的，上初中以来，他们都不在我身边，我非常不习惯，心里好不习惯，有时候写着作业就想到这些，心里很是不安。"

　　"爸爸妈妈回家的时候就会吵嘴，我不希望他们总吵架，吵得人心里很烦，都是一些鸡毛蒜皮的事，只会吵架，对我的学习根本就不关心，也无所谓什么对我学习的态度了。"

访谈中，笔者了解到长辈之间的相互关系，特别是父母之间的关系以及抚养关系与其对学习的态度对孩子们的情感和学习状态具有重要影响。父母亲之间的和睦行为对儿童的情绪安全感具有决定性作用，儿童感受到的父母之间的吵架行为，在很大程度上肢解了他们建立起来的安全感。[①] 安全感的肢解会影响他们的情绪安全，导致他们强烈的内心不安，强化了他们的孤立无助感，更加重了他们青春期的躁动不安，严重影响了他们的学习心境与学习状态。所以，外出父母等长辈的不良关系会造成留守学生不安无助的心境，影响了留守初中生的学习状态，从而影响了留守初中生的学业成绩。

---

① Davies, P. T., Forman, E. M. Children's patterns of preserving emotional security in the inter-parental subsystem [J]. Child Development. 2002, 73 (6): 1880-1903.

3. 低自我效能感影响学业归因

"怎么说呢，妈妈总是说我学习不操心，不努力，说我怎么一点都不争气。和妈妈打电话的时候，她总是问我这次考试考得怎么样，总是对我的成绩不满意，说我不够努力之类的，要我好好努力。"

"初三了，感觉好紧张，我会和爸妈说我的月考或者期末考试情况，他们如果听说我这次考试名次又提前了，也就是淡淡地说'嗯嗯好'之类的。我考得好才会和他们说，觉得不满意就不和他们说了，哈哈！"

"没什么影响吧，我觉得他们在不在对我的学习没影响。他们一般也都不问我的学习情况，没什么态度吧。"

访谈中，笔者同样了解到有些典型父母对留守子女学习状态的关心程度，对其学习评价内化地影响了他们的学习归因方式。千里之外父母的无端批评、指责和漠视的话语会使留守子女像泄了气的皮球，会让渴望得到千里之外的父母的夸奖和鼓励的孩子失望，产生低度的自我效能感。所以，在一定程度上，外出父母对留守子女的消极学习评价和态度会导致留守初中生的低自我效能感，造成留守初中生对自己的学业成就归因偏差，从而影响了留守初中生的学习成绩。

第四节 改善初中留守学生学业成就归因方式的对策研究

一 初中留守学生学业成就归因方式的结论

（一）初中留守学生学业成就归因方式的调查结论

本研究采用问卷测量法与调查法，对初中留守学生的学业成就动机与归因进行调查研究，其主要的发现是：

第一，在总体成就动机水平上，农村初中留守学生整体上成就动机水平较高，具体表现在成就动机中追求成功的动机显著高于避免失败的动机。农村初中留守学生的学业成就动机存在明显的群体差异，具体表现在：赵李桥镇中学留守学生的追求成功和合成成就动机水平显著高于新店镇中学留守学生；认为自己学业成绩较好组的追求成功得分显著高于一般组；高年级避免失败的动机显著高于低年级，且高年级成就动机水平显著低于低年级。

第二，在总体学业成就归因上，农村初中留守学生的学业成就归因整体上倾向于内部归因而非外部归因，且表现出偏重努力归因的倾向，具体归因因素影响从大到小的排序为：努力归因＞能力归因＞背景归因＞运气归因。农村初中留守学生的学业成就归因也存在明显的群体差异，具体表现在：女生更倾向于努力归因，而男生更倾向于运气归因；独生子女比非独生子女更倾向于背景与运气等外部归因；九年级的能力归因倾向显著高于七年级，七年级的背景归因和运气归因倾向显著低于八年级和九年级；父亲文化程度为小学及以下组的背景归因和运气归因倾向显著高于高中及以上组，母亲文化程度为小学及以下组的努力归因倾向显著低于高中及以上组；认为自己家庭经济状况较好组的运气归因倾向显著高于一般组。

（二）初中留守学生学业成就归因方式的访谈结论

本研究采用个案访谈法对初中留守学生的学业成就动机与归因方式进行访谈研究，访谈研究的主要发现是：

农村初中留守学生的学业成就动机与归因存在明显的个体差异，表现为不安冷漠与安定充实并存的分离式教养方式下的内心状态，无心向学与全心学习并存的分化内心状态下的学业状况，努力归因与能力不足并存的两极学业状况下的归因表现。影响初中留守学生学业成就动机与归因的因素是复杂多元的，具体表现在：亲子内心分离影响学业动机，不安无助心境影响学习状态，低自我效能感影响学业归因。

二　改善初中留守学生学业成就归因方式的对策

农村初中留守学生不仅处于青少年生理与心理发展的关键期，还居于亲子分离的留守处境中，受到独特留守经历的深刻影响；他们不仅长期在学业与生活上得不到父母双方或者一方的近距离指导、关爱与照顾，而且还要面对中考下紧张学习的压力。所以，农村初中留守学生是一个非常特殊的学生群体。如今，越来越多的人意识到，留守学生的问题不仅仅是留守学生个人的问题，而是波及家庭、学校和政府以及社会等各方的综合问题，留守儿童教育问题的解决是一个长期、复杂、系统的工程①。培养留守学生科学合理的学习归因方式，保持留守学生稳定较高的学业成就动机水平，弥补留守学生亲子分离导致的家庭学业教育缺失、优化学校对留守学生的教育，对农村初中留守学生现阶段以及将来的学业和生活具有重要意义。基于本研究的结论，着重从心理方面提出以下关于关注农村初中留守学生的学业问题的对策和建议。

（一）从关注留守学生归因方式开始来关心其学业成就

学业成败归因理论认为，学生对先前学习行为事件的成败结果如何归因对其后续学习的期望、心境、情绪、情感和行为以及学业动机具有极其重要的影响。比如，当学生将学业失败归因于内部的、稳定的、不可控制的原因时将会弱化进一步学习行为活动的动机；而被归因于外部的、不稳定的、可控制原因时，则不会弱化甚至还会强化进一步学习行为活动的动机。而留守学生独特的留守处境会弥散性地影响到留守学生对其学业成绩好坏结果的归因属性，也会影响他们学习行为的成就动机水平，从而切实地影响到他们的学业成绩。所以，想要切实提升留守初中生的学业成绩，且整体提升留守初中生的学业成就，就需要从关注留守学生的内隐的学业归因方式开始，来改变和消解留守学生不合理的学习归因方式，调整和构建农村初中留守学生科学合理的归因方式。

（二）区分不同留守对象和群体展开针对性归因训练

本研究调查发现，某些不同类型的初中留守儿童在学业成就动机与归因各维度的得分上具有显著性差异，所以本研究的结果启示初级中学的教育者应该根据不同初中留守学生的属性区分不同留守对象的群体差异性，给予差别化的学业成就动机与归因指导和训练，具体对策如下：有效培养和提升认为自己学习成绩一般、自我效能感较低的留守初中生群体追求成功的动机水平；重点关注八年级、特别是九年级留守学生群体的避免失败的动机水平，新店镇中学应重视唤起留守学生的整体成就动机水平；避免留守男学生群体和认为自己家庭经济状况较好的留守学

① 范先佐、郭清扬：《农村留守儿童教育问题的回顾与反思》，《中国农业大学学报》（社会科学版）2015年第32期。

生群体趋向以自身运气论成败的归因方式；避免独生留守子女群体以及九年级留守初中生倾向以背景和运气等外部因素论成败的归因方式；有效培养八年级特别是九年级留守初中生的努力归因方式。另外，通过个案访谈，笔者了解到留守初中生虽然长期处于与父母分离的处境，但是有些留守学生却能够全心学习、坚韧不拔、成绩优秀、个性独立、思想相对更加成熟，具有高自我效能感；而有些却无心学习、脆弱不安、成绩低下甚至性格顽劣，思想相对极端，自我效能感低。面对这种分化现象，建议班主任教师开展一些针对这些特殊属性留守儿童的以"学业成绩归因"为主题的分享学习活动和团体心理辅导活动，提升班集体整体的追求成功的成就动机水平，构建班集体积极的学业归因方式。

（三）父母在留守子女提升学业成就中应发挥标杆作用

对于在外务工的农民工父母来说，他们无法凭借一己绵薄之力改变自己背井离乡远赴城市务工或者经商，长期离开自己的孩子和父母，无法陪伴和见证子女成长的现实，这是由于中国长期以来形成的城乡分割二元社会体制的原因造成的。[1] 但是作为父母，他们可以通过自己的行为努力改变对自己孩子的成长物质环境和心理环境的塑造。父母可以给留守子女提供高成就动机水平的标杆。父母可以努力改善他们的留守处境和心境，如每个月增加与子女沟通的次数，除了关心孩子的学习外，还可以跟他们分享自己工作中的经历，分享自己的生活感悟，用自身的言行为他们树立起发展的标杆，带动孩子向上成长、向前迈进。还可以经常给孩子邮寄生活用品或提供物质帮助，一定的物质产品能让个体产生实实在在的依靠感，让孩子从物质产品的逐渐丰富中，感受来自生活的乐趣。作为家长自己还要多多学习科学文化知识，学习一些家庭教育的方法和知识，提高教育能力和水平，与孩子一同成长。在条件允许的情况下增加回家的次数，延长在家里与子女相处的时间等。家长虽然不能陪在孩子身边，但是要关心孩子的学习、生活以及心理健康状况，有时间尽量回来多陪陪孩子。有可能的情况下，尽量保证至少父母亲有一方留在孩子身边，树立标杆作用，促进孩子与他人的交流，最终提升他们追求成功的学业成就动机水平，促进心理健康。

---

[1]　赵俊超：《中国留守儿童调查》，人民出版社 2012 年版。

第 四 章

武陵民族地区农村留守
儿童教育问题研究

　　本章开始到第六章研究武陵民族地区教育问题，重点是留守儿童教育及其相关问题研究。本章选定武陵民族地区的野三关镇作为实证研究留守儿童的教育问题，并指定三峡大学教育学研究生谢陈陈作为毕业论文选题在笔者的直接指导下完成研究。本章内容就是在她的论文基础上修改完善而成的。

第一节　研究背景

　　自1978年党的十一届三中全会之后，中国进入全面改革开放和步入了工业化和城市化发展的新阶段。随着新的农业生产形式即家庭联产承包责任制的出现以及农村土地制度的改革促进了农业生产效率的不断提高，加之农村人地矛盾的不断尖锐，使得农村产生了大量剩余劳动力。这些农村剩余劳动力又成为城市社会经济发展和工业化发展所必需的廉价劳动力。同时，城乡收入差距不断扩大，传统的农业种植已无法满足家庭开支，城市文化向农村迅速传播以及便利的交通等众多因素加速了农村剩余劳动力向城市的大规模转移。

　　在农村剩余劳动力转移的过程中，形成了两大群体儿童的教育问题。一类群体是随父母进城的儿童（我们称为"流动儿童"）。由于国家政策的城市偏向，城市自身所拥有的强大经济支持和丰富的教育资源，以及城市发展对廉价劳动力巨大需求的利益驱动等因素影响，近年流动儿童教育问题获得了更多的关注，国家相继出台《关于进一步做好进城务工就业农民子女义务教育工作意见的通知》《关于做好进城务工人员随迁子女接受义务教育后在当地参加升学考试工作的意见》《中央财政下拨 45.68 亿元支持各地做好进城务工农民工随迁子女接受义务教育工作》等政策和规定，有力地促进了流动儿童教育问题的解决。另一类儿童是留守在农村的儿童（我们称为"留守儿童"）。由于农村地区落后的社会文化经济发展水平，城乡教育不均衡发展的现状，地方政府有限的财力支持，相关教育政策及规定的空白等因素导致农村留守儿童的教育问题至今仍无实质性的措施予以解决。

然而，农村剩余劳动力转移是一个国家实现工业化和城市化的必经之路，是影响一个国家现代化发展的重要因素。我国要实现工业化和城市化，完成现代化过程还需要很长的时间，农村剩余劳动力转移的规模将不断扩大，农村留守儿童数量也将快速增长。根据全国妇联 2008 年和 2013 年的调查数据显示，全国留守儿童比例已由 28.29%[①]上升至 37.7%[②]，解决农村留守儿童教育问题已是迫在眉睫。在年龄阶段上，本章重点研究 3—12 岁的农村留守儿童。部分儿童出生在父母务工地，因城市较高的教育费用和务工父母不稳定的工作、生活环境，他们便在孩子 3 岁左右将其送回家乡上学；另有一部分儿童出生在家乡，父母待其 3 岁左右掌握吃饭、穿衣等最基本的生活能力时便外出务工，由此，0—2 岁的留守儿童相对较少。同时，12 岁以上的儿童已基本进入中等教育阶段，具备了较强的独立生活能力，心理发育正逐渐成熟，具有一定的自我判断、自我教育、自我调控的能力，这一年龄段留守儿童的教育问题并不十分突出或较多地受其早年留守经历的影响。而 3—12 岁的留守儿童缺乏独立的行为能力，还未形成稳定的世界观、人生观和价值观，还处于社会化过程的初级阶段，他们急

---

① 全国妇联：《全国农村留守儿童状况研究报告》（节选），《中国妇运》2008 年第 6 期。

② 全国妇联课题组：《全国农村留守儿童城乡流动儿童状况研究报告》，《中国妇运》2013 年第 6 期。

需一个由家庭、学校和社会组成的完整的教育体系来弥补缺失的家庭教育，促进他们品德、智力、心理、人格的全面发展。

在地域范围上，本章选择武陵民族地区。少数民族农村地区信息闭塞，交通不畅，社会经济文化发展水平落后，人才匮乏，教育基础薄弱，教育发展水平严重滞后，留守儿童可获得的教育资源和教育帮助较少。加之民族地区特殊的文化、心理特征，民族教育传承民族优秀文化的应有职责使得民族地区农村留守儿童的教育问题更加复杂。武陵地区是一个以武陵山脉为主线的湘、鄂、渝、黔接壤地区构成的一个地域范围。该地区一共 37 个县、市、区，国土面积近十万平方公里。具体包括湖南省湘西土家族苗族自治州所辖的吉首市、泸溪县等 8 市（县），张家界市所辖的永定区等 4 区（县）；湖北省恩施土家族苗族自治州所辖的恩施市等 8 市（县），宜昌市所辖的长阳土家族自治县、五峰土家族自治县；重庆市所辖的黔江区等 5 区（县）；贵州省铜仁地区所辖的铜仁市等 10 区（县）。该地区以土家族和苗族为主要世居民族，少数民族人口占该地区总人口的 66.25%，是我国少数民族人口最密集的地区之一。在自然生态、历史文化、经济社会生活、民族问题、民族教育等方面有其独特的个性。尽管这一地区现在分辖在四个省市，但它们在地理、生态、历史、文化、民族、经济生活、教育等方面，都有许多相似之处，形成了武陵地区独特的民族文化和民族教育格局。[1] 本章的"武陵民族地区"与"武陵地区"并无实质的区别，同样是指以武陵山脉为主线的湘、鄂、渝、黔接壤的地域范围，但本章更强调在武陵地区的民族特性下，探讨农村留守儿童教育问题的特殊性。

民族地区农村留守儿童教育问题的解决不仅关系到留守儿童个体的发展、留守儿童家庭的和谐，还影响到民族地区的社会发展和国家的现代化建设。这迫切需要我们全面系统地了解民族地区农村留守儿童教育的现状，探究民族地区农村留守儿童教育问题的核心，并提出有效解决的对策。

---

① 谭志松：《武陵地区民族教育的历史与现状》，民族出版社 2005 年版，第 1 页。

一　国内外相关研究

（一）国内相关研究

1. 关于留守儿童概念的研究

目前学术界对留守儿童概念的不同界定导致研究对象不同、研究方法不同，导致研究结果出现较大的差异甚至矛盾，研究成果很难被相互借鉴，不利于留守儿童问题的深入研究，同时也影响社会各界对留守儿童这个群体与相关问题的认识和理解，影响从中央到地方各级政府对留守儿童问题的判断和决策，最终不利于留守儿童问题的根本解决。所以，对留守儿童问题的研究，首先务必要明确概念，指明对象。

（1）关于留守儿童父母外出情况的研究

以王东宇、林宏、吕绍清、刘志军等为代表的学者认为只有父母双方（含孤亲）都外出的儿童才是留守儿童。如，刘志军认为"亲子隔离"才是留守儿童问题的核心，只有父母双方外出的儿童才会陷入完全的亲子隔离，父母单方陪伴和双亲陪伴只存在量的差异，而没有质的区别。①

而以吴霓、段成荣、周福林、万明钢、毛瑞等为代表的学者则认为单亲外出的就是留守儿童。如吴霓等（2004）认为"'农村留守儿童'指由于父母双方或一方外出打工而被留在农村的家乡，并且需要其他亲人或委托人照顾的处于义务教育阶段的儿童（6—16 岁）"。②

作为一个完整的家庭，父或母外出导致了一个完整家庭结构的破坏，同时，在一个家庭中，父亲和母亲扮演的角色不同，在儿童的学习生活中对儿童的帮助也会不同，父或母的缺席都会对儿童产生一定的影响。因此，本章认为父母一方外出的就算是留守儿童。

（2）关于留守儿童年龄阶段的研究

对于留守儿童年龄的限定，多数学者只限定了上限，如林宏、段成荣等定为 14 岁以下；王艳波、周汉平等定为 16 岁以下；湖北省妇联以 18 岁为上限；也有学者如吕绍清笼统地以义务教育阶段为限定。还有学

---

① 刘志军：《留守儿童的定义检讨与规模估算》，《广西民族大学学报》（哲学社会科学版）2008 年第 5 期。

② 吴霓等：《农村留守儿童问题调研报告》，《教育研究》2004 年第 10 期。

者界定了年龄的下限，如吴霓将其定为于 6 岁。本章重点研究 3—12 岁的留守儿童。

（3）关于留守儿童留守时间长度的研究

目前对留守儿童留守时间进行界定或进行专门研究的较少。以郝振、崔丽娟为代表，通过实证研究发现留守半年的儿童在自尊、心理控制以及社会适应能力上都和一般儿童有显著的差异，留守半年比留守三个月更具鉴别力，可以作为划分留守儿童的标准。[①] 本章以此为借鉴，确定将半年作为留守时间的限定。

（4）关于留守儿童地域范围及父母外出原因的研究

留守儿童地域范围的分歧与留守儿童父母外出原因的分歧是相互影响的。吴霓、周宗奎等多数学者认为留守儿童是农村地区的特定人群，同时也将父母外出的原因限定为务工；也有部分学者，如林宏、段成荣认为城市中也有留守儿童，他们便认为父母外出的原因还包括经商、学习等活动。

虽然留守儿童并不是农村特有的社会现象，但是我国的留守儿童现象是由农村剩余劳动力的转移，即农民外出务工而引起的。因此，中国的留守儿童一般指农村留守儿童，父母外出的原因也主要为务工。

综上对留守儿童父母外出情况、留守儿童年龄区间等研究所述，本章将留守儿童界定为因父母双方或一方外出务工，不得不留在家乡，守望家园超过半年以上的 3—12 岁的儿童。

2. 关于 3—12 岁留守儿童的研究

现有对留守儿童的绝大多数研究均将不同年龄段的留守儿童混为一谈，并未进行区别研究和专门研究。显而易见，学龄前、小学学龄、初中学龄和初中后大龄留守儿童所面临的教育问题各不相同，同时，学前教育和小学教育的价值意义更加显著，其成效直接关系儿童日后生活和学习的顺利进行，更将影响一个地区和国家人力资源发展的水平、社会和谐和持续性发展。

目前少量针对 3—6 岁学前留守幼儿的研究主要集中在以下四个视角：第一，生存现状的视角。如王青认为家庭教育中父母的缺失、隔代

---

① 郝振、崔丽娟：《留守儿童界定标准探讨》，《中国青年研究》2007 年第 10 期。

抚养的缺陷以及农村幼教发展滞后等使得留守幼儿的"留守"处境比学龄留守儿童更为艰难。① 第二,心理行为视角。如郭春涵认为,真正影响学前留守儿童心理、行为的主要原因是亲子分离及其导致的一系列营养不良、监管缺失、亲情缺失、师幼关系和同伴关系紧张等因素。② 第三,家庭教育视角。如朱芳红从家庭结构、亲子关系和抚养人三个方面论述,认为家庭教育的弱化对农村留守学前儿童初级社会化有不利影响。③ 第四,机构及政府责任视角。即强调幼儿园和政府在留守幼儿教育中应承担重要的职责。如张亭亭、赵洁认为,幼儿园作为留守幼儿接受教育的主要场所,应主动承担教育责任,要加强教师队伍建设、提升监护人教育观念、开展家园互动活动等。

与学前留守幼儿的研究视角所不同的是,学界对7—12岁小学学龄留守儿童的研究更加关注留守儿童对留守生活的主观感受及行为反应。如以胡馨月、刘霞、刘宗发为代表的学者致力于探讨留守儿童社会创造性发展、社会支持与其幸福感、孤独感、生活满意度的关系;杨志新、韩丽等学者认为,与非留守儿童相比,留守儿童的学业成绩较低,厌学率较高,反映了他们在学业上的行为反应。另外,还有学者从行为及思想道德方面探讨教育对策,如孟凡蕾认为留守儿童的思想道德问题突出表现在价值观迷失、学习意识淡薄和生活态度消极等方面;④ 有学者研究了小学学龄留守儿童的社会化程度,如学者宋仕平、谭志松从角色认同、角色评价、生活能力和生活目标四个方面比较了留守儿童与非留守儿童社会化发展的不同。⑤

现有研究采用了广泛的研究视角和多种研究方法,为不断深化理

---

① 王青:《农村"留守幼儿"生存与发展问题初探——以湖北省浠水县兰溪镇为例》,《学前教育研究》2007年第6期。

② 郭春涵:《农村学前留守儿童的心理行为问题及其成因分析》,《教育观察》2013年第1期。

③ 朱芳红:《农村留守学前儿童家庭教育弱化探析》,《现代教育科学》2006年第6期。

④ 孟凡蕾:《农村留守儿童的思想道德问题及其教育对策——基于山东省某农村小学的实证调查与分析》,《中国教育学刊》2012年第6期。

⑤ 宋仕平、谭志松:《民族地区农村留守儿童社会化状况的调查与分析——以湖北省恩施州巴东县野三关三所小学为考察对象》,《中南民族大学学报》(人文社会科学版)2013年第6期。

解留守儿童教育问题奠定了基础，为现阶段留守儿童教育管理工作提供了借鉴。但同时应清醒地看到，如何为学前留守幼儿和小学学龄留守儿童提供一个完整、有效的教育体系，学校教育（幼儿园教育）、家庭教育和托管教育如何充分发挥各自的职能，各级政府如何发挥其主导作用等方面的研究几乎处于空白，而这也应是日后研究的重点。

3. 关于民族地区农村留守儿童的研究

民族农村地区由于受地域、文化、历史、语言、风俗习惯等因素的影响，社会经济、教育发展水平普遍低于非民族农村地区。也正因为不同的文化、语言和风俗的原因，民族农村地区的留守儿童问题成为近几年留守儿童研究领域的热点。

（1）从研究内容上

与非民族农村地区留守儿童的研究内容大致相似，基本以民族农村地区留守儿童的教育问题、心理问题、社会化问题等为主要内容。如卢国良、李云中等（2011）[1] 从认知发展、情绪发展、意志发展、个性发展等方面研究民族地区留守儿童的心理问题。李培、何朝峰等（2010）[2] 通过对广西少数民族地区 342 名留守儿童进行问卷调查，发现民族地区留守儿童的情绪调节能力和社会适应能力在年级、对父母打工态度、父母回家频率及亲子联系频率等方面存在显著差异。

（2）从研究方法上

民族地区农村留守儿童的研究多采用个案研究法，以某一地区的少数民族为研究对象。如杨竹（2010）[3] 以黔东南苗族侗族自治州农村少数民族儿童为研究对象。肖晓（2011）[4] 以宁夏同心县为例，对少数民族地区留守儿童的思想政治教育问题提出了相应对策。

---

① 卢国良、李云中等：《民族地区留守儿童心理发展现状研究》，《当代教育论坛》2011 年第 12 期。

② 李培、何朝峰等：《民族地区留守儿童的情绪调节能力与社会适应》，《安庆师范学院学报》（社会科学版）2010 年第 6 期。

③ 杨竹：《贵州农村少数民族留守儿童社会支持系统研究》，《贵州民族学院学报》（哲学社会科学版）2010 年第 5 期。

④ 肖晓：《少数民族地区留守儿童思想政治教育问题初探》，《西北农业大学学报》（社会科学版）2011 年第 8 期。

（3）从研究的区域上

目前学术界对民族农村地区留守儿童的研究主要集中在贵州省民族地区的留守儿童，如刘超祥①、刘玉连②等。而专门针对武陵地区留守儿童的研究较少。笔者在中国知网（CNKI）学术文献网络出版总库中仅检索出 4 篇相关文献，即黄勇的《武陵山民族地区"留守儿童"的对策研究——基于人力资本的视角》③；杨若邻、洪战辉的《武陵山片区留守儿童心理健康问题及对策研究——以湖南省怀化市通道县菁芜洲镇为例》④；许传静的《武陵土家族地区留守儿童教育问题研究——以利川市钟鼓村为个案》⑤；田小飞《渝东南地区"农村留守儿童"学习和生活状况的调查研究》⑥。谭志松的《武陵地区民族教育的历史与现状》⑦ 和《武陵地区民族教育调查报告》⑧ 是较早涉及武陵地区留守儿童的专著。

尽管目前针对少数民族农村地区留守儿童的研究较多，但是大多数的研究从研究设计、研究过程到研究结果都没有充分地体现少数民族农村地区的特殊性，仅仅冠之以"民族"。本研究将力求从教育内容和教育方法的角度阐释武陵民族地区文化传承与留守儿童教育的关系。

4. 关于留守儿童教育问题的策略研究

留守儿童问题需要国家、社会、家庭、学校和社区共同关注，相互配合，采取切实可行的措施，为留守儿童创造一个健康成长的良好环境。目前学术界对留守儿童教育问题解决措施的研究主要从措施实施的主体出发，包括政府、家庭、学校、社会和留守儿童自身。

---

① 刘超祥：《贵州省民族地区农村留守女童问题研究》，《贵州民族研究》2008 年第 5 期。

② 刘玉连：《贵州民族地区农村留守儿童的生存形态与发展困境》，贵州省社会学学会 2009 年学术研讨会，贵阳，2009 年。

③ 黄勇：《武陵山民族地区"留守儿童"的对策研究——基于人力资本的视角》，《湖北民族学院学报》（哲学社会科学版）2012 年第 4 期。

④ 杨若邻、洪战辉：《武陵山片区留守儿童心理健康问题及对策研究——以湖南省怀化市通道县菁芜洲镇为例》，《家教世界》2012 年第 20 期。

⑤ 许传静：《武陵土家族地区留守儿童教育问题研究——以利川市钟鼓村为个案》，《长江师范学院学报》2010 年第 1 期。

⑥ 田小飞：《渝东南地区"农村留守儿童"学习和生活状况的调查研究》，硕士学位论文，青海师范大学，2011 年。

⑦ 谭志松：《武陵地区民族教育的历史与现状》，民族出版社 2005 年版，第 224—225 页。

⑧ 谭志松：《武陵地区民族教育调查报告》，民族出版社 2006 年版，第 153—165 页。

（1）政府方面：多数学者认为，政府是解决留守儿童问题的主导。而其中最重要的就是改革户籍制度和完善相关法规。周全德、齐建英（2006）[①] 指出，逐步弱化乃至取消与户籍相联系的城乡隔离的各种制度，彻底打破维系多年的城乡二元经济体制，才是解决农村留守儿童问题的根本所在。在制度改革的具体措施方面，黄祖辉、许昆鹏（2006）[②] 提出建立以流入地为主、流出地配合的教育协调体制，实行义务教育一卡制或义务教育券，将义务教育经费结算到具体的受惠对象。

（2）家庭方面：学者们普遍认为父母和家庭在儿童成长中发挥着无可替代的重要作用。王谊（2011）[③] 针对父母外出务工造成的亲子隔离、家庭结构不完整、监护职责不到位等问题提出了详细、全面的家庭教育措施：完全留守型尽可能向半留守型家庭调整；留守儿童监护人尽可能调整家庭教育方法；重视"缺席替代者"的作用；外出父母尽可能调整与孩子的互动沟通方式。

（3）学校方面：学校对于留守儿童而言是非家庭外最重要的社会化场所，应该充分发挥学校教育的作用。王谊（2011）[④] 认为，从宏观上应将学校职能分为教育服务和管护服务两大块，在微观上，学校应针对农村留守儿童群体的特殊性，以素质教育为目标，提供素质教育、心理健康教育、安全教育的质量保障；实行强化弥补家庭功能的学校管护措施等。

（4）社会方面：只有充分整合社会各界力量，构建完善的社会支持体系，才能弥补家庭教育和学校教育的缺失。范先佐（2005）指出，应动员社会各方面的力量实行齐抓共管，为农村留守儿童的健康成长创造良好的外出环境。包括：①在进城务工农民较多的地方，积极鼓励社会力量开办各种各样的看护中心、寄宿公寓；②加强农村乡镇文化建设，大力整治校园周边环境；③组织"青年志愿者"和大中专学生参与农村

---

① 周全德、齐建英：《对农村"留守儿童"问题的理性思考》，《中州学刊》2006 年第 1 期。

② 黄祖辉、许昆鹏：《农民工及其子女的教育问题与对策》，《浙江大学学报》（人文社会科学版）2006 年第 4 期。

③ 王谊：《农村留守儿童教育研究——基于陕西省的实地调研》，博士学位论文，西北农林科技大学，2011 年，第 118—119 页。

④ 同上书，第 116、120—124 页。

留守儿童的教育工作，以多种形式为留守儿童提供教育和生活支持；
④政府的公安、文化、新闻、出版等职能部门应切实履行自己的职责，
与学校共同承担起对留守儿童的教育和保护的责任。①

（5）留守儿童自身：学校、家庭、社会等外界的各种影响是教育的
外因，而留守儿童自我教育则是解决留守儿童问题的内因和最终目标。
孟茜茜（2009）②认为应充分调动农村留守儿童自我教育的积极性，父母
和教师要有目的地培养留守儿童的自我教育意识，在社会实践中提高他
们自我教育的能力。

目前学术界对留守儿童问题的策略研究主要包括以上5个方面：政
府、家庭、学校、社会和留守儿童自身，无论是针对留守儿童问题的宏
观策略、长远规划，还是短期目标和具体措施，都进行了大量研讨，取
得了丰硕的成果。但是，特别需要引起学者们注意的是，留守儿童的教
育问题是留守儿童问题作为一个社会问题的核心，本质是教育的问题。
同时，留守儿童身份的特殊性也决定了其教育问题的特殊性。因此，解
决留守儿童问题的关键在于家庭教育、学校教育和社区教育三方面构建
一个完整的教育体系。

通过对国内文献的梳理，关于留守儿童的概念，本章的界定是因父
母双方或一方外出务工，不得不留在家乡，守望家园超过半年以上的3—
12岁的儿童；关于3—12岁留守儿童的研究，目前学术界还缺少对这个
年龄段留守儿童的专门研究，以突出其特殊性；关于民族地区农村留守
儿童的现有研究同样缺乏反映少数民族的特殊性，而这正是本章将要重
点探讨的；关于留守儿童教育问题的策略研究，本研究将侧重于讨论如
何构建一个完整的教育体系。

（二）国外相关研究

国外对留守儿童的研究主要集中在发展中国家，那些为增加经济收
入大规模移民（包括国内和国际移民）而引起的移民子女问题类似于中

---

① 范先佐：《农村"留守儿童"教育面临的问题及对策》，《国家教育行政学院学报》2005
年第7期。

② 孟茜茜：《农村留守儿童教育问题探析——以河南省孟津县为例》，硕士学位论文，西
南财经大学，2009年，第46—48页。

国的留守儿童问题。Yeoh 认为，"留守儿童"是指那些在移民过程中错过了迁徙机会未能被一起带走甚至被弃在家乡并由亲戚或熟人照顾的儿童。[①] 国外对移民留守儿童教育问题的研究主要包括学业、心理和行为等方面。

1. 对留守儿童学业的影响

Lu 等人通过对留守儿童学业成绩相关文献的回顾发现，移民既对儿童学业和在校表现产生积极影响，也会对儿童教育产生负面影响。

移民汇款为教育投资做出了贡献，Edwards 等人和 Yang 分别对摩尔多瓦和菲律宾的研究发现，汇款能降低留守儿童的辍学率。[②] 但也有研究表明：父母外出务工对教育存在潜在的负面影响，留守儿童更少上学，[③] 这主要是因为父母监管及家庭教育的缺失以及要承担更多的家务[④]。

2. 对留守儿童心理和行为的影响

（1）心理

一部分研究者受 Bowlby 影响，认为孩子与父母的早期分离会影响其后期发展。摩尔多瓦的儿童报告中指出：在父母离开后，自己面临心理方面的问题，金钱和物质补偿不了远离父母的痛苦，这种痛苦甚至可长达 10 年之久。[⑤]

（2）行为和社会化

柏瑞纳斯 2003 年对菲律宾的研究发现，留守儿童一般能较好适应社会并得到有力的社会支持，也能与家庭成员融洽相处，父母外出没有对其社会化行为价值观产生负面影响；而在斯里兰卡，母亲外出的留守儿

---

① Bryant, J.. Children of international migrants in Indonesia, Thailand and the Philippines: A review of evidence and policies [J]. Innocenti Working Paper, 2005.

② Edwards, A. C. &Ureta, M.. *International migration, remittances and schooling: Evidence from El-Salvador* [J]. Journal of Development Economics, 2003, 72: 429 –461.

③ McKenzie, D&Rapoport, H.. *Can migration reduce educational attainment: Evidence from Mexico* [J]. The World Bank Policy Research Working paper series, 2006: 3952.

④ Hanson, G. H. &Woodruff, C.. *Emigration and educational attainment in Mexico* [J]. Working paper, 2004.

⑤ Pottinger, A. M.. *Children's experience of loss by parental migration in inner city Jamaica* [J]. American Journal of Orthopsychiatry, 2005, 75 (4): 485 –496.

童社会适应能力较差。①

中国农村剩余劳动力转移的特殊性决定了中外留守儿童问题的不同，但我们依然可借鉴国外的研究方法和策略进行研究。

二　研究过程与方法

本研究主要采用文献分析法、田野调查法与比较分析法进行理论框架和调查分析。本章收集和参阅的文献约有 100 篇（部），其中专著（包括译著）25 部，学位论文和期刊论文约 80 篇，内容不仅涉及农村留守儿童教育，还包括民族教育学、教育人类学、教育研究方法等。查阅了关于教育和儿童发展方面的国家政策、规划，以及地方教育志和教育统计文件。通过广泛认真地研读文献，基本厘清了留守儿童教育问题的研究现状，加深了对相关理论的理解，在此基础上经过综合分析和研究，提出了一些自己的观点。在此基础上，根据问卷编制的标准和要求，设计了留守儿童、非留守儿童、留守儿童家庭教育与非留守儿童家庭教育四套问卷。根据受访者的具体情况进行了有针对性的深入交谈，弥补了问卷调查难以深入、细化的缺陷，从而获得更加可靠有效的信息，本研究进行了大量的访谈，直接访谈了三类对象：一是留守儿童；二是留守儿童监护人；三是幼儿园及小学教师、校长（园长）、地方政府领导及教育部门负责人，共访谈 68 人次。

由于田野调查活动的时间及其他因素的制约，笔者采取了非参与型观察，即未涉入被研究者的日常活动，而是作为旁观者了解事情的发展动态。② 在近一个月的田野调查中，笔者进入了留守儿童家庭教育、学校教育以及社会教育的现场，在进行问卷和访谈的同时，获得了更加真实生动的画面信息，记录了详细的观察日志，丰富了对武陵民族地区农村留守儿童教育现状的理性认识。

田野调查过程中，问卷设计、发放回收问卷、选择访谈对象、编写访谈提纲等，笔者一直强调其科学性、真实性和可行性，具有一定的信

---

① 潘璐、叶敬忠：《农村留守儿童研究综述》，《中国农业大学学报》（社会科学版）2009年第 2 期。

② 陈向明：《教师如何做质的研究》，教育科学出版社 2001 年版，第 123 页。

度和效度。

在分析阶段，本章主要通过比较留守儿童监护人与非留守儿童监护人在文化程度、家庭教育的观念、方法和内容上的差异，以更加显著的方式展现了留守儿童家庭教育的特点，从而分析留守儿童家庭教育的现状。

三　研究意义

教育是解决农村留守儿童问题的根本，本章试图运用相关理论，论证留守儿童发展与教育的关系，探究民族地区农村留守儿童教育问题的核心，揭示目前存在的问题。本研究将有助于扩展留守儿童教育研究的空间，丰富研究的内容，并为相关研究提供理论借鉴和参考，为他人在留守儿童教育问题上进行更加深入和细化的研究奠定一定的基础。

对于民族地区3—12岁的农村留守儿童而言，本研究有利于他们摆脱目前不利的教育困境，享受更优良的教育环境和丰富的教育资源，为他们的继续学习与日后的就业和生活奠定良好的基础；对于经济文化社会发展水平相对落后、人才缺乏的民族地区社会，农村留守儿童这一大群体教育问题的有效解决，将直接提高民族地区的整体人口素质，促进民族地区的社会建设和发展。反之，民族地区社会的发展又需要具有跨文化的交际和生存能力的人才进行民族经验的传递和优秀文化的传承。而留守儿童不仅是未来民族地区农村发展的主力，随着我国工业化和城市化发展的加快，他们也将成为城市的主人。因此，留守儿童教育问题的解决事关我国的现代化发展、社会和谐与民族团结，具有长远的现实意义。

第二节　野三关镇农村留守儿童
教育现状调查

学校教育、托管教育和家庭教育是留守儿童教育的三大形式，承担着不同的教育职能，其教育主体、教育内容、教育形式等都具有不同的特点。本章从不同的角度解构这三大教育形式，力图全面系统地展现野三关镇农村留守儿童教育的真实情况，为后文探究留守儿童发展与教育的关系及对策的提出奠定基础。

一　野三关镇留守儿童教育现状调查概况

（一）野三关镇学前教育、小学教育规模

截至 2013 年春，野三关镇共有 7 所幼儿园，其中公办幼儿园 1 所，为野三关镇幼儿园，民办幼儿园 6 所，分别为位于集镇的福娃娃幼儿园、星星幼儿园、蓝天幼儿园和金太阳幼儿园，位于农村的新坪幼儿园、鼓楼幼儿园。2012—2013 学年，全镇共有 8 所小学设学前班 8 个，学前幼儿共 2063 人，其中在园幼儿 1713 人，学前班 350 人。

全镇现有集镇小学 3 所，即巴东县野三关民族小学（以下简称"野小"）、巴东县希望小学（以下简称"希望小学"）和红军小学；乡村小学 8 所，村点小学 9 个。2012—2013 学年，全镇在读小学生共 5384 人，其中集镇 3 所小学共 4589 人，乡小及教学点共 795 人。

（二）野三关镇留守儿童教育现状调查基本情况

1. 分析策略

本章重点在于展现 3—12 岁农村留守儿童的教育现状及探讨政府应该如何从宏观上建立一个包含家庭教育、学校教育和托管教育在内的完整的教育体制。因此，笔者首先通过大量问卷和访谈，从宏观上考察政府、社会、学校和家庭在留守儿童教育中的相互关系及运行机制，并从微观上探明农村留守儿童的具体数据，如留守类型、监护人文化程度、教育形式的选择等。然后针对留守儿童教育存在的实际问题，提出一个对武陵民族地区农村留守儿童切实可行的教育机制。

2. 数据来源及处理

本研究数据来自田野调查。笔者于 2013 年 5 月、7 月在湖北省恩施土家族苗族自治州巴东县野三关镇进行了约一个月的实地调查，调查选择了两个地理位置和社会经济发展水平差异较大的村即石桥坪村和耳乡湾村，3 个幼儿园即野三关镇幼儿园、福娃娃幼儿园和乡村的鼓楼幼儿园，3 所小学即集镇的野三关民族小学、希望小学和乡下完小耳乡小学及松木垭教学点。调查采用随机抽样的方法，对 3 所小学的 4—6 年级留守儿童和非留守儿童及其家长进行了问卷，其中留守儿童问卷 152 份，非留守儿童问卷 113 份，留守儿童家长问卷 129 份，非留守儿童家长问卷 80

份，并对留守儿童、留守儿童家长、小学校长、幼儿园园长、教师、该镇教育部门领导、村干部等进行了68人次访谈。

本研究的数据处理主要是对问卷样本数据进行频率分析，即统计每个变量下各观测值所占的百分比来推测总体的情况。

二　留守儿童的学校教育现状调查

（一）留守儿童的学前教育

根据调查统计，2013年全镇3—6岁儿童3518人，2012—2013学年，全镇学前儿童在学者2063人，在学比例为59%。3—6岁留守儿童1689人，占该年龄段儿童的48%，其中未入学的留守在校外的儿童698人，学前留守儿童的在学比例仅48%。因农村山区地广人稀、生源较少，全镇76个村仅两个村建立了民办幼儿园，学前班成了山区农村学前教育的主要形式。因此，农村学前儿童家庭在学前教育的形式上面临两种选择：选择村小附设的学前班或为了享受集镇优质的教育资源选择集镇幼儿园而不得不将孩子送进托管机构。

1. 学前班教育

（1）交通条件较差，入学困难

交通条件是指学生从居住地到学校的便捷程度与安全程度。交通方式、道路状况、地形特点和交通距离四个因素决定了交通的便捷程度，而最终表现为交通时间。[①] 笔者调研的耳乡小学距离集镇约60公里，教育服务区共7个村。耳乡小学学前班实行半天上学制，早上8：30上学，中午12：00放学。多数学生上下学由监护人骑摩托车接送，村级公路多为石子路，路况较差，路面凹凸不平，学生上学单程交通时间平均约为30分钟。还有部分学生因居住地十分偏远，摩托车无法通达，或家庭经济条件限制，或监护人身体健康状况较差等原因，监护人不得不步行接送学生，单程步行时间长达1—2小时。而这在留守儿童家庭显得更加困难，因接送其上下学的多为母亲或祖辈，这样的路况条件对于女性和上了年纪的老人，骑行摩托车安全隐患更大，尤其是在雨雪天气。因此，

---

① 邬志辉：《中国农村学校布局调整标准问题探讨》，《东北师大学报》（哲学社会科学版）2010年第5期。

有的留守儿童监护人不得不早上 7 点就带着留守儿童从家里出发，长时间步行对于五六岁的儿童的身心健康是十分不利的。监护人将他们送到学校后只能在学校周边找一个落脚点，与其他学生的监护人一起聊天、打牌或织毛衣、纳鞋底以打发时间。中午放学时接学生回家，待吃过中饭、督促孩子写完作业已是下午五六点，这严重影响了留守儿童家庭正常的生活和农业生产，增加了农民负担。

（2）教育质量难以保证

学前班的教育管理水平和师资力量直接受农村小学办学水平和教学条件的限制。农村小学普遍存在教学经费不足、设备匮乏、师资结构失衡（以学历水平较低的男性老教师为主）、教育质量较低的问题。耳乡小学现有教师 10 人，全部为男性，平均年龄 56 岁，没有专职的音乐和美术教师，也没有专门的音乐和美术教学设施。学前班以课堂教学为唯一的教育方式，缺少游戏等基本活动；教育内容限于语文和数学课程，缺乏对儿童生活能力、行为习惯的全面培养。同时，作为多数农村地区学前教育的唯一形式，许多家长在孩子 3—4 岁时就将其送进学前班，班里幼儿的年龄通常 3—6 岁，他们接受的教育内容和教育方式却没有阶段差异。这样的教育方式完全违背了儿童天真活泼的本性，不利于开发儿童的智力、激发学习兴趣，不符合儿童的身心发展规律。而对于留守儿童，在面对家庭教育的困境时，学校教育不仅没有承担起弥补家庭教育缺失的责任，反而加剧了留守儿童教育问题的产生。

2. 幼儿园教育

笔者调研的野三关镇幼儿园是全镇唯一的一所公办幼儿园，因其原为野小附属幼儿园，进入镇幼儿园可顺利升入全镇教育质量最好的小学——野小，大量学前儿童涌入，镇幼儿园在园幼儿占全镇 7 所幼儿园在园幼儿总数的 39%。虽然与学前班相比，幼儿园教育相对规范，但目前的幼儿园教育仍存在以下问题：

（1）班级规模过大，幼儿活动空间不足

2013 年春季学期，镇幼儿园在园幼儿 663 人，共 10 个教学班，约60—70 人/班，为超级大班。福娃娃幼儿园为县级民办示范幼儿园、恩施州二级示范幼儿园，班级规模也高达 45 人。《幼儿园工作规程》规定："幼儿园规模以有利于幼儿身心健康、便于管理为原则，不宜过大。每班幼儿人数一般为小班（3—4 周岁）25 人，中班（4—5 周岁）30 人，大班（5 至 6 周岁或 7 周岁）35 人。"由于镇幼儿园场地小，幼儿多，教师少，安全风险大，无法开展游戏或其他集体活动，幼儿自由活动时间少。根据笔者观察，幼儿每天在园时间约 8 个小时，其中约 7 个小时都坐在椅子上，中午也只能趴在桌子上午休。

（2）"小学化"现象严重

据镇幼儿园一位从事了 19 年学前教育工作的张老师向笔者反映，幼儿园和小学的衔接存在问题，由于小学低年级不重视学生拼音等基础知识的学习，使幼儿园不得不在大班甚至中班时就开设小学低年级的课程。同时，幼儿家长存在不合理的教育期望。家长普遍认为孩子应尽早地识字、背古诗、算术，甚至还对幼儿园提出开设相应课程的要求。在教育方式上，由于班级规模大、安全风险高，幼儿园也不得不减少了游戏等户外活动，而主要采取课堂授课的方式。

（3）缺少以留守儿童为主体的针对性教育

镇幼儿园、福娃娃幼儿园和鼓楼幼儿园的留守儿童的平均比例约为 45%。根据调查发现，留守儿童多自闭、内向、不活跃、胆小，对周围的事物不感兴趣，适应新环境的能力较弱，语言习惯、行为习惯较差。尤其是未上过小班和中班，直接进入大班的留守儿童，表现出明显的生活自理能力差、不适应集体生活、同伴关系较差的特点。然而，目前多数幼儿园从未开展专门针对留守儿童的教育活动，幼儿园教师也是"无暇顾及""无从下手"。特别是镇幼儿园，在面向全体儿童的基本的游戏活动都无法满足时，给予留守儿童更多的关爱和教育也只能成为美好的愿望。

（二）留守儿童的小学教育

在小学阶段，有 5 种不同性质的初等教育组织：教学点、初小、完小、非完小和中心校。① 基于野三关镇的教育实际和习惯性称谓，本镇的小学教育组织分别为：集镇小学、乡村小学和村点小学。由于这三种教育组织的办学条件、教学水平存在较大的差异，留守儿童教育问题的表

---

① 邬志辉：《中国农村学校布局调整标准问题探讨》，《东北师大学报》（哲学社会科学版）2010 年第 5 期。

现也各有差异，本章分别从这三种教育组织分析留守儿童的教育问题。

1. 集镇小学的留守儿童教育

2012—2013 学年，集镇 3 所小学共 4589 人，占全镇在读小学生总数的 85%，可以说，集镇小学留守儿童教育问题的解决，也就基本上解决了全镇留守儿童教育问题。

（1）留守儿童突出的教育问题

笔者通过对多位教学一线老师的访谈发现，留守儿童的教育问题主要表现在三个方面：学习习惯较差，书写涣散，缺少自觉性，假期作业尤其是寒暑假作业因缺少监护人督促完成得较差；行为方面，语言表达能力欠佳，部分留守儿童还出现了小偷小摸的不良行为；性格上多内向或偏激，缺乏自信，参加集体活动的积极性不高。同时，从留守儿童自身对待学习的认识也可以看出他们的学习兴趣和学习态度。问卷数据统计显示，仅有少数（27.8%）留守儿童在学习上遇到问题或困难时会主动向老师求助，同时，仍有一部分（32.9%）留守儿童对学习缺少强烈的兴趣和爱好。

留守儿童中还有一类特殊的群体——回迁留守儿童，是指曾随父母在城市就学，因父母工作变动或城市就学困难等各种原因而不得不回到农村家乡就读的儿童，而父母双方或一方仍在外务工。他们有的出生在农村家乡，曾在农村就读过；有的出生在父母务工地，回乡前一直生活在城市。笔者在调查中发现，几乎每个班都有 2—3 名回迁留守儿童，虽然他们在留守儿童群体中所占比例较小，但由于生活环境的变迁、城乡教学的差异、从流动到留守的突然变化，相比其他留守儿童，他们产生了新的教育问题。然而，这些回迁留守儿童仅仅被学校和老师看作是普通的转学者，忽视了他们独特的生活经历所导致的复杂的教育问题。

【案例 1：TJC　男　12 岁　小学六年级】

TJC 的父母一直在北京务工，他出生在北京并在北京上幼儿园和小学一年级，二年级转至野小，母亲回家照顾其一年后继续外出务工，三年级至五年级一直住在托管。母亲发现他成绩一直下降，性格也变得更加内向，平时不愿意接父母从外地打回的电话。今年上半年，父母都留在家中全心照顾他的学习和生活，但因为经济压力，计划下半年 TJC 升入初中后，父母继续北上务工。

回迁留守儿童缺少稳定的情感支持和稳定的人际关系，城乡教学的差异、语言差异等都不利于他们适应新的学习和生活，易产生心理失衡和学习困境。

（2）空缺的教育管理

笔者随机选取了野小和希望小学的 6 个班级进行统计，留守儿童的平均比例达到了 47%。然而，如此大规模的留守儿童群体却没有得到学校的高度关注。学校针对留守儿童的教育管理仅体现在两个方面：一是学校层面的关爱活动，如野小曾组织党员教师与困难学生结对帮扶，帮扶形式以学习辅导为主，帮扶学生多为留守儿童；二是教师个人的关心，以班主任为主。他们对那些家庭困难、学习成绩波动较大的留守儿童关心较多，但这种关心仅仅是教师的个人行为，关心的方式、频率取决于他们的个人意愿，不具有长期性和计划性。

从表 4-1 和表 4-2 可以看出，教师对留守儿童的关心多停留在浅层的生活关心，缺少对他们学习上的帮助。而留守儿童的教育问题主要体现在学业上，不良的学习习惯和较差的学习成绩易导致留守儿童形成自卑、内向的性格。

然而，农村小学普遍存在的经费紧张、教师严重缺编问题，制约了学校和教师在留守儿童教育上的主观能动性。据野小的校长和教师介绍，本校教师缺编达 20 人，教师在完成基本的备、教、辅、改、考后，已没有多余的时间和精力，加之学校条件有限，针对留守儿童的专门教育也很难操作，表现出了现有教育条件下在留守儿童教育管理上的迷茫和无能为力。

【案例 2：张老师　女　班主任】

"不管学校怎么做，最后都落实到了班主任身上。学校对他们的关心已经做到了，那你说还能做什么呢？是多给钱，还是多给爱？义务教育的学校，没有钱，没有人，能做的很有限。多给爱可以啊，一个班上六七十人，每个学生看一眼，那一节课也要看六七十眼，我们老师也很想做得更好，能力太有限，能做的也太有限了。"

表 4-1　　　　　　　　老师平时与你讨论你的学习情况吗？

		频率	有效百分比（%）	累计百分比（%）
有效	经常	43	28.7	28.7
	很少	94	62.7	91.3
	没有	13	8.7	100.0
	合计	150	100.0	
缺失	系统	2		
合计		152		

表 4-2　　　　　　　　老师平时关心你的生活情况吗？

		频率	有效百分比（%）	累计百分比（%）
有效	经常	58	38.9	38.9
	很少	71	47.7	86.6
	没有	20	13.4	100.0
	合计	149	100.0	
缺失	系统	3		
合计		152		

（3）不完整的课程设置

课程是学校学生所应学习的学科总和及其进程和安排。[1] 教育内容集中表现在课程设置上。

表 4-3　　　　　　　　　　　　课程表

民族小学	2012—2013 年度第一学期				六年级 4 班		
时间 课程 星期	上午				下午		
	1	2	3	4	5	6	7
星期一	语文（张世庚）	语文（张世庚）	英语（王春妍）	数学（林爱军）	科学（林爱军）	班队（张世庚）	体育（林爱军）

---

① 王道俊、王汉澜：《教育学》，人民教育出版社 1999 年版，第 154 页。

续表

民族小学		2012—2013 年度第一学期			六年级 4 班		
时间 课程 星期		上午				下午	
	1	2	3	4	5	6	7
星期二	数学 （林爱军）	数学 （林爱军）	语文 （张世庚）	英语 （王春妍）	科学 （林爱军）	语文 （张世庚）	安全 （张世庚）
星期三	英语 （王春妍）	语文 （张世庚）	语文 （张世庚）	数学 （林爱军）	品德 （谭东升）	体育 （林爱军）	美术 （林爱军）
星期四	数学 （林爱军）	数学 （林爱军）	语文 （张世庚）	语文 （张世庚）	英语 （王春妍）	心理健康 （方家玲）	劳动 （林爱军）
星期五	语文 （张世庚）	语文 （张世庚）	英语 （王春妍）	数学 （林爱军）	品德 （谭东升）	音乐 （张世庚）	科学 （林爱军）

注：请严格按照课表上课，如需调动，要及时报告教务处。

从表 4 - 3 野小 2012—2013 年度第一学期的课程表可以看出，表面上，除了语文、数学、外语，还开设了美术、音乐、体育、品德等课程，但仔细观察不难发现，这些课程都被分配给了语文和数学老师，学生们无法接受全面的艺术教育、心理健康教育、道德教育、安全教育。然而这些缺失的教育在留守儿童的成长和发展中极其必要，有利于提高其心理健康水平和自我调节的能力，增强安全意识和提高自我保护的能力。同时，作为民族地区的基础教育，学校均未开设有关民族传统文化的课程。少数民族地区的学校教育是传承少数民族传统文化的重要载体，民族文化课程设置的缺失、民族特色文化教育活动的缺失不仅不利于少数民族学生的全面发展，还将影响民族地区社会的发展。

2. 乡村小学的留守儿童教育

集镇小学留守儿童表现出来的教育问题在乡村小学同样存在，同时乡村小学匮乏的教学设施、薄弱的师资力量、失衡的教师结构、落后的教学水平导致留守儿童的教育问题更加复杂，呈现出新的特点。

（1）落后的教学水平

笔者调研的耳乡小学距离集镇 60 公里，教育服务区共 7 个村。学校无音乐和美术教具、无投影仪等多媒体教学设备，仅教师办公室有一台

"大头电脑"和一台打印机（笔者在该校调研的五天时间里，电脑和打印机多次出现故障，严重影响了正常的教学管理）；学校现有教师 10 人，全部为男性，其中 45—50 岁 2 人，51—59 岁 8 人，教师平均年龄 55 岁，三年之内，将陆续有 6 名教师退休；根据 2013 年春季学期野三关镇小学期中考试成绩分析报告，耳乡小学的教学水平在同类的 8 所乡村小学中，位于倒数第二名，其他乡村小学的教学考核也是远低于集镇小学。乡村小学稀少的教育资源、落后的教育水平无法保证留守儿童接受基本的知识教育。

（2）沉闷的教学氛围

因乡下教师从事的专业多为语文和数学，且缺少正常教学所需的教具，音乐和美术课均改为文化课，体育课多为学生自由活动时间，且体育设施缺乏；教师年老力衰，体力较差，精力有限。耳乡小学的体育设施仅为一个篮球场和两个乒乓球台；学校已多年未要求学生做课间操，多年未开展"六一"儿童节等集体活动。儿童活泼好动的天性逐渐在这种沉闷、缺乏活力的氛围中被扼杀，更易导致留守儿童形成内向、自闭的不良心理。

（3）不利的教育环境

耳乡小学留守儿童的比例高达 75%（不含学前班和教学点），留守儿童成为学生中的主要群体，学校和监护人重视度较低。同时，部分农村留守儿童还担负着家庭的重担，面临着生存的压力，这些不利的教育环境对留守儿童的教育发展产生了消极的影响。

【案例 3：GSB　男　8 岁　小学二年级】

笔者在耳乡小学调研的第二天早上，上课之前来到二年级教室和同学们聊天，并翻看了他们放在讲台上的语文家庭作业。与其他同学相比，本班 GSB 同学家庭作业的书写较差，还有部分没有完成。之后通过向二年级的班主任王老师询问，笔者了解到，GSB 的父亲常年在外，他放学回家还要照顾一个小妹妹，母亲经常忙于农活，没有人辅导他的学习，家庭作业经常是"一扒糊"（方言：一团糟）。

3. 村点小学的留守儿童教育

笔者调研的松木垭教学点位于耳乡湾村九组，隶属于 10 公里外的耳乡小学。2005 年，因原教学楼成危楼，无法继续使用，且生源减少，秋季停止招生；2010 年秋起，经耳乡湾村部分适龄儿童家长与中心学校（镇教育主管部门）协商，开始租用九组一民房作为教学点。由中心学校和学生家长共同分担教学费用，家长实际出资约 400 元/生/年，同时家长负责寻找任课老师。2013 年春季学期，教学点共 14 名学生，其中 11 名为留守儿童。教学点教师须一人任多科、多班级教学，音、体、美、劳技、品德等课程无法正常开设，包括留守儿童在内的所有教学点学生都无法接受完整全面的教育。同时，因教学点教师工作量大，很难找到合适的教师。2010 年秋季学期至 2013 年春季学期，松木垭教学点已更换了 5 位教师，而在任的老师因年龄原因也将离职，2013 年秋季学期又将面临没有教师的困境。

【案例 4：QDQ QDR 男 7 岁 小学一年级】

QDQ 和 QDR 是双胞胎兄弟，父亲外出务工已有 7 年。现就读于松木垭教学点，家住耳乡湾村十组，距离耳乡小学约有 10 公里。若母亲每天骑摩托车接送他们上学往返需一小时，极其不便，若碰上雨雪天气安全隐患较大。因其家庭经济条件较差，无法支持他们到集镇读书所需的托管费、住宿费和交通费，教育选择面临两难。

(三) 寄宿制学校教育

从学生的生活管理方式上，学校教育可分为非寄宿制学校教育和寄宿制学校教育。根据上文笔者对留守儿童的学前教育和小学教育的分析可以看出，无论是在非寄宿制学校还是寄宿制学校，在白天正常的教学活动中，农村留守儿童的教育管理均存在诸多问题。然而，更加需要引起我们关注的是，自 2001 年之后全国农村中小学的布局调整及近年来国家"西部地区寄宿制学校工程"的实施，寄宿制学校已成为目前包括武陵民族地区在内的广大农村地区学校的主要类型，寄宿制也被认为是目前解决农村留守儿童教育问题的最佳途径①。但实际上，武陵民族地区农村的寄宿制学校在留守儿童的教育管理上不仅没有发挥其应有的职能，还衍生出了新的问题。

1. 缺少基本设施和保育人员

乡镇小学办学条件较差，缺少标准化的食堂、浴室、厕所和户外活动设施，师资不足，一线教师除正常的教学管理工作外，还需负责学生的生活和住宿。这样的教育管理只会流于形式，留守儿童只能"自力更生"，得不到应有的生活教育指导和帮助。尤其是像耳乡小学这样的乡村小学，老教师们精力有限，体力较差，教学任务繁重，根本无法对寄宿的留守儿童进行心理健康辅导、行为习惯培养等。

2. 过于强调秩序和集体目标

学校为规范寄宿生活，便于管理，减少安全隐患，通常安排两节晚自习，要求寄宿生统一在教室学习。重复白天的学习内容无疑增加了他们的学习压力，易产生厌学情绪。尤其对于留守儿童，这种强调纪律、秩序和集体目标的寄宿生活沉闷无趣，不利于他们的情绪排解和释放。

民族地区农村薄弱的教育基础和落后的社会经济文化发展水平既在一定程度上加剧了留守儿童教育问题的形成，又使得留守儿童教育问题的解决困难重重。这需要幼儿园和小学积极探索适合本校（园）留守儿童的教育管理方式，促进留守儿童的全面发展，政府和教育直属部门应加强指导，将留守儿童的教育问题作为农村教育的重中之重。

三　留守儿童的托管教育现状调查

留守儿童的托管教育是指留守儿童父母将留守儿童的教育管理责任委托给受托方的一种教育形式。我们将"受托方"统称为"托管教育机构"。2013 年野三关镇工商所和教育部门通过调查摸底、统计出集镇小学及幼儿园周边有托管机构至少50 家。根据集镇野小、希望小学4—6 年级部分班级共121 名留守儿童问卷的分析，约有43％的留守儿童放学后住在托管机构。

_____

① 李炳呈、任建东：《论解决农村留守儿童教育问题的最佳途径：集中寄宿制》，《长沙大学学报》2009 年第 1 期。

（一）托管机构的类型

野三关镇的托管机构主要有三类：

第一类为社会人士自发举办的托管个体户或者一人牵头、多家合办的托管机构。这些托管机构多为学校周边居民利用地理位置优势，以营利为目的，其软硬件条件较差，只能维持儿童的基本生活和居住。此类托管机构的留守儿童约占三类托管机构在托留守儿童总数的80%。

第二类为幼儿园附设的托管部。该镇6所民办幼儿园均设立了托管部，托管部不仅面向本幼儿园，还对外招收需要托管的留守儿童。托管的留守儿童可共享幼儿园的活动设施和教师等教育资源，教育环境相对较好。

第三类为集镇学校的在职教师兼职举办的托管机构。这些教师在多年的教学活动中发现了留守儿童教育存在的问题，同时在留守儿童教育问题上积累了一些经验，形成了一些独到的见解。这些教师通常富有爱心，有较强的社会责任感，了解儿童身心发展的基本规律，能为留守儿童提供较好的学习指导、心理辅导和行为教育等。但是，由于地方教育部门禁止在校教师从事校外营利性教学辅导活动的规定，这类机构属于不规范的民间教育组织。

该镇的托管机构尽管不尽如人意，但它作为一种随农村劳动力转移而产生的新生事物，的确对于支持农村剩余劳动力外出务工发挥了重要作用，解决了留守儿童家长的后顾之忧，缓解了学校的办学压力，为追求集镇优质教育资源的农村学生提供了机会和条件，还为地方政府分担了部分社会服务的职责，得到了当地外出务工人员及家族和部分干部群众的肯定和欢迎。这说明这种托管机构具有存在的意义和实用价值。同时，目前的托管教育还存在一些困难和问题，需要引起特别的重视。

（二）托管机构的问题

1. 合法性问题

以上这三类托管机构没有得到地方行政部门和教育主管部门的认可，属于无证经营，没有行政和法律保障。因此，它们只能"地下活动"，还常常受到地方"邪气"的敲诈和干扰，随时可能因为效益问题或社会问题而自生自灭。地方政府苦于留守儿童教育管理的需要，希望这些托管机构帮助政府解决一些留守儿童问题，但又不敢直接出面予以保护，导致这些托管机构生存困难，尤其是一些努力规范经营、竭力为留守儿提供良好的生活和学习环境的托管机构始终无法获得合法身份，发展艰难。

2. 监督和评价制度问题

托管机构由于是自发成立的，所以它的性质界定、责权划分、资质审核、监管评价等制度还处于空白，地方政府和相关部门因此也就不把对这类机构的行为的管理作为职责之一，这些机构完全凭着良心和责任感程度进行经营，政府只是在出现突发事件或意外安全事故时才可能过问处理。这些机构基本上属于"不管地带"，长期处于无政府监管下的无序状态。

3. 自身教育管理标准问题

托管机构的创办多以营利为目的，仅仅负责留守儿童的饮食、住宿、安全等一些最基本问题，忽略了留守儿童的教育需求，缺少主观上的教育服务（部分教师办的托管机构对小学阶段的儿童还是督促完成作业）；托管机构大多室内活动空间狭小，因害怕承担安全风险，限制留守儿童的户外活动；创办者和从业者个人素质普遍较低，没有从教经验，不了解留守儿童的心理特征和学生的身心发展规律。

【案例5：QLF　男　8岁　小学二年级】

QLF的父亲常年在外务工，母亲在家务农。自4岁到集镇上幼儿园便一直全托在托管机构，每月回家一次，月中母亲会去集镇看望他一次。据他母亲描述："孩子太小，生活自理能力差，托管的孩子多，托管的老师根本顾不上，有时候冬天都没有穿袜子，吃饭也不知道打菜，就吃白米饭。自从托管后，他性格变得很内向，不活跃，有些忧郁和孤僻，回家后整天闷在家里看电视，再也不去亲戚家玩了，与以前判若两人。我每次过去看他，他都拉着我的手不让我走，他说'怎么要把我送到这里读书'，'你能不能不种这田，爸爸能不能不出去打工，我读书了来种田，别人的爸爸妈妈都在家'。"

可以看出，尤其是对于3—6岁的留守幼儿，心理发展十分敏感且脆弱，在最需要得到父母关爱的时候却长期与父母分开，无法在托管机构得到情感和教育的补偿，这对他们日后的性格发展和人格养成将产生不利的影响。

四 留守儿童的家庭教育现状调查

根据上文分析，各种情况的留守儿童都有一个"归家教育问题"，如未进入学前教育和托管机构的儿童，由"单亲"监护或被托付给家族亲戚；入学的留守儿童每天放学也会"回家"；即使是上寄宿制学校或放学后住在托管机构的留守儿童周末和寒暑假也会"回家"。因此，家庭教育是留守儿童教育管理中的重要一环。本节将以问卷统计及访谈分析的结果为基础，从实施家庭教育的主体，家庭教育的观念、内容以及家庭关系这四个方面分解留守儿童家庭教育的现状。

（一）家庭教育的形式

家庭教育的主体包括教育者和被教育者，而教育者是影响家庭教育实施方式和效果的重要主体。留守儿童家庭不同的监护主体实施家庭教育的方式具有不同的特点，也就形成了不同的家庭教育形式。本调查中留守儿童家庭教育的实施主体主要有三类："单亲"[①]、祖辈和其他亲戚[②]，所占比例分别为70.7%、23.3%和6%（如表4-4）。本章由此将留守儿童家庭教育的形式分为以下三类：

表4-4 　　　　　　　　　　　在家谁照顾你？

		频率	有效百分比（%）	累计百分比（%）
有效	爸爸	6	4.0	4.0
	妈妈	100	66.7	70.7
	爷爷奶奶或外公外婆	35	23.3	94.0
	其他亲戚	9	6.0	100.0
	合计	150	100.0	
缺失	系统	2		
合计		152		

① 本书所指的"单亲"是指在留守儿童家庭父母一方外出、一方留守的情况中，留守的那一方。

② 本书所指的"其他亲戚"主要包括姑、姨、叔、舅等。

1. "单亲"教育

尽管"单亲"教育的留守儿童相比父母双方外出的留守儿童拥有更多的亲情，但他们的教育问题仍较为突出，尤其是由母亲照顾的留守儿童。母亲整天忙于家务、农活，繁重的生活重担下，几乎没有多余的精力辅导孩子的学习，与孩子沟通交流；她们的文化水平普遍较低，功课辅导及生活教育的能力有限。

表 4 - 5 为表 4 - 4 中 100 名留守儿童母亲的文化程度分析，表 4 - 6 为非留守儿童母亲文化程度的分析。很明显，有 30.1% 的非留守儿童母亲的文化程度在高中及以上，而同等文化程度的留守儿童母亲仅占 13.1%。留守儿童母亲较低的文化水平导致她们在教育观念、内容和方法上都缺乏一定的科学性。

表 4 - 5　　　　　　　　　　留守儿童母亲文化程度

		频率	有效百分比（%）	累计百分比（%）
有效	不识字	4	4.0	4.0
	小学	33	33.3	37.4
	初中	49	49.5	86.9
	高中	12	12.1	99.0
	大专及以上	1	1.0	100.0
	合计	99	100.0	
缺失	系统	1		
合计		100		

表 4 - 6　　　　　　　　　　非留守儿童母亲文化程度

		频率	有效百分比（%）	累计百分比（%）
有效	不识字	2	1.8	2.7
	小学	33	29.2	31.9
	初中	44	38.9	70.8
	高中	28	24.8	95.6
	大专及以上	6	5.3	100.0
	合计	113	100.0	

2. 祖辈兼管教育

此类兼管者的权威性和责任心及其教育耐心程度等相对较高，除了血缘亲情外，还在其思想根底里存有中国人传统的不可推卸的家族"义务性"。所以，这种情况的留守儿童会有家的温暖和基本的亲情（当然，还是缺乏父母直接的亲情）。但是，在这些民族山区农村里，这类兼管者大多数年老体衰，体弱多病（多年劳累所致），有的除了忙家务还要忙农活，只能保证留守儿童吃饱穿暖等基本的生活需求；且他们多为文盲或半文盲，无法辅导孩子的作业，有的对孩子还过分溺爱，易导致留守儿童不良行为习惯的形成。

3. 其他亲族的监管教育

尽管外出父母通常会选择血缘关系更近、平日来往更紧密的其他亲戚照顾留守儿童，但留守儿童与这些亲戚很少共同生活，情感交流较少，就像是"熟悉的陌生人"。他们离开了自己原有的家，既离开了父母，又到了一个相对陌生的"新家"，基本的适应问题极易成为孩子的心理障碍，加上其他亲戚在教育上的权威性、耐心程度、应有的义务性以及对孩子性格的了解也远不如父母和祖辈，因此受托的亲戚通常不敢积极大胆的教育和管理，多担心严厉的管教导致不良后果，除保证基本的生活需求和安全外，也少有教育措施。

（二）家庭教育的观念

家庭教育的观念表现在多个方面，可分为具体的日常教育行为，如监护人与任课教师的联系频率和联系的内容以及抽象的教育认识、教育期望（如希望孩子将来达到的学历程度）。本章将从这三个方面对比留守儿童与非留守儿童的家庭教育观念的差异。

1. 与老师联系的情况

家庭教育和学校教育的互相沟通交流有利于保持教育的一致性，增强教育的效果。监护人经常与老师联系，不仅可以全面了解孩子的发展水平，及时发现问题，还可以更好地配合学校教育，采取针对性的教育措施。

表4-7　　　　　　　留守儿童监护人与老师联系的情况

有效		频率	有效百分比（%）	累计百分比（%）
	经常联系	21	17.4	17.4
	有时联系	69	57.0	74.4
	很少联系	31	25.6	100.0
	合计	121	100.0	

表4-8　　　　　　　非留守儿童监护人与老师联系的情况

有效		频率	有效百分比（%）	累计百分比（%）
	经常联系	25	30.5	30.5
	有时联系	46	56.1	86.6
	很少联系	11	13.4	100.0
	合计	82	100.0	
缺失	系统	2		
合计		84		

如表4-7、表4-8，经常与老师联系的留守儿童监护人较少，而"很少联系"的留守儿童监护人约为"很少联系"的非留守儿童监护人的两倍。这与留守儿童的监护人多忙于农活、文化水平较低有一定的关系。

2. 与老师联系的内容

监护人与老师联系的内容实际是他们对孩子不同发展方面的关注，也反映了监护人在孩子教育上的倾向。

如表4-9、表4-10，虽然留守儿童监护人与非留守儿童监护人均忽视孩子品行和心理健康的发展，但是，更多的留守儿童监护人只关注留守儿童的学习，而不重视他们的综合表现，如行为习惯、师生关系、特长爱好等。而这些被留守儿童监护人所忽略的却正是留守儿童发展十分需要的。

表4-9   留守儿童监护人与老师联系的内容

		频率	有效百分比（%）	累计百分比（%）
有效	孩子的综合表现	29	32.2	32.2
	学习	59	65.6	97.8
	心理健康	2	2.2	100.0
	合计	90	100.0	
缺失	系统	31		
	合计	121		

表4-10   非留守儿童监护人与老师联系的内容

		频率	有效百分比（%）	累计百分比（%）
有效	孩子的综合表现	37	51.4	51.4
	学习	30	41.7	93.1
	品行	1	1.4	94.4
	心理健康	2	2.8	97.2
	其他	2	2.8	100.0
	合计	72	100.0	
缺失	系统	12		
	合计	84		

3. 希望孩子将来达到的学历程度

"希望孩子将来达到的学历程度"是监护人对孩子教育期望最直观的表现。通常，希望孩子将来达到的学历程度越高，则表明教育期望越高，也就越重视教育，在教育投入上也相应较多。

如表4-11、表4-12，留守儿童监护人与非留守儿童监护人希望孩子将来达到大学本科（或专科）及以上学历的比例分别为90.7%和94%，均表现出较高的教育期望。然而，留守儿童监护人状况，存在较高的教育期望和较低的教育水平的矛盾。在这样一个具有悠久教育历史的乡镇，多数留守儿童监护人都十分重视教育，希望留守儿童可以"跳出农门"。然而，从上文对留守儿童家庭教育的主体的分析可以看出，留守儿童的监护人以文化水平偏低的母亲和祖辈为主，同时，民族地区农村较低的经济水平和相对滞后的文化发展水平等客观因素导致了他们较低的教育能力和教育水平。这种矛盾也影响了留守儿童家庭教育的内容和方法。

表4－11　　　　留守儿童监护人希望孩子将来达到什么学历

		频率	有效百分比（%）	累计百分比（%）
有效	初中学历	2	1.7	1.7
	高中（或中专）	9	7.6	9.3
	大学本科（或专科）	26	21.8	31.1
	大学本科（或专科）以上	82	68.9	100.0
	合计	119	100.0	
缺失	系统	2		
合计		121		

表4－12　　　　非留守儿童监护人希望孩子将来达到什么学历

		频率	有效百分比（%）	累计百分比（%）
有效	高中（或中专）	5	6.0	6.0
	大学本科（或专科）	14	16.6	22.6
	大学本科（或专科）以上	65	77.4	100.0
	合计	84	100.0	

（三）家庭教育的内容

家庭教育的内容同样也是家庭教育观念的直接体现。本章从监护人对留守儿童主要监管的方面来分析家庭教育的内容。

表4－13　　　　留守儿童监护人对监护的孩子管得最多的是？

		频率	有效百分比（%）	累计百分比（%）
有效	日常生活	42	36.2	36.2
	安全	24	20.7	56.9
	思想品德	4	3.4	60.3
	学习情况	40	34.5	100.0

续表

		频率	有效百分比（％）	累计百分比（％）
	心理状况	6	5.2	65.5
	合计	116	100.0	
缺失	系统	5		
合计		121		

　　如表 4 - 13，56.9% 的监护人主要监管留守儿童的日常生活和安全，仅有 8.6% 的监护人较多地关注留守儿童的思想品德和心理状况。虽然有 34.5% 的监护人以留守儿童的学习为主要的监管内容，但是一方面他们在辅导留守儿童的学习上能力有限；另一方面，监管学习的方式多为简单的重复督促，"赶快做作业""要听老师的话，好好读书"，至于留守儿童是否完成了作业、完成的质量如何、在学校是否认真听课等情况，监护人鲜有了解。时间长了，这种口头上的督促使留守儿童变得麻木，其教育效果十分有限。

　　（四）家庭关系

　　著名社会学家、人类学家费孝通先生认为，在婚姻的契约关系中同时缔结了两种相连的社会关系——夫妇和亲子。夫妇关系以亲子关系为前提，亲子关系以夫妇关系为必要条件。[①] 父母外出务工导致稳定的家庭结构被破坏，亲子关系和夫妻关系也随之发生变化。而这两种关系都直接影响了留守儿童的家庭教育。

　　1. 亲子关系

　　亲子关系即父母与未成年子女之间的关系，是一个人出生之后与他人建立的第一种社会关系，具有情感的亲密性、持续的长期性和不可割断性。父母外出务工，与留守儿童缺少紧密的情感交流和亲子互动，然而，这种亲子教育对于 3—12 岁的儿童来说又是特别重要的，主要产生四个方面的教育影响：一是亲情教育及其拓展的情感教育和感恩教育。父母在带着孩子组织家庭生活、与亲友交往的礼尚往来、"红、白、喜事"的操办和处事过程中自然地、有意无意地把人间的亲情、友情、恩情思

---

　　① 费孝通：《生育制度》，天津人民出版社 1981 年版，第 65 页。

想和意识传给了孩子（当然，如果有的话，另一面的"丑、凶、仇"的东西也会侵蚀着孩子），孩子自然会没有任何压力地轻松接受。3—12 岁的儿童是从开始说话能表达自己的基本所需、逐步完善语言、对所见有所比较、获取基本知识、寻求快乐等最初也是最渴望的时期，因此父母在身边和不在身边大不一样。二是安全心理及其带给儿童的胆量和自信心教育。父母在身边的儿童有一种自然的安全心理感觉，只要父母在身边，无论遇到什么情况，他们都是安全的。因此，他们会从心里自然地铸起一道道信心和自信去面对所遇到的需要抗争的事情。三是集体感觉思维的教育。3—12 岁父母在身边的儿童逐步有了家庭观念，7—12 岁开始比较和判别家与家的不同，慢慢开始有了他们"家里好些"（感觉穿得好些、快乐些）、"我们家里差些"的概念，这就是最初的"集体"概念。四是知识教育或学习教育。当孩子上小学后（7—12 岁），孩子学业成绩的优劣与父母指导（不一定是直接传教知识）督促不能完全没有关系。因为多数孩子入学一段时间后，感觉不自由、又有任务，于是就会产生厌学情绪，只有在父母和老师的共同引导和指导下度过了这一关才能步入正常的至少是不讨厌的学习生活。这一点父母的学习诱导方式非常重要。对于留守儿童而言，上面这四方面教育都是不完整甚至是缺失的。

【案例 6：CJR　女　12 岁　小学六年级】

CJR 的父母外出务工已有 10 年，2—3 年回家一次。监护人是奶奶，59 岁，文盲："平时不愿意接他们的电话，她（CJR）心情好就接一下，跟他们没得感情，蛮淡，跟我和她爷爷亲啊，经常和她爷爷粉白（方言：聊天），一粉就是半天。她经常到他们家（奶奶指着周边的几家邻居）去玩，还喊他们爸爸、妈妈。他们（CJR 的父母）回来了说什么她也不听，只是要求严。"

访谈中多次遇到像 CJR 这样的留守儿童，父母常年在外务工，因各种原因很少回家，因很少感受到来自父母的关爱而逐渐与之关系疏远。不良的亲子关系一方面使得外出的父母失去了通过建立密切的亲子情感来教育子女的机会；另一方面，留守儿童也丧失了接受完整的家庭教育的可能。

2. 夫妻关系

夫妻关系是家庭关系的基石，闫旭蕾、杨萍提出了三种典型的夫妻关系——"亲密＋合作"型夫妻关系、"同一＋规范"型夫妻关系、"冲突＋疏离"型夫妻关系，并认为"冲突＋疏离"型夫妻关系表现为"你是你，我是我"，不存在二人的共同世界，常出现敌对和冲突。① 调查中发现，一部分留守家庭，因夫妻一方外出、一方留守或双方同时外出但不在同一地点务工而长期分隔两地，因思想观念的变化、生活环境的不同等因素导致夫妻感情产生隔阂甚至关系破裂。费孝通先生认为，男女相约共同担负抚育他们所生孩子的责任就是婚姻，从婚姻里结成的夫妇关系是从亲子关系上发生的。② 由此可以理解为，婚姻的责任和意义在于抚育孩子，从婚姻关系中产生的夫妻关系便会深刻地影响抚育工作的进行。因此，留守儿童家庭中"冲突＋疏离"型的夫妻关系会直接影响父母对留守儿童的教育态度。

【案例7：QSY　女12岁　小学六年级】

QSY的父母外出务工已有10年，母亲自外出后10年内一直未回家，父母虽未离婚，但婚姻关系已破裂。监护人奶奶61岁，文盲，身体状况较差。"她妈妈很少给她打电话，打了她也不愿意接。我让她给她妈妈打电话，她就说：'你不要提她，她生我不养我'。"

笔者在调研过程中，遇到过多个像QSY这样的留守家庭，因夫妻关系破裂，一方甚至双方不再履行抚养子女的义务，导致留守儿童与父母的情感联系和亲子互动几乎完全中断，尤其是母亲的缺席对留守儿童的教育产生了极其不利的影响。

通过对野三关镇留守儿童学校教育、托管教育、家庭教育的现状分析可以发现，民族地区农村学前教育"小学化"倾向、幼儿活动不足，农村小学在面临教育经费不足、教师严重缺编、教学设施匮乏、缺少教

① 闫旭蕾、杨萍：《家庭教育新论》，北京大学出版社2012年版，第60—66页。
② 费孝通：《生育制度》，天津人民出版社1981年版，第29页。

育直属部门指导的困难下，在留守儿童的教育管理上显得力不从心，而乡村小学和教学点对留守儿童的教育管理几乎处于空白；托管机构对留守儿童也是只管不教；留守儿童监护人文化水平较低，家庭教育呈现较高的教育期望和较低的教育水平的矛盾，同时疏远的亲子关系、冲突的夫妻关系导致留守儿童家庭教育缺失。学校、社会、家庭依靠自身有限的资源，以其自发行为根本无法使留守儿童摆脱他们正面临的重重教育困境。留守儿童的教育问题已经成为民族地区农村教育发展亟待解决的重大问题，从理论上深入全面地理解留守儿童的教育问题是我们探究留守儿童教育问题解决的前提和基础。

第三节　武陵民族地区农村留守儿童教育发展的现实分析

第二节对野三关镇农村留守儿童教育的现状调查分析，较为全面系统地呈现了武陵民族地区农村留守儿童学校教育、托管教育和家庭教育等各方面问题。从发现问题到解决问题，还有一个复杂的过程，即分析问题。在这里，我们需要从理论上深度挖掘武陵民族地区农村留守儿童对教育的需要性，并通过高度概括留守儿童教育的实际问题，以综合分析构建留守儿童教育体系和机制的可能性，为最终提出解决武陵民族地区农村留守儿童教育问题的对策奠定坚实的基础。

一　武陵民族地区农村留守儿童教育的现实需求

深刻理解武陵民族地区农村留守儿童教育的实质需求是探究留守儿童发展与留守儿童教育关系的前提，也是找到解决留守儿童教育问题的重要突破口。本节即探讨特定年龄阶段和特定民族区域范围内农村留守儿童教育的现实需求。

（一）3—12 岁年龄段农村留守儿童教育的现实需求

人的未特定化的特性使得人有无限的机会可能，可以被环境影响，可以被改变，即具有可塑性，人也就有了可教育性。[①] 然而，人的可教

---

① 冯增俊：《教育人类学》，江苏教育出版社 1988 年版，第 118—119 页。

育性不是万能的，也不是无限的，它首先受教育时间的限制。人具有发展的重要教育活动一旦错过了发展的重要时期，将不利于日后的发展。

1.3—6 岁农村留守儿童教育的现实需求

3—6 岁这个年龄段正是儿童身体、语言、智力、行为、心理发展的第一个高速期，也是第一个关键期。他们开始有了自我意识和主动意识，模仿、记忆能力十分突出，能迅速地接受父母和老师的影响，可塑性极强。这也就决定了 3—6 岁的留守儿童正需要符合他们这个年龄和留守状态下的教育内容和教育形式。对于 3—6 岁的儿童，游戏是他们最主要的活动形式，是儿童本性的表达方式。通过游戏和活动可以训练感官发展，激发学习兴趣，使他们在游戏中实现自我发现和自我满足，并获得关于合作、竞争、人际交往的初步认识；教育内容上，他们需要全面的生活教育，包括最基本的生活自理能力的教育，如吃饭、穿衣、上厕所等；日常行为习惯的教育，如卫生习惯、饮食习惯、作息习惯等；简单的人际交往的教育，如邻里关系、同伴关系和师生关系的相处等。对于 3—6 岁的留守儿童，以游戏为主要形式的教育和以生活教育为主要内容的教育都是不完整的。特别是那些 3—6 岁没有入学（幼儿园和学前班）的留守儿童，与同龄在学的留守儿童相比，他们几乎处于教育"真空"状态，完全失去了接受相对系统和完善的生活教育的机会，失去了参与游戏和活动的机会，仅仅得到来自监护人的生活照顾和安全看护。

2.7—12 岁农村留守儿童教育的现实需求

7—12 岁儿童的主要活动范围已从家庭走向了学校，个体正逐步从未成熟向成熟发展，开始形成稳定、独立的思想和行为能力。由于面对更加多元、开放的价值观，自我意识不断增强，这一时期是他们性格养成、人格发展、道德认识、学习习惯及态度形成的重要时期。因此，对于 7—12 岁的农村留守儿童，在学校教育上，首先需要得到充足的教育资源和获得平等的教育机会的基本保证，能接受艺术、品德、心理健康等完整的教育内容，寄宿制留守儿童需要基本的生活娱乐设施和保育人员的帮助，他们需要来自学校长期性、系统性的以留守儿童为出发点和落脚点的教育管理措施；他们需要托管机构不仅为其提供生活服务，更应承担起教育职责，弥补他们缺失的亲情教育并配合学校教育提供学习辅导；他们需要与"单亲"、祖辈以及其他亲戚进行情感互动，加强情感联系，以弥补缺失的亲子教育。

从总体来看，3—12 岁农村留守儿童和农村其他儿童相比最大的区别就是他们缺失父母在身边（至少有一方不在身边）的亲子教育。然而，这种亲子教育对于 3—12 岁的儿童来说又是特别重要的。亲子教育对于这个年龄阶段的儿童来说会产生四个方面的教育影响：一是，亲情教育及其拓展的情感教育和感恩教育。二是，安全心理及其带给儿童的胆量和自信心教育。三是，集体感觉思维的教育。四是，知识教育或学习教育。

（二）武陵民族地区农村留守儿童教育的现实需求

武陵民族地区农村教育的一大特殊性在于，受教育者生活在民族社区和村落，可以通过接受民族教育，培养民族情感和民族精神，成为民族传统文化的开发者和继承者。在这一点上，民族地区的儿童因民族身份会比非民族地区的儿童在文化教育上拥有更广泛的发展空间，然而事实上，武陵民族地区并未充分利用这种潜在的文化教育资源，这势必会影响留守儿童融入、服务民族社会，传承民族文化等能力的培养。

若干年后，当武陵民族地区的农村留守儿童成长为社会的主人，他们的素质和能力决定了社会未来的人口素质，也将直接影响社会的建设和发展。尤其是他们中的大部分将扎根于武陵民族地区，当他们进入社会，扮演社会角色进行社会活动时，他们在儿童时期所培养的能力、掌握的知识、形成的人格和品行素质都将体现出来并对社会产生影响。如果这样一个庞大的群体，在他们幼儿时，因为家庭教育缺失、亲子关系淡薄、监护人监管不力而形成了不良的性格和行为习惯，同时学校因缺少针对性的教育管理也无法挽救他们的学业失败、弥补他们缺失的家庭教育，不能给予他们所需要的行为教育、道德教育，当他们成年后进入社会，他们不但无法在这个竞争激烈的社会生存并获得自我发展，实现自我价值，反而会引发众多社会问题，成为社会的负担。而武陵民族地区本就是一个人才缺乏、发展滞后的地区，若留守儿童成为将来社会发展的负担，便会导致社会发展的恶性循环，民族社会将始终无法通过培养本民族优秀的人才促进社会的快速发展。

同时，武陵民族地区是以土家族和苗族为主要世居民族的地区，形成了丰富的物质文化、制度文化和精神文化，如以吊脚楼为代表的建筑文化，采集、渔猎和农耕文化为主的经济制度文化，以跳丧、哭嫁为典型的习俗文化等。[1] 这些文化构成了武陵民族地区的重要区域特征，是武陵民族发展的根本和灵魂。而文化的保护与传承尤其需要具有目的性和普及性的学校教育。[2]

二 武陵民族地区农村留守儿童教育的现实状况分析

第二节对野三关镇农村留守儿童教育现状的调查分析为我们窥探整个武陵民族地区农村留守儿童的教育现状提供了大量生动、真实的素材和丰富的具体信息，本节以此为基础，进一步分析归纳、高度概括，将武陵民族地区农村留守儿童教育的现实状况总结为以下四方面的问题。

（一）政府在武陵民族地区农村留守儿童教育中的参与问题

农村劳动力转移"浪潮"20多年，带来了农村务工经济的大发展，也支持了国家的城市化和工业化建设。与此同时，由此而产生的"流动儿童群体"和"留守儿童群体"的社会生存环境逐步成为社会和政府必须高度重视的社会问题。近些年流动儿童的相关问题得到劳动力输入地政府的一系列政策和措施的支持与帮扶，一些问题已逐步解决和不断改善，并看到了较好的前景。

然而，对农村留守儿童问题的解决在输出地基本上没有实质性的进展，尤其是在经济发展水平相对落后的武陵民族地区，政府部门唯 GDP 论政绩，关于留守儿童教育所做的工作仍然"漫步在"领导报告中的号召、也强调其重要性、一般性的要求等方面，还没有具体规划和解决问题的长远方案和措施，更没有在教育体系上保证农村留守儿童应有特点教育的有效途径。留守儿童教育工作还没有制度性的要求，没有进入教育目标考核和评价，当然也就没有真正进入政府工作的议事日程和工作日程。所以，目前对武陵民族地区留守儿童教育问题的解决还没看到实

---

① 谭志松：《武陵地区民族教育的历史与现状》，民族出版社 2005 年版，第 8—10 页。

② 谭志松：《土家族非物质文化的教育保护与传承研究》，民族出版社 2011 年版，第 80 页。

质性的成效。随着二代留守儿童①的扩展，农村留守儿童教育问题如果不能得到快速根本的解决，那么农村社会中留守儿童就会形成恶性循环的怪圈，必将影响"三农"问题的解决，进而影响农业现代化建设进程。

（二）武陵民族地区农村留守儿童教育市场的规范性问题

目前，武陵民族地区农村留守儿童的教育市场十分混乱，没有应有的基本规范和监控制度。虽然野三关镇是武陵民族地区最大的乡镇之一，现为国家发改委全国综合改革试点乡镇，社会发展基础较好，重视教育的民风、市场经济的意识、农业资源开发的速度等都得到了很大的提高，但野三关镇的发展恰是武陵民族地区的一个缩影。

近年来，随着整个武陵民族地区交通的改善、信息交流加快，人们与外界的沟通和流动频繁，人们思想大解放，各地根据留守儿童及其家长的实际需要创造条件也办起了形式多样的留守儿童托管机构（多人合伙或个体在家办），他们与家长自签协议或者口头约定（熟人或亲戚），收取适当费用，完成约定职责义务，渐渐地形成了一种"市场"，开始有了竞争，进而带来了一定促进。但是，这种市场随着规模的不断扩大，政府和社会又没有对这类新生事物进行统一的培育、监督、评价和指导，时间一长，市场又开始有些"混乱"，特别是，某一机构出现意外事情（或事故）时，政府和教育主管部门在"慌乱"之处就开始"整治"，进行各种限制，于是留守儿童及其家长慌了阵脚，不知所措……如此反复，令托管机构的举办者心有余悸，只好转入"地下"，小心维持，有的干脆停办。此停彼办、东停西办、"地上停""地下办"、价格各不相同、条件没有标准、教育管理方式"五花八门"，对于这些状况，地方政府限制不了也不敢关停，因为政府还没有解决留守儿童的教育管理问题的有效办法，而现实的社会问题又迫切需要解决，这些托管机构虽然不规范，但它的确缓解了地方政府的压力，部分解决

---

① 作者注：第一代留守儿童已经是 20 多岁农民，他们成家后又出去打工，并将其子女仍然留在原籍农村，我们称这些儿童为第二代留守儿童。当然，也有可能第一代是流动儿童（许多初中毕业就出去打工到处寻找自己生存之路），当他们长大成人后并没有在城市得到很好发展，又在原籍找了老婆后回原籍农村当农民，生下孩子两年后，不甘心，再次出去打工，孩子留在原地，这类孩子也称作第二代留守儿童。或者说，称第二代农民工留在农村的子女为第二代留守儿童。

了留守儿童及其家庭的困难。于是，政府和教育主管部门只能是既管又不管、今天管一下明天又放之，睁只眼闭只眼，任其自由发展，自生自灭。逐步地留守儿童托管机构的市场开始有些"混乱"，不得不引起政府和社会的关注。

（三）武陵民族地区农村留守儿童教育内容和教育方式的问题

武陵民族地区对农村留守儿童在教育内容和教育方式上都缺乏以留守儿童为出发点和落脚点的针对性教育。根据本章第一节对武陵民族地区农村留守儿童教育现实需求的分析，3—12岁农村留守儿童教育的核心需求是亲子教育。然而，他们面临的教育实际却是，由于父母缺位，监护人文化水平较低，整日忙于农活，使留守儿童无法在正常的家庭生活、与亲友的礼尚往来中获得情感教育和感恩教育；无法在父母的陪伴和支持下获得自信心教育和胆量教育；无法在以父母为核心的家庭集体生活中得到集体感觉思维的教育；无法在父母的督促指导下养成良好的学习习惯，接受正确的知识教育。

农村幼儿园出现的班级规模过大、幼儿活动空间不足、"小学化"现象严重等问题反映了3—6岁学前留守儿童缺少以游戏和活动为主的教育形式、以生活教育为主的教育内容；农村小学空缺的教育管理、不完整的课程设置以及寄宿制学校基本设施和保育人员的缺乏也正反映了7—12岁留守儿童在性格养成、道德认识、行为习惯、学习习惯及态度等方面教育的缺失。

（四）武陵民族地区农村留守儿童教育目标的问题

民族教育的根本宗旨即服务少数民族和民族地区，也即促进民族学生的全面发展和促进民族地区社会的发展。民族地区农村留守儿童的全面发展不仅需要掌握融入主流社会的现代科学文化知识，还需要具备传递民族经验、传承民族文化的能力。同时，民族地区社会的发展需要民族教育培养具有跨文化的交际和生存能力的学生来进行经验的传递和文化的传承。然而目前，武陵民族地区的农村学校作为民族文化传承和保护的主要形式，并未设置相关的民族文化课程、开展相应的民族文化活动，民族文化教育缺失的问题十分突出，忽略了以武陵民族地区儿童与民族地区社会共同发展的教育目标。

三　武陵民族地区农村留守儿童教育体系和机制建立的可能性分析

（一）对武陵民族地区农村留守儿童教育的实质有了更深的认识

尽管目前从区域上针对武陵民族地区农村留守儿童教育问题的研究较少，但近十年来，整个学术界对农村留守儿童教育问题的研究已十分深入和细致，并取得了丰硕的研究成果。目前，关于留守儿童教育问题的认识主要集中在四个方面：第一，留守儿童的心理健康教育。以赵景欣[①]为代表的学者通过心理测量问卷，对留守儿童心理进行了一系列的量化研究，使我们更加直观清楚地了解留守儿童的心理问题。第二，留守儿童的家庭教育。以蒋平[②]为代表的学者认为，留守儿童家庭教育的缺失和弱化是留守儿童的学业成绩、心理素质、道德品质以及身体发育方面产生不良问题的重要原因。第三，留守儿童的学校教育。以贾香花[③]为代表的学者认为学校教育的"补位"是解决农村留守儿童人格发展、弥补家庭教育"缺位"的现实路径。第四，解决留守儿童教育问题的对策。学者多侧重于提出如何构建留守儿童综合教育框架、协作联动的留守儿童综合服务体系，对政府、家庭、学校和社会四大主体如何各司其职且相互合作进行了详尽探讨，并达成了一定的共识。这些研究成果都为我们更好地理解武陵民族地区农村留守儿童教育的核心问题奠定了坚实的基础，同时丰富了我们分析研究的思路。

近年来，针对武陵民族地区的教育研究无论是数量上还是深度上，都不断扩展。尤其是部分学者对武陵地区学前教育资源分布的地区差异[④]、武陵山区民族教育与少数民族非物质文化传承问题[⑤]、武陵山区基

[①]　赵景欣、申继亮：《留守烦恼的认知评价与农村留守儿童的抑郁、孤独》，《中国临床心理学杂志》2011 年第 4 期。

[②]　蒋平：《农村留守儿童家庭教育基本缺失的问题及对策》，《理论观察》2005 年第 4 期。

[③]　贾香花：《家庭教育"缺位"与学校教育"补位"——农村留守儿童人格发展问题及解决路径》，《辽宁教育研究》2007 年第 5 期。

[④]　甘永涛：《武陵山片区学前教育资源分布的地区差异》，《民族论坛》2014 年第 1 期。

[⑤]　谭志松：《武陵山区民族教育五个问题的调查与思考》，《北方民族大学学报》（哲学社会科学版）2010 年第 4 期。

础教育机会①等的研究深化了我们对武陵民族地区农村教育特点的理解。

（二）武陵民族地区的社会发展呼唤农村留守儿童教育体系和机制的建立

社会的发展归根结底靠的是人才，而人才来源于教育，这已是一个不争的事实。武陵民族地区社会的发展主要依靠的是生于斯、长于斯的少数民族人才，需要的是服务地方的民族教育。根据前文的实证调查，武陵民族地区3—12岁的农村留守儿童约占该年龄段农村儿童的一半，他们中的大部分日后都将扎根于武陵民族地区，成为地方社会经济发展的主力军。如果这部分留守儿童的教育问题得不到有效解决，势必会影响地方经济的发展和社会稳定，也因缺乏愿意扎根地方、服务地方的少数民族高素质人才，才使得武陵民族地区的发展始终维持在低层次水平，难以获得根本性的好转。同时，武陵民族地区的文化传承也因后继乏人而趋断裂，面临文化失传的危险境地。可见，只有首先解决好这一大群体的教育问题，建立完整的教育体系和机制，武陵民族地区才有可能摆脱目前发展的恶性循环，民族农村丰富的人力资源才有可能转化为人才资源，为地方社会的长远发展提供可靠的人才保证。

（三）建立武陵民族地区农村留守儿童教育体系和机制的条件已基本成熟

随着20世纪80年代农村剩余劳动力的大规模转移，农村留守儿童群体开始形成，留守儿童研究和实践探索已近三十年。在武陵民族地区建立农村留守儿童教育体系和机制的条件已基本成熟，具体包括以下标志：

第一，有政策可依。《武陵山片区区域发展与扶贫攻坚规划（2011—2020）》将教育作为了扶贫的重要内容，对学前教育、义务教育以及教育资助制度做出了明确的规定；2013年由教育部等5部门联合出台的《关于加强义务教育阶段农村留守儿童关爱和教育工作的意见》作为中央政府出台的首个专门针对留守儿童的政策，要求高度重视留守儿童工作，对明确留守儿童工作的基本原则、切实改善留守儿童的教育条件、不断

---

① 王丽华、吕学芳：《武陵山区基础教育机会状况及其政策优待取向》，《教育学报》2009年第6期。

提高留守儿童教育水平以及逐步构建社会关爱服务机制等做出了较为细致的规定。

第二，具有较好的托管教育市场条件和前景。托管教育已成为目前武陵民族地区农村留守儿童教育的重要形式，尽管其目前属于无证经营，尚未得到行政和法律的认可，也缺乏相关部门的监督和评价，其运营管理缺乏标准，但这种教育形式是随着留守儿童及其家长的教育需求应运而生的，是在这种供求关系下形成的，也确实解决了外出务工父母的后顾之忧，缓解了学校的办学压力，承担了部分社会公共服务的职责。目前，武陵民族地区农村集镇幼儿园和小学周边的托管教育市场已初具规模，政府相关部门可充分利用现有资源和发展基础，发挥市场的主导作用，保护性地引导托管教育市场的良性发展，充分发掘托管教育在留守儿童教育机制中的广阔前景。

尽管学校教育、托管教育、家庭教育这三大教育形式存在明显的不足，但它们都缺一不可，在留守儿童教育问题的解决上具有各自的优势，能够相互补充。

武陵民族地区农村留守儿童教育的现实需求和现实状况之间的矛盾与差距为我们提出教育对策找到了突破口，建立留守儿童教育体系和机制的条件的日趋成熟又让我们看到了希望，提出武陵民族地区农村留守儿童教育问题的解决措施也就是顺理成章之事。

第四节　改善武陵民族地区农村留守儿童教育问题的对策

一　强化政府责任，全面统筹解决留守儿童教育问题

中国梦，即实现中华民族伟大复兴。在进行这项伟大事业的过程中，有一系列重大而复杂的社会问题需要解决，其中"三农"问题恐怕是最艰难的问题之一。而留守儿童问题既是民族地区农村重要的社会问题，也是民族地区农民的生存和发展问题。留守儿童教育问题不解决好，既影响农村农民外出务工，进而影响支援发达地区建设、工业化建设和城镇化建设，还使民族文化传承因后继乏人而趋断裂，又不断地导致农村社会不稳定和低层次维持，进而使"民工族"代代恶性循环，

民族地区农村的社会建设和文化建设实难有根本性好转。因此，政府应从思想上、行动上高度重视，承担起解决留守儿童教育问题的重要责任，将此纳入政府的议事日程和工作日程，致力于全方位、多角度地解决问题。

（一）大力推进民族地区农村城镇化建设，丰富劳动力就地转移的多样化形式

外出务工是多数农民迫于生计、缓解家庭经济困难的无奈之举，在家门口就业或创业不仅可以增加收入，还可以兼顾子女教育和赡养老人。就地转移的农民工可以每周与孩子至少见一次面，和孩子沟通交流较多，孩子在心理上便有了安全和情感的依靠。因此，劳动力就地转移有利于留守儿童教育，甚至可以从源头上减少留守儿童的形成。

城镇化建设的重点是产业转型，经济发展比重由第一产业向第二产业和第三产业的扩大为农村剩余劳动力的就地转移创建了庞大的就业市场。当地政府应建立一套完整的从转移前的技能培训，到针对性转移，再到鼓励回乡，引导服务创业的体系，尤其应该鼓励和引导他们创办乡村幼儿园和托管机构，并给予特殊的优惠和支持政策。因为，回乡创业的务工人员对留守儿童有着特殊的感受，最懂得留守儿童及其家长的心理需求和亲情渴望，最了解他们的诉求，所以，他们会带着特殊的情感和责任去教育管理农村留守儿童。

同时，专业大户、家庭农场、农民合作组织、龙头企业及乡村旅游业、农家乐等形式的现代农业也是农村剩余劳动力就地转移和农民工回乡创业的有效形式。

（二）实施家长教育工程，提高家庭教育水平

武陵民族地区农村留守儿童家庭教育现状所反映的落后的家庭教育观念、方法，疏远的亲子关系，较低的教育水平从本质上可根源于留守儿童父母及监护人较低的文化水平。然而，留守儿童外出务工的父母多从事体力劳动，工作环境、自身的素质都决定了他们很难接触到城市的先进文化，留守儿童监护人多在农村务农，地理位置偏远、信息闭塞，个人文化素质也难再提高。因此，要提高农村留守儿童家庭教育水平，还需要国家计划实施家长教育工程，将科学的家庭教育观念普及到民族地区的农村家庭。一方面，加强家庭教育理论研究，并根据民族地区农

村的语言和文化特点，转化为留守儿童父母、监护人可以理解并接受的家庭教育理论，并编制成通俗易懂的书籍或图像资料；另一方面，在留守儿童集中的民族农村地区，建立家长教育学校，根据外出父母的回乡时间、监护人农闲时间，以他们喜闻乐见的形式传播家庭教育理论，还可成立一支留守儿童家庭教育流动队。同时，各级政府应通过在民族农村地区加强社区教育、继续教育和成人教育提高农民的整体文化水平，增强他们获取信息、接受先进观念的意识和能力。

（三）加大农村学校教育投入，增强学校教育能力

大量研究表明，义务教育财政体制分权化是造成城乡义务教育差距的制度性因素。1985 年《中共中央关于教育体制改革的决定》的颁布，明确了基础教育管理权属于地方，分级办学、分级管理的原则。1992 年颁布的《义务教育法实施细则》，进一步把以地方为主负担教育经费的特征加以明确。[①] 而我国区域之间、城乡之间经济发展的严重不均衡导致县级政府财政对农村教育的投入十分有限。加大省级财政和国家财政对农村地区的教育投入，并以法律法规的形式规定各级政府对教育投入的最低限度，是农村教育获得基本发展的保障。

对农村学校教育的投入主要包括对师资的投入和对农村学校教学设施设备以及校舍的建设投入。教师是教育之本，加强农村师资队伍建设是提高农村教育质量的关键，实施农村教师尤其是乡村小学和村点小学教师的补充机制，继续实施教师"特岗计划"；加强农村教师的在职培训、继续教育和国家培训计划；提高农村教师的整体待遇水平，稳定师资队伍；先进的多媒体教学设备、完善的文体活动设施和校舍等是教育活动正常进行的保障，国家应不断完善农村办学条件，加快标准化寄宿制学校建设。农村学校落后的办学条件和教学水平不仅是加剧农村留守儿童教育问题的因素，也是目前农村留守儿童教育问题有效解决的重要障碍，因此，加大农村教育投入，从根本上改变农村学校教育的落后面貌，使农村留守儿童获得平等的教育机会和相同的教育资源，教育起点的公平才有可能使他们获得教育过程的公平和教育结果的公平。

---

① 吴春霞：《中国城乡义务教育经费差距演变与影响因素研究》，《教育科学》2007 年第 3 期。

（四）利用社会资源，引入市场机制，规范民办教育办学行为

《中华人民共和国民办教育促进法》第三条指出，"民办教育事业属于公益性事业，是社会主义教育事业的组成部分。国家对民办教育实行积极鼓励、大力支持、正确引导、依法管理的方针。各级人民政府应当将民办教育事业纳入国民经济和社会发展规划"。[①] 民族农村地区地方政府的财政调控能力十分有限，应充分利用社会资源，有序引导民间资本投入农村学前教育，尤其应鼓励支持在学前留守幼儿集中的乡下地区，根据实际条件，兴建小规模的农村幼儿园。

托管机构是留守儿童教育市场自发运行的结果，政府应该尊重市场规律，充分利用市场运行的优势，给予大力支持和正确的引导、规范，而这正是实践十八届三中全会的《中共中央关于全面深化改革若干重大问题的决定》提出的"市场决定性"论点的生动体现。具体而言，政府应大力支持和鼓励民间力量办托，适当降低办托的审批条件，给予合法身份；加紧出台关于托管机构的专门政策和制度，联合教育、消防、工商、民政、安监等部门加强管理和指导，引导托管市场的良性竞争和发展。

二　强调家庭教育的基础性作用，营造良好家庭氛围

父母是孩子的第一任老师，家庭是孩子成长和发展的重要场所。家庭教育具有促进个体发展的基础性作用，每个人从一出生，就会受到家庭成员、家庭环境、家庭氛围的熏陶和影响，在家庭生活和人际交往中获得知识、经验，形成情绪、性格，养成行为习惯，进而影响着个体接受学校教育、参与社会生活的态度与能力，[②] 对人一生的发展具有奠定性和长期性的影响。从武陵民族地区农村留守儿童家庭教育现状可以看出，留守儿童父母外出务工导致家庭结构发生变化，影响了家庭教育功能的正常发挥，而留守儿童监护人普遍文化水平较低，多关注留守儿童的学习而忽视他们的心理健康和思想品德，教育内容单一，同时外出务工的父母不注重与子女的情感联系，亲子关系淡薄。

---

① 教育部：《中华人民共和国民办教育促进法》，http：//www. moe. gov. cn/publicfiles/business/htmlfiles/moe/moe_ 183/200403/2306. html，2002 – 12 – 28。

② 闫旭蕾、杨萍：《家庭教育新论》，北京大学出版社 2012 年版，第 10 页。

（一）监护人应履行监管责任，提升教育水平

人具有可塑性和巨大的潜力，但能力的获得、潜力的挖掘必须依靠成人的帮助和影响。留守儿童监护人首先应该树立留守儿童可以被教育，而且在缺少父母的直接影响下，他们更加需要教育的观念。监护人应该意识到，留守儿童需要的不仅仅是吃饱穿暖等生活需求，他们更需要来自成人的情感支持和生活指导。监管留守儿童的母亲在忙于家务和农活时，应时刻关心留守儿童的情感变化，了解他们的内心世界，每天督促他们的学习，培养他们端正的学习态度；祖辈不可对他们溺爱或放任自流，应意识到与留守儿童之间的代沟，尝试站在他们的角度，了解他们的内心需求，实现真正的沟通与理解；其他亲戚应将留守儿童当作自己的子女看待，通过生活上的关心和帮助消除他们内心的孤独和寂寞。同时，监护人应主动与留守儿童的老师联系，了解他们的学习和思想，保持家庭教育和学校教育的一致性，形成教育合力，留守儿童的老师应经常与留守儿童的父母报告他们的生活学习情况，充分利用父母的教育权威。

监护人应调整家庭教育内容，改变以往重知识教育、轻综合能力和品质培养的现状。对于3—6岁、7岁的留守儿童，监护人应注重给予他们情感上的关注，多与他们共同进行游戏和活动，让他们在游戏中获得轻松和愉快的体验，并通过游戏激发学习动机和学习兴趣；对于7—12岁的留守儿童，应加强对其生活上的指导，培养他们的生活自理能力，在日常生活中，教会他们基本的为人处世、与人交际的能力，并培养他们良好的行为习惯和积极的生活态度。

教育方法上，应改变过去以批评、责罚为主的简单、粗暴的方式。监护人应了解儿童身心发展的规律，并掌握儿童各阶段发展的个性特点，尤其应该关注留守儿童的心理、情绪变化。3—6岁、7岁的留守儿童，内心十分敏感和脆弱，尤其需要家人的关注和陪伴，同时，这个年龄段的儿童活泼好动，监护人应给予他们自由活动的空间而不是横加干涉和阻挠；对于7—12岁的留守儿童，他们开始进入一个稳定的交际圈，时常会遇到师生相处、学习考试方面的挫折和困难，监护人应以宽容的态度对待他们的错误，并耐心指正，给予更多的鼓励、赞许和支持，培养他们乐观、自信的性格。

（二）外出务工父母应建立良好亲子关系，做到缺位而不缺职

紧密的亲子关系是父母始终能对子女发挥教育效能的前提，一旦父母失去了教育的权威，即使积极的教育行为也很难对子女产生良好的教育影响和作用。外出务工的父母必须意识到他们在子女的教育及其一生的成长和发展中不可替代的地位和作用。

首先，外出的父母应尽可能地在务工的淡季和假期多回乡探亲，增加与孩子面对面相处的机会。尤其应该注意回家后切忌让电视和麻将占据了自己的生活，应与孩子多聊天、沟通，了解他们的学校生活，带领孩子做简单的家务和农活，通过亲子互动加强情感的联系，消除心理上的隔阂。

其次，在外有相对稳定的工作条件和住宿环境的父母也应利用寒暑假将孩子接到打工地生活一段时间，不仅可以让他们了解父母的工作，理解生活的艰辛，还能让他们接触多彩的城市生活，拓宽眼界，增强学习动机。

另外，父母在外务工期间也不可让时间和空间的距离阻隔与子女的情感交流。父母应充分利用先进的通信工具，通过打电话、发短信、QQ聊天等保持与子女的紧密联系。父母不应总以家长式的威严对子女进行管教，只关心考试成绩，而忽略他们人际交往、特长培养等方面的发展，应以朋友的身份关心和理解他们，多了解孩子的日常生活与心理状态，也让孩子了解自己的工作和近况，增进彼此的尊重和理解。

三　发挥学校教育的主渠道功能，探索留守儿童教育管理模式

学校作为农村教育的主阵地，在留守儿童家庭教育缺失、监护人监管不力的现状下，面对如此高比例的留守儿童，学校教育有责任和义务在留守儿童的教育链条中承担起重要的作用，积极探索适合不同阶段留守儿童的教育管理方式，发挥学校教育的主渠道功能。民族学校的教学目的主要表现在两个方面：一是促进各民族学生的全面发展；二是促进民族地区社会的发展。民族地区社会的发展，离不开人类社会历史发展过程中长期积累起来的经验的传递，离不开优秀民族文化的传承。经验

的传递和文化的传承有多种形式，学校教学是其中最重要的形式之一。① 由此，武陵民族地区的农村学前教育和小学教育不仅要承担弥补留守儿童家庭教育缺失的责任，致力于促进农村留守儿童的全面发展，还应以长远的目光，将留守儿童教育与民族文化传承教育结合起来。

（一）实施以幼儿为主体的学前留守儿童教育

《幼儿教育指导纲要》指出，"幼儿园教育是基础教育的重要组成部分，是我国学校教育和终身教育的奠基阶段，要为幼儿一生的发展打好基础"。② 幼儿时期发展的能力，形成的性格、品德都将对其日后的发展产生重要的影响，幼儿教育应以幼儿为中心，尊重幼儿身心发展的规律，注重幼儿自我的体验、观察和感知，促进幼儿的个性发展。

1. 改变幼儿教育的"小学化"现象，增加丰富多样的教育内容

在幼儿学前阶段，提前学习小学的知识内容，按照小学生的发展要求学前幼儿，严重违背了幼儿的身心发展规律。2011 年 12 月，《教育部关于规范幼儿园保育教育工作防止和纠正"小学化"现象的通知》指出，"遵循幼儿身心发展规律，纠正'小学化'教育内容和方式，创设适宜幼儿发展的良好条件，整治'小学化'教育环境"。③ 针对武陵民族地区农村幼儿园和学前班来说，应减少识字、算术等文化知识的教授，侧重于培养留守幼儿的生活习惯、语言表达、人际交往的能力，同时利用农村山区丰富的自然资源，让留守幼儿了解自然、热爱自然，在拥抱自然、享受自然的过程中获得快乐。

2. 重视游戏的教育价值，以游戏为基本的教育形式

近代学前教育理论的奠基人福禄培尔高度评价了游戏的重大教育意义，他认为，在游戏中，儿童最能表现出创造性和主动性。游戏是整个未来生活的胚芽，因为整个人最纯洁的素质和最内在的思想是在游戏中

---

① 哈经雄、滕星：《民族教育学通论》，教育科学出版社 2001 年版，第 368 页。

② 教育部关于印发《幼儿园教育指导纲要（试行）》的通知，http://www.moe.gov.cn/publicfiles/business/htmlfiles/moe/s3327/201001/xxgk_ 81984.html，2001 - 07 - 02。

③ 教育部：《教育部关于规范幼儿园保育教育工作防止和纠正"小学化"现象的通知》，http://www.moe.gov.cn/publicfiles/business/htmlfiles/moe/s3327/201201/xxgk_ 129266.html，2011 - 12 - 28。

得到发展和表现的。① 幼儿园和学前班应尊重幼儿以游戏为主的生活方式和活动方式，为幼儿提供游戏场所和游戏设施。尤其对于缺少亲子互动的留守幼儿，他们热爱游戏的本性需要在学校教育中得到释放，也只有在游戏中通过获得愉快和满足来降低形成内向、孤僻的性格的可能。

（二）探索素质教育目标下的留守儿童针对性教育

素质教育是留守儿童获得每个个体发展所需的思想道德素质、综合能力发展、身体素质和心理素质的保证，而武陵民族地区农村留守儿童的特殊性使他们对教育的需要性远不止于此，学校应以素质教育为目标，开展更具针对性的教育。

1. 树立科学的教育理念，全面提高留守儿童素质

应首先转变以考试为法宝，以分数评判学生的观念，培养学生获取信息的能力和对待知识的态度远比获得知识本身更重要。教师应加强教育理论的学习和研究，认识武陵民族地区农村留守儿童教育问题的实质，意识到教师对留守儿童的教育期望将对他们的发展产生重要影响，从而将留守儿童的教育管理融入日常的教学活动，将留守儿童的全面发展作为学校的重要教育责任。

2. 完善课程设置，丰富留守儿童教育内容

课程是学校学生所应学习的学科总和及其进程和安排。② 教育内容集中表现在课程设置上。学校应保证思想品德、心理健康、体育、美术、音乐、劳动、科技等课程的最低课时，不可挪用至英语、语文和数学课程。同时，学校应自主设置，在这些课程中增加针对留守儿童的安全与自我保护、学习策略及时间管理、生活能力、行为习惯和人际交往方面的内容，解决留守儿童实际生活和学习中的困难，帮助他们提出解决策略，不断提高他们的生活满意度。学校还应将武陵民族优秀的传统文化引进课堂和日常教学，如美术课上向学生介绍土家族的吊脚楼和西兰卡普，让同学们进行临摹和创作，将土家族歌舞引入音乐课堂，将学生的社会生活融入教学，增进学生对民族知识的全面了解，培养他们的民族自豪感和认同感。

---

① ［德］福禄培尔：《人的教育》，孙祖复译，人民教育出版社 1991 年版，第 23 页。
② 王道俊、王汉澜：《教育学》，人民教育出版社 1999 年版，第 154 页。

3. 调整教学方式，拓展留守儿童教育途径

学校应改变课堂讲授的传统教学方式，将学生从课桌和教室中解放出来，探索更加开放和自由的教学形式。学校可针对留守儿童进行户外拓展等活动项目，不仅可增强身体素质，还可培养他们的合作与信任意识，增强人际交往能力；利用同伴影响和榜样带头作用，实行留守儿童之间、留守儿童与非留守儿童的互助小组教育；带领学生参观民族文化博物馆，观察、体验民族仪式、民俗节日等。

（三）创新寄宿制学校教育管理模式

寄宿制学校的责任不仅仅在负责留守儿童的生活和安全方面，应强调其服务性和教育性。学校首先应充分利用社会资源，争取政府支持，建设标准化的寄宿制学校，包括宿舍、食堂、浴室、厕所等基本生活设施和文体活动设施，为留守儿童提供完善的生活保障；将有责任心的退休教师和业务能力较差的老师安排为留守儿童的生活指导老师和保育人员；充分利用学生晚餐后和就寝前的时间，实施留守儿童个性化教育，根据留守儿童的爱好和性格特点，开设体育类、棋类兴趣班；由留守儿童自己组建阅读小组、学习互助小组，发挥他们自我教育的能力；还可将寄宿制学校搭建成为民族文化走进学校、走向学生的平台，如开展民族歌舞、民族体育项目比赛、民族手工工艺制作和展览等。

四　营造良好社会环境，丰富社会教育形式

武陵民族地区社会文化发展的大环境是影响教育者和受教育者对留守儿童教育意向性的重要因素。由于社会环境的间接性影响和社会教育的非正规性，往往不被人们所重视，而良好的社会环境，规范且多样的社会教育形式无疑能为留守儿童创造积极的教育氛围。

（一）大力发展文化事业，提升民族社会整体文化水平

2011 年 10 月，《中共中央关于深化文化体制改革推动社会主义文化大发展大繁荣若干重大问题的决定》指出："抓好非物质文化遗产保护传承，深入挖掘民族传统节日文化内涵，繁荣发展少数民族文化事业。"[1]

---

[1]　新华社：《中共中央推动文化大发展大繁荣的决定》，http://news.ifeng.com/mainland/special/17jieliuzhongquanhui/content – 4/detail_ 2011_ 10/25/10142993_ 0. shtml，2011 – 10 – 25。

武陵民族地区社会应充分挖掘、提炼区域性、民族性特色文化，保护和培养文化传承者，与高校合作加强民间民族文化研究，组建民族体育、民族歌舞团体，加强广泛的普及和传播，让文化事业不再是政府和文化机构的独唱，而成为一种公众事业，进入农村家庭，走进农民生活。同时，文化事业的繁荣也能有效抵制暴力、赌博等不良社会影响。

（二）加强托管机构自身建设，发挥积极教育效能

托管教育机构作为留守儿童社会教育的重要形式，应意识到自己的教育责任，改变以盈利为目的的狭隘观念，加强自身建设，不断提高管理标准，充分利用教育空间开展教育活动，积极成为武陵民族地区农村留守儿童教育链条中的重要一环。

1. 改善机构硬件条件，为留守儿童创造良好生活环境

对于3—12岁的留守儿童，正是他们身体发育的关键时期，舒适、干净、安全的生活环境是他们健康成长的首要保障。托管机构应为留守儿童提供卫生、营养的饮食，干净的住宿，宽敞自由的活动空间和必要的文体活动设施，同时做好消防安全等措施，定期联合消防部门开展地震、火灾逃生等消防演练，提高留守儿童的自我保护意识。

2. 提升从业人员素质，履行教育职责

留守儿童放学后、上学前都生活在托管机构，托管机构实际上承担了部分家庭教育和学校教育的职责，托管机构的举办者和从业人员作为教育者，便对他们的职业化和专业化提出了要求。一方面，要求托管机构从业人员掌握教育学、心理学的基本理论和知识，了解武陵民族地区农村留守儿童的教育需求，对他们的行为、心理有一定的了解，同时对留守儿童应充满爱心和责任心，具有基本的职业素质、职业态度和职业道德；另一方面，要求从业人员将留守儿童教育看作一个专门的事业，而不仅仅是自己谋生的手段，从业人员也应该接受专门化的训练和学习。

3. 开展针对性教育活动，满足留守儿童的教育需求

托管机构应充分利用留守儿童在托管机构的生活时间，创造教育机会，对留守儿童实施教育活动，有针对性地解决他们在生活能力、生活习惯、人际交往、学习、品德等方面的问题。对3—6岁、7岁的留守儿童，保育员和生活老师应多与他们交流、相处，通过游戏等方式来弥补他们所缺少的亲子互动；对于7—12岁的留守儿童，应重点培养他们良好

的行为习惯，为学习成绩较差的留守儿童进行课外补习，帮助他们形成正确的学习态度和习惯，掌握正确的学习方法，通过不断进步和自我超越来获得成就感和自信心。

（三）结合社区村落治理，化解家庭教育困境

近年来，湖北省秭归县在"幸福村落"建设中，利用幸福村落建设理事会，以村民自治为工作原则，着力解决村落困难，改善村落民生，把留守儿童教育管理与幸福村落建设直接相连，取得了较好的效果。武陵民族地区的社区村落可以此为借鉴，将留守儿童的教育管理作为社会管理的重要内容，充分尊重村民意愿，发挥村落内群众互助与自救的积极性，弥补留守儿童家庭教育的不足。

结　语

留守儿童问题作为一个社会问题，是在其成长过程中由于父母外出务工、家庭结构发生变化引起的监护不力和亲情教育的缺失而导致，本质上是留守儿童的教育问题。留守儿童是否能得到教育帮助，获得教育发展，弥补教育空缺，不仅会影响留守儿童的个体发展和自我价值的实现，还将会影响到未来以留守儿童为主力的农村建设以及整个社会的人口素质及和谐发展。本章正是在此研究背景下，以武陵民族地区3—12岁的农村留守儿童为研究对象，归纳分析了留守儿童的教育现状，通过探究留守发展与教育的内在关系，提出了如何在政府主导下，建立一个由学校、托管机构和家庭组成的完善的教育体系。

本章突出分析在3—12岁这个年龄阶段以及武陵民族地区这个地域范围下，农村留守儿童的教育特性，具有一定的创新性，针对留守儿童的教育问题进行了较为系统的分析。但是，由于本章写作时间和个人能力的限制，对此问题的研究还缺乏足够的深入，仍有诸多不足，其中较为突出的是，本章仅以湖北省野三关镇为例，抽样调查的范围较小，不足以完整反映整个武陵民族地区的情况。因此，在后续研究中应扩大研究范围，提高抽样比例，力求更加全面、系统地探索武陵民族地区农村留守儿童的教育问题。

第 五 章

民族地区农村留守儿童社会化
与托管模式研究

前一章论述中，涉及了农村留守儿童的托管问题。所谓托管是指转移的劳动力在务工期间将孩子委托给亲戚或朋友或社会私人营利机构（不一定都有批准登记）或集体机构管理食宿和安全等，这在乡镇集镇比较普遍。但这一现象是一种自发的有利有弊的事实，也由此使我们觉得应该做进一步探究。本章对留守儿童社会化现象进行分析，然后进一步对托管方式进行探讨。

第一节　民族地区农村留守儿童社会化
状况的调查分析

20 世纪 80 年代以来，中国农村社会的显著变化莫过于从土地束缚中解放出来的大量剩余劳动力可以在城乡之间自由流动。这支游走于城乡的两栖社会群体被称为农民工，他们以自己的辛勤劳动为城市化进程的推进及城市经济社会的发展做出了一定贡献①。与此同时，在农民工的身后是数以千万计的留在家乡的未成年子女，他们被称为留守儿童。据全国妇联统计，我国农村留守儿童总量已经超过 6100 多万人，占全国儿童总数的 1/5，其中，在西部民族地区，农村留守儿童已占全国留守儿童总

---

① 项继权：《农民工子女教育：政策选择与制度保障》，《华中师范大学学报》2005 年第5 期。

量的两成，并呈现逐年增加趋势①。在武陵民族地区，外出务工已成为当地农民的主要谋生手段之一。对于不发达的乡村社会，农民走出大山，摆脱土地束缚，体验工业文明和现代生活方式，从而提高现代性程度，基本的途径和动力就是外出务工②。近年来，在鄂西山区，农村流动人口的数量、规模以及流动频率均处于历史最高水平。以 2012 年为例，巴东县农村劳动力转移人数为 9.8 万人，占本地农业人口总量的比例接近32%（巴东县常住人口 42 万人，其中，农村人口 31 万人）③。

　　2013 年 5—7 月，笔者在鄂西巴东野三关进行了为期两个月的实地调研。这里主要是土家族分布地区。调查发现，在巴东农村，几乎每一个村庄的每一个家庭都有留守儿童。如果以 6—14 岁的学龄儿童为统计对象，本地农村留守儿童与单亲生活在一起的大约有 56.4%，隔代抚养的大约有 43.6%。教育社会学的研究表明，完整的家庭结构及正常的亲情关系是社会个体初级社会化的重要条件，特定的家庭环境可以为家庭成员提供物质帮助和心理援助④。然而，对于那些由父母一方或者其他监护人抚养的儿童来说，家庭不再是"保障孩子得到保护和供养的文化设备"⑤。面对留守儿童的生存状况与社会化困境，我们的教育制度应该作出哪些调整，我们的社会管理应该提供哪些政策保障，是值得探讨的问题。本研究依据此次调查所获得的样本数据，对民族地区农村留守儿童的社会化困境及其缓解路径进行实证分析，以求推动民族地区农村留守儿童社会化问题讨论的深入开展。

一　调查样本与资料收集

　　对此问题的调查问卷设计涵盖了角色认同、角色评价、生活能力、生活目标等各项测量社会化程度的指标，并以非留守儿童为参照，重点

---

　　① 高书国：《中国城乡教育转型模式》，北京师范大学出版社 2012 年版，第 327 页。

　　② 周大鸣：《渴望生存：农民工流动的人类学考察》，中山大学出版社 2005 年版，第 158 页。

　　③ 《巴东 2012 年人口形势分析报告》，http：//www.bdtjj.com.cn，2013 - 02 - 10。

　　④ ［美］查得理·谢弗：《社会学与生活》，刘鹤群译，世界图书出版公司 2006 年版，第 288 页。

　　⑤ 费孝通：《乡土中国》，北京大学出版社 1998 年版，第 217 页。

考察两者在角色表达能力与生活目标等方面的差异性。调查对象包括留守儿童以及他们的监护人、非留守儿童以及他们的监护人、学校教师、部分乡村干部。调查方式以问卷调查为主，辅之必要的个别访谈。此次调查总共发放问卷474份，有效回收问卷472份，有效回收率达到98%。

有必要说明的是，笔者选择野三关民族小学、希望小学、耳乡小学为调查点，并从这三所小学4—6年级学生中随机抽查出部分留守儿童与非留守儿童。在这三所小学的在校学生中，留守儿童比例很高，分别为46%、49%、70%，平均值为55%（见表5-1）。同时，为了确保调查数据的典型性与有效性，在选择留守儿童为调查对象时，尽可能参考留守儿童父母一方或者双方外出务工时间的长短，因为时间的跨度也是影响留守儿童社会化进程的一个重要变量①。

表5-1　　　　　　　　三所学校调查问卷的分布　　　　　　　　单位：份

	留守儿童	非留守儿童	留守儿童监护人	非留守儿童监护人
民族小学	90	102	58	55
希望小学	31	0	31	0
耳乡小学	31	11	40	25
总计	152	113	129	80

二　调查结果与实证分析

总体上看，在民族地区，农村留守儿童社会化的进程受制于家庭教育功能的弱化及教师角色功能的缺位等外在因素的不利影响。同时，留守儿童主动获取社会化资源能力的不足使他们很难实现社会化目标。如果以角色认同、角色评价、生活能力、生活目标为测量儿童社会化发育程度的关键指标，那么在民族地区，农村留守儿童的社会化进程缓慢、社会化能力参差不齐、社会化水平有待提升。

1. 角色认同

角色认同意识的培养是儿童社会化教育的主要内容之一。特纳的角

① ［德］O. F. 博尔诺夫：《教育人类学》，李其龙等译，华东师范大学出版社1999年版，第42页。

色理论反复强调角色认同意识对于儿童早期社会化的重要性。他指出，社会个体总是通过角色领会与角色执行来强化自身的角色认同，这一认同的过程必然包含对社会环境的适应及社会规范的服从①。角色认同意识的核心问题就是"该做什么？如何行动？成为谁？"②

本次调查结果表明，在民族地区，留守儿童与非留守儿童对角色规范与角色行为的理解没有明显的差异。父母一方或者双方的"不在场"必然造成留守儿童家庭教育的缺失，留守儿童失去了家庭权威关于社会角色定义的解释与告知，但是，这并没有影响留守儿童在社会互动中获取角色经验与角色暗示③。例如，90%以上的留守儿童都认同"好学生"的角色规范，包括尊敬师长、遵守校纪、勤奋好学、成绩优良等。在笔者设定的"好学生"的评判标准中，无论是留守儿童还是非留守儿童，他们几乎一致认同"各门功课都能得高分""能够获得经常性的表彰"等（见表5－2）。

表5－2　　　　　两类儿童对"好学生"的角色规范的认同度（%）

	留守儿童	非留守儿童	率差
1. 尊敬师长	93.2	95.5	2.3
2. 遵守校纪	91.6	94.8	3.2
3. 勤奋好学	90.7	93.9	3.2
4. 各门功课都能得高分	98.9	99.5	0.6
5. 能够获得经常性的表彰	97.5	98.3	0.8

2. 角色评价

从社会化的过程看，角色评价是社会个体对自我特点的认识及自我形象的评价。角色评价的最终目标就是社会个体依照社会规范来检验自

---

① ［美］乔纳森·特纳：《社会学理论的结构》（下），邱泽奇等译，华夏出版社2001年版，第50页。

② ［英］安东尼·吉登斯：《现代性与自我认同》，赵旭东等译，生活·读书·新知三联书店1998年版，第80页。

③ 马和民：《论传统中国的社会教化实践与社会化榜样》，《浙江大学学报》（哲学社会版）2004年第5期。

身个性品质的发展，以及他人对自己形象的肯定或者否定来判断自我的合群性。就儿童的社会化过程而言，角色评价的重点是考察儿童性格特征的外在表现①。笔者列出 7 项测量指标，让留守儿童与非留守儿童作自我角色评价。统计结果显示，在性格特征的自我评价方面，两类儿童之间并不存在显著差异，角色评价的差异似乎与年龄有一定的关联。在4—6 年级学生中，低年级学生普遍认为自己活泼、开朗、合群，而高年级学生普遍认为自己有胆量、有主见、有个性。

表5-3　　　　　　　　　两类儿童性格特征的自我评价（%）

	留守儿童	非留守儿童	率差
1. 活泼	91.2	93.6	2.4
2. 开朗	90.8	92.5	1.7
3. 孤独	25.1	18.9	6.2
4. 合群	89.6	93.5	3.9
5. 有胆量	70.7	74.1	3.4
6. 有主见	73.1	72.8	0.3
7. 有个性	65.2	58.3	6.9

从表5-3可以看出，对于留守儿童来说，特殊的家庭环境影响了他们性格特征的形成。他们的孤独感或许比较强烈，因为只有完整的家庭才能满足家庭成员在情感支持与陪伴关系的提供等方面的需求，这对于儿童健全性格的养成至关重要②。但是，与非留守儿童相比，留守儿童或许更有主见，因为生存境遇的改变迫使他们必须有足够的自主意识去主动思考和寻找家庭之外的援助③。

3. 生活能力

生活技能的培养，也是社会化的一项重要内容。社会个体只有掌握了基本的生活知识和劳动技能，才能更好地融入社会生活中。相反，对

---

① 段成荣等：《我国留守儿童状况研究》，《人口学刊》2005 年第 1 期。

② ［美］戴维·波普诺：《社会学》，李强译，中国人民大学出版社1999 年版，第390 页。

③ ［英］安东尼·吉登斯：《现代性与自我认同》，赵旭东等译，生活·读书·新知三联书店1998 年版，第181 页。

于留守儿童来说，由于缺少父母的教育和引导，他们生活知识的积累与
劳动技能的习得往往依赖于教师的更多关注与同辈群体的帮助。对于非
留守儿童来说，他们获取生活知识与劳动技能的通道往往非常通畅。在
问卷调查中，特意设定了 5 个测量选项了解两类儿童获取社会化资源的
能力。"在学习和生活遇到困难时，你需要谁的帮助"中，表 5 - 4 的数
据统计结果说明，留守儿童倾向性的求助对象依次是同学或朋友、亲戚、
老师、家长（排列次序是以两类儿童获取社会化资源的能力的差异性为
参照）。

表 5 - 4　　　　　　　两类儿童获取社会化资源的能力（%）

	留守儿童	非留守儿童	率差
1. 家长	75.7	76.1	0.4
2. 老师	57.5	55.9	1.6
3. 亲戚	33.6	28.3	5.3
4. 同学或朋友	79.6	66.4	13.2
5. 没有任何人	0	0	0

与此同时，笔者也设定了 5 个测量选项了解两类儿童的生活自理能
力。调查结果显示，与非留守儿童相比，留守儿童的生活自理能力相对
较强，这或许与他们的家庭环境及成长经历相关。

表 5 - 5　　　　　　　两类儿童生活自理能力的基本状况（%）

	留守儿童	非留守儿童	率差
1. 采购生活用品	60.6	58.1	2.5
2. 帮助家人做饭	55.5	53.9	1.6
3. 喂养家禽	36.7	33.5	3.2
4. 照料自己	80.8	80.1	0.7
5. 照顾老人	35.2	31.6	3.6

从表 5 - 5 的统计结果看，无论是留守儿童，还是非留守儿童都具备
最基本的生活自理能力，能够照料自己最简单的衣食问题。但是，从两

类儿童生活自理能力的率差数值看，留守儿童的家务劳动量及持家务的能力总体偏高。

4. 生活目标

生活目标的确立与实现是社会成员完成社会化任务、独立走向社会的关键环节，表现为社会成员对自己的教育期望及职业期望。从一定意义上讲，生活目标逐渐明晰及实现的过程，也是社会成员由自然人向社会人逐步转化的过程[①]。对于成长期的儿童来说，对待学习的态度直接影响他们的学业进步、教育期望及职业期望。调查结果显示，绝大多数的留守儿童学习兴趣不浓、学习动力不足、学习成绩滑坡。比如，笔者抽查了同等数量的留守儿童与非留守儿童（针对两类儿童，各取 152 个样本，回答"你喜欢学习吗"），两类儿童的学习态度与学习兴趣存在较大的差异。造成这种差异的原因主要是留守儿童学习情绪波动太大，学习状态不稳定。对于非留守儿童而言，他们的父母可以辅导、督促他们的学习，提高他们的学习兴趣。与此相反，因为父母长期在外务工，留守儿童缺少与父母的情感交流机会而变得孤独、消沉，从而影响他们课堂听课的注意力以及完成学习任务的动力。

表 5－6　　　　　　　　两类儿童学习态度的基本状况（％）

	留守儿童	非留守儿童	率差
1. 喜欢学习	48.2	67.1	18.9
2. 不喜欢学习	51.5	32.2	19.3
3. 学习态度模糊	0.3	0.7	0.4

在教育期望方面，两类儿童之间的差异主要体现在对较高学历的追求。尽管大多数儿童都希望自己有机会享受大学教育，但是，非留守儿童追求研究生学历教育的比例明显高于留守儿童。具体而言，90% 以上受访儿童都愿意读完高中，80% 以上受访儿童都渴望考上大学（见表5－7）。但是，对于研究生阶段的教育期望，非留守儿童的高学历期望值高出留守儿童 19 个百分点，两者率差接近两成。

---

① 王思斌：《社会学教程》，北京大学出版社 2003 年版，第 58 页。

表 5 - 7　　　　　　　两类儿童教育期望的基本状况（%）

	留守儿童	非留守儿童	率差
1. 初中	95.6	97.1	1.5
2. 高中	92.5	95.2	2.7
3. 大学	80.1	85.5	5.4
4. 研究生	20.8	39.9	19.1

在职业期望方面，两类儿童对自己的未来职业选择既有一致性，也有差异性。他们都追求有较高社会声望及经济地位的职业，职业偏向集中于国家公职人员及专业技术人员，而工人及农民都是他们不愿选择的职业。另外，期望成为国家公职人员的非留守儿童的比例高于留守儿童，愿意成为专业技术人员的留守儿童的比例高于非留守儿童（见表5-8）。

表 5 - 8　　　　　　　两类儿童职业期望的基本状况（%）

	留守儿童	非留守儿童	率差
1. 国家公职人员	70.2	75.1	4.9
2. 专业技术人员	75.5	73.9	1.6
3. 工人	31.7	28.5	3.2
4. 农民	10.1	8.3	1.8
5. 自由职业	33.3	29.6	3.7

三　结论与建议

通过对民族地区留守儿童及非留守儿童的抽样调查，可以看出，两类儿童的社会化程度及质量存在一定的差异。在角色认同及角色评价方面，非留守儿童比留守儿童具有更强的接受社会规范的自觉性以及更好的自我表现能力；在生活技能方面，留守儿童的独立生活能力及生活自理能力相对较强；在生活目标方面，非留守儿童愿意追求更高学历的教育及更高社会地位的职业。同时，伴随着农村劳动力转移规模的增长，这一差异有逐步扩大的趋势。两类儿童的社会化差异是影响社会和谐发展的隐患。因此，只有重建家庭、学校与社会"三位一体"的支持体系，才能够帮助农村留守儿童走出社会化困境，顺利完成人生成长初期阶段的社会化的任务。

1. 强化家庭对留守儿童的情感支持功能

家庭是社会个体思想交流最充分、情感表达最真实的场所。对于那些尚处在青春期的留守儿童来说，在实现由自然人向社会人转变的过程中，他们无法摆脱对自己父母的心理依赖及情感依恋。因此，解决留守儿童社会化问题最有效的方式，就是修复孩子与父母之间的亲情关系，强化家庭的情感支持功能。一方面，每一位留守儿童的父母要通过电话沟通、书信往来、定期见面等方式，增加与孩子情感交流的机会；另一方面，留守儿童的临时监护人，也应该关注孩子的心理状态及情感变化，帮助留守儿童克服孤独、自卑等消极情绪。

2. 完善学校对留守儿童的教育引导方式

在现代社会，学校教育可以为青少年社会化提供精神引导、知识技能、行为规范。学校生活打破了家庭生活的私密性与封闭性，为青少年的情感交流搭建了一个宽广的平台。因此，学校教育对留守儿童社会化的顺利完成具有重要意义[1]。首先，学校教师要强化责任意识，为留守儿童的健康成长倾注更多的时间和精力，主动扮演父母缺位时的替补者角色，及时跟踪他们的思想状况及学习状况。其次，重视留守儿童的心理咨询与辅导，及时发现和解决他们的心理健康问题。最后，积极开展多种形式的课外活动，让他们在集体活动中感受温暖和快乐，培养他们的集体归属感和群体意识。

3. 营造有利于留守儿童健康成长的社会环境

从社会管理的角度来说，留守儿童的社会化问题是"城乡二元分割"体制的必然结果。城乡户籍制度的藩篱必然增加农民工子女进入城市接受教育的支出成本，留在乡村上学是农民工子女无奈而且痛苦的选择[2]。或许，在一个较长的时期内，让留守儿童平等分享教育资源依然只是政府工作的预期目标。毫无疑问，政府应该从政策变革入手，打破城乡二

---

① ［德］埃里西·弗罗姆：《健全的社会》，王大庆等译，国际文化出版公司 2003 年版，第 277 页。

② 董素云：《城镇化对三峡民族地区传统文化的影响》，《三峡大学学报》（人文社会科学版）2012 年第 4 期。

元社会对立，以更多的资金投入及切合实际的政策措施来实现城乡教育的均衡发展，使农民工子女平等、自愿选择就读校区及就读学校。另外，充分调动各级各类社会机构、非政府组织、农村社区、大众媒体等社会力量，为农村留守儿童提供更多物质帮助和精神支持，让他们切实体会到社会的关爱和温情，营造有利于留守儿童健康成长的社会环境。

第二节　民族地区农村留守儿童
托管模式研究

民族地区经济发展总体相对落后，通过外出务工提高家庭收入在民族地区最为普遍。由于体制和现实的多重原因，许多外出务工家长不得不将孩子留在农村老家接受教育。由于回家成本较高，加上大山阻隔交通不便，父母常年甚至多年难见孩子一面，这给民族地区农村留守儿童的教育与成长带来极为不利的影响。尤其是心理、情感、行为、学业、生活、安全等高度依赖父母的学龄前（0—5岁）及小学（6—11岁）阶段留守儿童，问题最为严重和突出。本章所说留守儿童主要指民族地区农村学龄前和小学阶段的留守儿童。

为解决外出务工家长的后顾之忧，以接受家长委托、教育和照顾孩子为主要业务的托管机构开始在民族地区兴起并发展。托管机构给予留守儿童以情感关爱、心理辅导、行为规范、学业教育、生活照顾、安全保障，为民族地区农村留守儿童的健康成长起到积极推动作用，但也存在托管主体不规范、托管内容不科学、托管方式粗放等问题。客观分析并妥善解决这些问题，事关民族地区农村留守儿童的未来、民族地区经济的发展和社会的安全稳定。

一　民族地区农村留守儿童托管主体规范化
民族地区留守儿童托管主体是由办托主体、投资主体、监管主体组成的有机统一体。

（一）民族地区农村留守儿童办托主体合法化

1. 确认公办民族学校在托管中的主体资格

出于规范教师兼职和减轻孩子负担需要，许多民族地区教育主管部门，如新疆维吾尔自治区教育厅"严禁在职教师有偿补课或举办补习班"[1]，许多公办民族小学和幼儿园因此取消了托管中心或托管班。然而现实中的托管需求并没有因此而改变，留守儿童只好纷纷转投民办托管机构。由于经济不发达、资金短缺等原因，民族地区民办托管机构整体存在接纳能力有限、师资设备不达标等问题，满负荷甚至超负荷运转不仅加大了孩子的安全和卫生隐患，更加剧了孩子的心理、行为、学业等问题。而公办民族学校具有师资、设施、熟悉孩子情况等优势，可以也应该在农村留守儿童托管中发挥重要作用。美国等西方发达国家的托管机构绝大多数也都是公办的，社会创办的托管机构只占极少数。[2] 为此，解决公办民族学校的托管资格问题十分必要和重要。民族地区可根据《民族区域自治法》和相关教育法规的规定，对公办民族学校在农村留守儿童托管事业中的法律地位予以明确，同时对公办教师从事托管的时间、内容、方式等予以规范。

2. 明确民族地区民办托管机构的法律地位

西方发达国家颁布实施了许多法律，如美国的《不让一个孩子掉队法案》、法国的《社会行为和家庭法》等，对托管机构的法律地位、从创办到运行的行为规范等进行了详细规定。我国民族地区社会主体开办的托管机构，虽然广泛存在，但并未取得合法性，没有法律法规对其进行认定和规范，其后果之一就是得不到民族地区政府认可，家长与托管机构之间仅仅是委托与被委托的"民间契约"关系。"托管"机构普遍存在"脱管"现象，这是诸多问题产生的重要原因之一。因此，民族地区政府应尽快对民办托管机构进行认定，在自治法律法规中确认其主体资格，并依法加强管理。

（二）民族地区农村留守儿童托管投资主体多元化

1. 民族地区政府应在托管投资中居主体地位

在西方发达国家，政府对儿童托管相当重视，投资数额和比例都相当大。如法国 2010 年仅家庭补助基金支付给托管机构"课外活动中心"

---

① 鲁焰：《新疆严禁在职教师有偿补课或举办补习班》，新疆日报网，http：//www. xjdaily. com. cn。

② 康丽颖、贾丽：《中美儿童托管教育的比较分析》，《比较教育研究》2011 年第 12 期。

的费用就高达 738 亿欧元，课外活动中心的经费"基本上是国家财政性投入"，家长缴费不超过托管总支出的 5%①，而我国民族地区由于公办学校办托受限，托管投资主要以民间资本为主。然而，由于经济发展水平相对滞后，民间托管资本相当有限，并由此引发师资、设备等一系列问题。

为此，民族地区政府应意识到在财政资金缺位可能引发的托管质量、安全、公平教育权利等问题，意识到政府是农村留守儿童健康成长的重要受益主体，将托管服务上升到公共服务层次，加大财政投入。至于具体形式则有多种选择：一是直接投资。即政府直接投资给公办民族小学和幼儿园，由其提供托管服务。二是财政补贴。即给予民办托管机构以不同额度的财政资金支持。三是积极促成民间托管机构共享公办民族学校的教学设施和资源，如运动场、食堂等。四是为民间托管机构提供免费活动场所，如民族体育馆、民族文化广场、民族博物馆、图书馆，以及免费交通工具如大巴等。

2. 激发民族地区社会主体托管投资积极性

由于自身财力限制，民族地区政府在加大农村留守儿童托管投资的同时，也应通过科学的政策体系，激发社会力量参与的积极性。该政策体系可由四大部分构成：一是土地优惠政策。托管机构的兴办需要一定面积的土地，民族地区政府可对其用地申请优先审批并给予一定的优惠。二是信贷优惠政策。由于经济发展水平限制，民族地区托管机构的开办和运行，资金是一大难题。民族地区政府可在项目和信用评估基础上为投资者提供担保，帮助投资者向银行申请贷款，并承担一定的利息。三是税收优惠政策。为提高投资者的积极性，民族地区政府应给予其更多税收优惠，从而拓展其利润空间。四是财政奖励政策。对服务质量高、社会声誉好的托管机构给予奖励。

（三）民族地区农村留守儿童托管监督主体明确化

要使民族地区的"托管"机构不"脱管"，民族地区政府必须肩负起监管职责。

---

①　邹燕舞：《法国儿童托管教育：课外活动中心运作模式及其启示》，《四川师范大学学报》（社会科学版）2012 年第 1 期。

1. 明确民族地区托管机构监管部门

明确监管部门，也即是将托管机构进行归口管理。归口管理是防止重复管理和多头管理的有效方式。目前，关于托管机构的归口管理部门，有人认为其提供的是儿童教育服务，应定性为教育机构，由教育部门主管；有人认为其行为符合企业的所有特征，如以营利为目标、自主经营、自负盈亏等，应定性为企业，由工商管理部门主管。笔者以为，判断一个机构的性质关键不是看其盈利与否，采取何种运作方式，而是应看其向社会提供的产品或服务的性质。民族地区托管机构向农村留守儿童提供的情感关爱、心理辅导、行为规范、学业教育、生活照顾、安全保障等服务，从根本上说是"增进人们的知识和技能、影响人们的思想观念的活动"①，本质上是教育活动。民族地区农村留守儿童托管机构应定性为教育机构，归口到民族地区教育主管部门监督管理。

2. 明确民族地区托管机构监管内容

根据国外经验和国内民族地区农村留守儿童托管机构运行存在的问题来看，监管内容至少应包括两大方面：一是准入监管。民族地区托管机构必须具备一定的资质和条件方可从事相关活动。作为监管主体的教育主管部门，应在教育计划、教育团队、硬件设施等方面制定准入标准，严把准入关。二是运行监管。民族地区教育主管部门对投入运行的托管机构，应在基础设施、师资队伍、托管目标、托管内容、保障措施、收费标准等方面，制定科学的考评体系，客观公正地评定出等级，坚决将那些基础设施不达标、托管目标层次低（只追求孩子不出事）、托管内容设置不科学、师生比例不协调、收费过高、卫生和安全隐患突出的托管机构清出托管市场，坚决将那些责任心不强、学识不高、能力不强、无资质的从业人员剔除托管队伍。

二　民族地区农村留守儿童托管内容科学化

社会主义时期的民族关系是平等、团结、互助的新型民族关系，国家大力促进民族地区经济社会发展，逐步缩小民族间发展差距。而民族地区经济社会要发展，人才是根本。民族地区政府要促进民族经济和社

---

① 袁振国：《当代教育学》，教育科学出版社 2004 年版，第 4 页。

会发展，首先必须大力促进包括农村留守儿童在内的人的全面发展。根据马克思人的全面发展理论①，民族地区学龄前和小学阶段农村留守儿童托管内容可设置如下：

（一）将民族地区农村留守儿童心理素质或亲情教育放在首要位置

第一，充分认识到心理素质或亲情教育在民族地区农村留守儿童托管中的重要性。学龄前和小学阶段，是孩子人生中对父母依赖性最强的阶段。这种依赖不仅体现在物质和生活上的依赖，更体现在精神和情感上的依赖。父母外出务工后，如果这种精神和情感上的需求得不到满足，对留守儿童情感、情绪、意志、人格的影响将是深远甚至是终生的。民族地区托管机构应将心理素质或亲情教育放在首要位置。

第二，采取多种措施加强民族地区农村留守儿童心理素质或亲情教育。民族地区托管机构要在园区营造"家"的氛围，让孩子感受到"家"的温暖。如可通过民族特色游戏、民族体育活动、民族文化艺术活动等集体活动，让孩子感受到托管家园的乐趣和温暖，让孩子喜欢、愿意、向往而不是抵触走进托管家园，这种快乐可有效缓解孩子对父母的思念，降低"情感饥饿度"；可开设心理辅导课，教孩子树立积极、乐观的心态，培养其豁达的胸怀；可制订跟踪计划，建立心理健康档案，对每个孩子的心理进行跟踪辅导，对出现的心理问题及时干预和化解；可建立"亲情热线"，定期不定期地让孩子与外出家长通话，缓解孩子的思亲情绪，等等。

（二）积极促进民族地区农村留守儿童身体素质健康发展

第一，妥善解决民族地区农村留守儿童生活抚育问题。由于生活自理能力差，爷爷奶奶等临时监护人又长期待在边远山区农村，缺乏科学喂养知识和能力，基本上是按照民族传统习俗有啥吃啥，民族地区农村留守儿童在父母外出后生活水平都出现不同程度下降，身高、体重、发育水平等许多身体发育指标整体明显低于非留守儿童。民族地区托管机构应一方面不断加大投入，通过争取财政投资和自筹资金等方式，不断改善留守儿童生活条件，不断提高留守儿童生活水平；另一方面要不断加强托管人员培训，不断提升其科学喂养意识和水平，而不是仅仅停留

---

① 尚涤尘：《人的全面发展与青年的基本素质需求》，《社会科学辑刊》2004年第2期。

在"不饿着"的低层次上。

第二，确保民族地区农村留守儿童人身安全。留守儿童由于年幼，普遍缺乏防范意识和能力，加上山区交通条件和生活水平不高，因车祸、食物中毒等导致的意外伤害和意外死亡事件屡见不鲜，被拐卖事件也主要集中在这个年龄段，受性侵事件也不时牵动人们敏感的神经。民族地区托管机构应将入托农村留守儿童人身安全保障作为一项重要工作来抓，一方面努力改善自身各项安全保障条件，如加大接送车辆安全检查力度、严把食品安全关卡等；另一方面努力加强从业人员和入托儿童教育培训，提高从业人员安全意识和防范能力，如提高接送司机山区交通安全意识和驾驶技能，厨师食品安全意识、防范和应急处置能力，教师紧急疏散、常见疾病应急处置能力，加强留守儿童防拐卖、车祸、溺水、性侵教育等。

（三）注重民族地区农村留守儿童政治和思想道德素质发展

加强留守儿童的世界观、人生观、价值观、理想、道德、纪律等教育，事关处于人生起步阶段的民族地区农村学龄前及小学阶段留守儿童的人生发展方向。

第一，科学设置民族地区农村留守儿童政治思想道德教育内容。通过恰当的形式和方式，帮助民族地区农村留守儿童初步认知世界，形成正确的世界观；正确看待自己的存在对民族地区经济社会发展的价值，形成正确的人生观；学会辨别是非曲直，把握取舍标准并学会做出选择，形成正确的价值观；开阔眼界和视野，将个人理想与民族理想有机结合起来；逐步理解社会主义新型民族关系，从小就意识到民族团结、友爱互助的重要意义；树立规则意识，逐步养成守秩序、守纪律、担责任的良好习惯。

第二，注重民族地区农村留守儿童政治和思想道德教育方式。不注重形式和方法的空洞说教或灌输，只会适得其反。民族地区托管机构应抓住农村学龄前及小学阶段儿童特征，选择孩子容易和乐于接受的教育方式：一是民族特色游戏。爱玩是孩子的天性，民族地区托管机构应注重通过选择孩子熟悉的民族特色游戏，来达到教育目的，让孩子在快乐中认知世界、认识自我、判断是非曲直。二是民族民间故事。爱听故事也是孩子的天性。民族地区托管机构可通过讲民族民间故事的形式，让孩子接受世界观、人生观、价值观的启蒙，帮助孩子树立远大理想。三是集体活动。通过组织集体活动、过集体生活，让孩子明白守纪律、讲规则的重要性，学会与人相处，学会诚实守信、团结互助、扶弱济困。

（四）合理定位民族地区农村留守儿童科学文化和能力素质发展

目前，民族地区的很多托管机构都是将学习作为农村留守儿童在托期间的主要活动。一个几岁的孩子一天到晚的活动除了白天在校学习，就是回托继续学习，单调、枯燥、无奈，继而对学习厌倦、抵触，学习成绩下降，甚至发生逃学、辍学、"逃托""辍托"现象。民族地区农村留守儿童托管机构应合理定位科学文化素质发展在日常托管工作中的地位，应将留守儿童科学文化素质发展的重心定位在学习兴趣的培养上。如多发现孩子学习上的优点和进步并及时给予肯定和表扬，对学习上的不足以鼓励为主，让孩子在肯定、表扬和鼓励中增加自信和成就感，进而增加学习兴趣和动力；寓教于乐，通过实验、模型展示、实物观察、参观、模拟、游戏等形式多样的活动，让孩子体验到学习的快乐，增强孩子求知的欲望，等等。此外，民族地区农村留守儿童托管机构要高度重视通过形式多样的活动开发农村留守儿童的智力，培养孩子的能力。如可以通过民族绘画培养孩子的想象力、创造力和动手能力，通过民族体育培养孩子的团队协作能力和交往能力，通过民族音乐和舞蹈等陶冶孩子的情操，通过兴趣小组选择等培养孩子的个性和自主选择能力，等等。

三　民族地区农村留守儿童托管方式精细化

调查表明，民族地区农村留守儿童托管机构对留守儿童的教育管理普遍存在管理粗放问题，如只追求孩子不饿着、不冻着、"不出事"，一间民房甚至仓库就开始办托，从业人员不具备相应资质和素质，两三个人管着几十甚至上百孩子等。这种"放羊式"的管理不利于孩子的全面发展，民族地区农村留守儿童的教育管理必须精细化。网格管理正是这种背景下的有益探索。

（一）科学划分民族地区农村留守儿童教育网格

所谓网格管理，就是按照一定标准和方法，将管理对象划分为若干个网格，并为每个网格配备一个网格员，通过网格员的日常巡查，主动发现问题并迅速协同有关部门和单位解决的管理方式。其主要优势在于可将过去被动、分散、定性的管理，转变为主动、系统、定量的管理。

其本质上是一种精细化管理。民族地区农村留守儿童托管机构在实施网格管理时，首先应按照一定原则和标准，将农村留守儿童划分为若干个网格。这些原则和标准主要有：①规模适度。民族地区农村留守儿童教育管理涉及学业、心理、行为、生活等方方面面，工作量大，网格划分不能简单地以人数作为依据，应综合考虑每个儿童的具体情况，以及网格员老师的工作能力和工作量。高负荷的工作只能让民族地区农村留守儿童教育管理重回粗放时代。②数据准确。在准确摸底的情况下，建立健全民族地区农村留守儿童档案，并建立数据库。在此基础上，根据留守儿童的学业、心理、行为和生活情况，确定网格规模。③无缝覆盖。所有入托留守儿童，都应一视同仁地被划入网格，避免因各种原因导致的歧视和不公。

（二）精心组建民族地区农村留守儿童网格教师队伍和管理机构

第一，严格民族地区农村留守儿童托管教师师资配备。为保证精细化管理的实施，必须规定师生比。在西方发达国家，托管机构的师生比都有明确的法律规定。如法国法律明确规定，每个托管老师只能负责"8个六岁以下的孩子或者12个六岁以上的孩子"[①]，否则会受到严厉的经济制裁。民族地区教育主管部门可先出台管理办法，严格托管教师和留守儿童比例，并严格托管教师从业资格，有计划地对其进行业务知识、职业道德等业务培训，提高其综合能力，确保留守儿童精细化管理所需师资配备。

第二，充分调动民族地区社会力量，形成"五位一体"网络。民族地区多处于山区，交通多有不便，农村留守儿童教育管理需要社会力量协助网格员老师收集孩子非在校时间段信息，如家庭变故、行为表现、心理变化、生活状况等，协助网格员老师以各种形式和方式对孩子进行亲情关爱、心理疏导、学业辅导、行为引导、生活关爱。这支队伍包括以下几种：父母，父母虽不在孩子身边，但在心理沟通、情感交流等方面具有不可替代的作用；临时监护人，其对孩子各方面情况都比较了解，而且负有监护职责，理应成为重要主体之一；村组居民，其对孩子也比较了解，同样可在孩子的教育管理方面发挥作用；社会爱心人士，他们

[①] 邹燕舞：《法国儿童托管教育：课外活动中心运作模式及其启示》，《四川师范大学学报》（社会科学版）2012年第1期。

一般有爱心、有能力、愿奉献，可在孩子教育管理方面发挥重要作用。

第三，建立健全民族地区农村留守儿童网格监管中心。网格员老师和辅助队伍履责情况，须有权威主体监管。为此，必须组建一个专门机构来履行这一职责。这一机构可设在民族地区教育主管部门，由某一科室如教育督导办公室、基础教育科负责，同时挂监管中心牌子，或者从各科室抽调人员组成网格监管中心，下设办公室负责具体事务。

（三）建立健全民族地区农村留守儿童网格管理运行机制

1. 建立动态采集、全面及时、时时共享的民族地区农村留守儿童信息机制

民族地区农村留守儿童信息采集全面、及时、准确与否，是教育管理效果的重要影响因素。（1）确保信息及时全覆盖。为全面、及时掌握民族地区农村留守儿童信息，网格员老师应确保孩子在托期间"一日一巡"，全方面了解孩子各方面情况，并解决学业、心理、行为、生活等问题；家长、临时监护人、村组居民、社会人士，应确保孩子学习期间"一周一巡"，向网格员老师全面反馈留守儿童信息，并协助解决各种问题。（2）确保信息时时共享。网格员老师应及时将采集到的信息、掌握的各种情况、各种事情的处理情况，通过留守儿童教育管理信息平台，及时与家长、民族学校、教育主管部门、辅助教育管理队伍沟通，确保各种工作的衔接、连贯、协调。

2. 建立民族地区农村留守儿童全过程管理和全方位管理机制

精细化管理的实现主要有两大途径，一是纵向的全过程管理，二是横向的全方位管理。民族地区农村留守儿童精细化管理可从这两大方面去探索。（1）纵向上的入托周期全过程管理。即自留守儿童入托开始，就将其纳入网格管理系统，建立学业、心理、行为、生活档案，档案随留守儿童走。（2）横向上的全方位管理。民族地区农村留守儿童的教育管理既要关注孩子在校期间各方面情况，又要关注孩子在家和社会上遇到的各种问题，实现托管机构、学校、家庭、社会全方位教育管理；既要重视孩子学业，也要重视其心理、行为和生活，扭转过去只重学业而轻视心理、行为、生活的现象，实现学业和非学业全方位管理。

3. 建立民族地区农村留守儿童网格管理长效保障机制

为保证网格管理持久深入推进，必须建立长效保障机制。（1）建立

"三纳两同步"制度。即将留守儿童网格管理纳入民族地区"五年"教育发展规划、纳入民族地区教育主管部门年度发展计划、纳入民族地区公共财政保障体系，确保留守儿童教育管理投入与民族经济社会发展同步增长、与民族教育投入同步增长，从而建立长效投入保障机制。（2）建立网格员教师队伍和辅助教育管理队伍管理机制。一方面健全网格员老师、村组居民、社会人士的绩效评估指标体系，严格民族地区农村留守儿童教育管理绩效管理；另一方面将网格员老师的工资、福利、保险、工作经费和村组居民、社会人士的工作经费全额列入民族地区政府财政预算，并建立自然增长机制。

总之，网格管理在民族地区农村留守儿童教育管理方面具有反应更迅速、步调更一致、内容全方位、管理全程化等优势，能够在民族地区农村留守儿童学业辅导、心理教育、行为引导、生活关爱等方面实施精细化管理，形成"五位一体"、各司其职、协调一致的总体运行格局，我们应在充分论证、科学规划的基础上进一步完善实施。

第六章

武陵民族地区农村小学布局调整
问题研究

　　农村小学布局调整直接关系到民族地区山区义务教育的巩固和质量提高，也直接影响留守儿童的教育及管理问题。在民族山区农村小学布局调整中，核心问题是在执行"撤点并校"政策过程中不顾实际情况，搞"一刀切"，最后造成民族地区边远山区的适龄儿童因路途遥远等原因不能坚持上学，留守儿童上学更是困难重重而实际辍学在家，从而导致民族山区义务教育面临新的危机；2012年，国务院针对此颁布新的意见，遏制了"一刀切"做法，可是，在执行中又出现新的"一刀切"，即"一律不许调整"，随着城镇化建设加速，部分民族地区乡村交通和社会环境得到根本改善，一些教学点的学生转到中心学校或者较好学校学习人数增多，以致部分教学点只有几个学生甚至1个学生，但为了保留这个教学地点，就强制不许撤点，保留一定教师和管理人员，而不是主动想办法解决根本问题，导致有条件享受优质教育资源的学生又得不到应有的受教育权利，等等。基于这些问题，笔者认为农村小学布局调整问题还有待进一步深入研究。因此，笔者确定由三峡大学教育学研究生王琴同学以此问题作为硕士研究生毕业论文选题，并在笔者的直接指导下研究完成。本章内容就是在毕业论文的基础上修改而成的。

第一节　研究背景

　　教育是民族振兴和社会进步的基石。中共十八大报告提出要均衡发展九年义务教育，大力促进教育公平。努力办好人民满意的教育。[①]

2011 年全国所有省市全面实现"两基"以后，彻底解决了"有学上"的问题，中央和教育部将义务教育均衡发展摆在突出位置，要努力解决"上好学"的问题。义务教育均衡发展已经超出教育本身，关于孩子们人生起点的机会公平。

《国家中长期教育改革和发展规划纲要（2010—2020）》指出，"教育公平是社会公平的重要基础。教育公平的关键是机会公平，重点是促进义务教育均衡发展和扶持困难群体，根本措施是合理配置教育资源，向农村地区、边远贫困地区和民族地区倾斜，加快缩小教育差距"[②]。

我国地大物博，幅员辽阔，各地经济社会发展很不平衡。教育发展中最突出的是地区之间、城乡之间、同区域校际间教育发展的不均衡问题，而城乡教育发展的不均衡一直是影响我国农村教育发展的一个重要问题。农村学校面临着规模小、办学条件差、教学质量低等问题与广大人民群众对优质教育资源的渴望的矛盾。于是，一项旨在优化农村教育结构、合理配置教育资源、促进教育均衡发展的学校布局调整政策在全国各地实施起来。

十余年的实施在一定范围内取得了显著成就。但是，部分偏远山区农村地形复杂、山大人稀，由于一些地方在执行政策时没有坚持"因地制宜"原则，盲目的"一刀切"做法给当地孩子上学带来极大困难，并在客观上一定程度影响了山区义务教育成果的巩固，理应引起我们的重视和深入研究。

为了促进民族山区小学教育科学发展，加快推进义务教育均衡发展步伐，需要我们更真实、更直观地去了解民族山区农村小学布局调整现状。

1. 布局调整是农村教育发展的必然选择

20 世纪 90 年代中后期开始，农村学龄人口不断减少和城镇化水

---

① 中共十八大报告：《努力办好人民满意的教育》，http：//news. workercn. cn/c/2012/11/13/121113163028858378893. html。

② 《国家中长期教育改革和发展规划纲要（2010—2020）》，http：//www. gov. cn/jrzg/2010 - 07/29/content_ 1667143. htm。

平不断提高，我国农村特别是中西部农村学校生源不足，布局分散、规模小、质量低的矛盾日益突出。人们思想观念也发生了变化，农民群众已不再单纯追求"有学上"，而是要"上好学"。同时，随着"两基"工作的逐步落实，为了巩固义务教育普及成果、缩小城乡教育差距、推进义务教育均衡发展，2001 年国务院下发的《关于基础教育改革与发展的决定》指出，应"因地制宜调整农村义务教育学校布局"，"撤点并校"就是根据此文件精神，在农村地区开始了学校布局调整。

这项政策实施 10 余年来，集中力量改善了一批乡镇中心学校的办学条件，实现了一定的规模效益，促进了教育资源的优化配置，农村学校的教育质量整体上得到了提高。但是，部分地区由于布局调整而衍生出的新问题的消极影响也日益凸显，如，上学路途变远、家庭经济负担加重、农村寄宿条件差、城镇学校班额过大、乡村文化与民族文化传承的缺失，等等。因此，2012 年国务院办公厅印发的《关于规范农村义务教育学校布局调整的意见》，遏制了一些地方盲目撤并学校的行为，要求暂停农村义务教育学校撤并，已撤并的学校可依据群众意愿恢复，这也使得农村教育进入新的调整期。

2. 合理布局调整是农村教育的现实迫切需要

2013 年"两会"期间，全国人大代表、湖南省通道侗族自治县第一完全小学校长蒙兰凤建议："在交通不便地处偏远的农牧山区，仍需保留必要的教学点，防止学生辍学，让孩子们上学的路程不再漫长。"[①] 2014 年"两会"，全国政协委员、华中师范大学党委书记马敏建议："国家尽快实施农村教学点振兴计划，急需扭转教学点边缘化生存困境。处于教育系统最末端的农村教学点不仅方便农村孩子就近入学，也是乡土文化传承的重要载体。"[②]《国家中长期教育改革和发展规划纲要（2010—2020)》明确提出了要"适应城乡发展需要、合理规划学校布局的要求，

①　蒙兰凤代表：《农牧山区仍需保留必要的教学点》，http：//www.jyb.cn/photo/gnjy/201303/t20130317_531254.html。

②　马敏委员：《急须扭转农村教学点边缘化困境》，http：//news.xinhuanet.com/mrdx/2014-03/08/c_133170343.htm。

办好必要的教学点，方便学生就近入学"，① 为以后做好布局调整指明了方向。时任教育部部长袁贵仁在 2013 年全国教育工作会议上提到农村教育问题时指出："科学规划、合理布局农村义务教育学校，要从方便就近入学和提高质量效益相结合的角度，合理确定教学点、村小、中心小学布局，没有做好学校布局专项规划的，暂停农村义务教育学校撤并工作，办好村小学和教学点。"② 那么，在后撤点并校时代，如何协调好小学生就近上学与提高质量效益相结合？农村教育的发展困境该如何有效解决？保留下来的偏远地区教学点如何才能办好？农村小学布局调整对农村教育发展、促进城乡教育一体化、推进义务教育均衡发展具有重要意义。因而，在新时期探索适合现阶段农村教育的可行模式、重新合理调整布局、实现城乡教育资源均衡，是现实的迫切需要。

3. 武陵地区农村学校布局调整面临的现实困境

"武陵"是个历史悠久的区域地理概念，该地区以武陵山脉为中心，是由湘、鄂、黔、渝四省市的 37 个县市组成的地区范围，包括湖南省湘西土家族苗族自治州所辖的吉首市、泸溪县、凤凰县、花垣县、保靖县、古丈县、永顺县、龙山县；张家界市所辖永定区、武陵源区、慈利县、桑植县；湖北省恩施土家族苗族自治州所辖的恩施市、利川市、建始县、巴东县、宣恩县、咸丰县、来凤县、鹤峰县；宜昌市所辖长阳土家族自治县、五峰土家族自治县；重庆市所辖黔江区、石柱土家族自治县、秀山土家族苗族自治县、酉阳土家族苗族自治县、彭水苗族土家族自治县；贵州省铜仁地区所辖铜仁市、江口县、玉屏县、石阡县、思南县、印江土家族苗族自治县、德江县、沿河土家族自治县、松桃苗族自治县、万山特区。国土面积近 10 万平方公里。2000 年第五次人口普查结果，该地区总人口 14276524 人，其中土家族 6712031 人，汉族 4818986 人，苗族 2015808 人，其他少数民族共计 729699 人。少数民族人口占该地区总人口的 66.25%，是以土家族、苗族为主要世居少数民族，并融土家、苗、汉、侗等 30 多个民族为一体的民族地区，在自然生态、历史文化、经济

---

① 《国家中长期教育改革和发展规划纲要（2010—2020）》，http：//www.gov.cn/jrzg/2010 - 07/29/content_ 1667143. htm。

② 袁贵仁：《2013 年全国教育工作会议讲话》，教育部，2013 年 1 月 24 日。

社会生活、民族问题、民族教育等方面具有其独特的个性。[①] 武陵山脉覆盖的地区称武陵山区，面积约 10 万平方公里的大山脉，武陵山是褶皱山，长度为 420 公里，一般海拔高度在 1000 米以上，最高峰为贵州的凤凰山，海拔为 2570 米。山脉为东西走向，呈岩溶地貌发育。"武陵地区"包含"武陵山区"，二者关系是属种关系。[②]

武陵地区由于地理、经济等方面的原因，农村大多数学校分布零散，规模较小，教育设施简陋，各地通过教育布局调整，对现有资源进行合理调配，科学规划，撤并了一批农村小学和教学点，在一定程度上减轻了财政压力，有效整合了教育资源，改善了基层的办学条件。然而，目前整个武陵地区学校布局仍欠合理，均衡发展任重道远。因此，如何对武陵山区农村学校进行合理布局调整，促进民族地区义务教育均衡发展，也是武陵地区农村学校面临的现实困境。农村是指广大的乡镇（不包含县镇）和村等行政区域。[③] 本研究将农村界定为广大的县级以下的乡镇和村落等区域，不包括县或市所在区域的城镇。野三关镇距离巴东县城 94 公里，因而野三关镇乡镇小学也属于农村小学。本章的农村小学主要包括集镇小学、乡村小学和教学点。

布局调整是为适应新的情况，对事物进行全面的重新规划、调整。农村学校布局调整是针对农村地区的学校，根据各地区的自然条件、经济社会发展需要和人口分布状况，将比较分散的农村小学和教学点适当集中起来，重新进行区域内小学网点的规划和布局。主要包括以下几种形式：撤点并校、合并迁校、新建学校、保留或新设"教学点"。多数人将布局调整简称为撤点并校，即撤销教学点，合并学校。从这个角度来看，布局调整主要指学校在地理空间上分布结构的改变，校址的重新安排。但根据内容，很明显撤点并校将学校布局调整狭隘化了。本研究所调查的野三关镇各小学布局调整的方式以"撤点并校"为主，即撤销部分乡村小学及教学点，合并到集镇小学；邻近几所乡下完小生源合并到

① 谭志松：《武陵地区民族教育的历史与现状》，《湖北民族学院学报》（哲学社会科学版）2005 年第 6 期。
② 谭志松：《武陵地区民族教育的历史与现状》，民族出版社 2005 年版，第 5 页。
③ 唐松林：《中国农村教师发展研究》，浙江大学出版社 2005 年版，第 4 页。

一起办学；原有完小高年级部被撤掉，留下低年级教学点。

一　相关研究现状

国外诸多学者自 20 世纪 70 年代以来，针对学校布局结构调整进行了较多研究，近年来国内学者的相关研究也呈逐年上升趋势，下面将对目前的一些研究成果做简要综述。

（一）国外研究现状

国外学者主要从学校布局调整的背景原因、标准原则、不利影响与改善对策等几个方面进行研究。学校布局调整的背景原因一是生育率的下降使学龄人口减少，二是人口的迁移，三是生育水平变化和人口迁移的共同作用导致人口年龄结构的变化。标准原则主要考虑两个问题：一是便于学生入学，二是有利于提高教育投资的效益。在二者可能矛盾的情况下是在保证学生便利入学的情况下尽可能提高教育投资的效益。

石人炳在《国外关于学校布局调整的研究及启示》（《比较教育研究》2004 年）一文中指出，关闭学校至少带来几个方面的影响：一是影响到学生入学率、巩固率。学生的入学率与学生上学的距离成反比。二是学校的社会功能减弱。三是社会弱势群体受到影响，关闭学校对社会地位低的人影响更大。改善的对策包括：对学校布局调整进行科学规划；学校布局调整结合学生资助政策；在人口密度小的地方保留必要的小规模学校，并对小规模学校的教育组织方式和学校建筑结构进行创新。

（二）国内研究现状

第一，有关武陵地区民族教育的研究。

关于武陵地区民族教育问题的研究，从 2005 年才开始并不断增多，由谭志松主编的《武陵地区民族教育的历史与现状》（2005）一书，从民族教育学视角出发，详细论述了武陵民族地区学前教育、中小学教育、普通高等教育、成人教育及职业技术教育的发展状况。该书对武陵民族地区义务教育发展历史与现状的思考，对于笔者把握武陵民族地区地域概念界定提供了很大的帮助。

第二，有关巴东野三关镇农村教育问题研究。

关于野三关镇农村教育问题研究，集中体现在谭志松、李素芹合著的《乡镇教育与农村社会发展研究——野三关教育现象》（2012）一书中。该书通过对野三关镇社会发展历史与现状的描述、教育历程的梳理和教育现状的实地考察，深刻剖析了存在的主要问题，提出了宏观调整建议与微观实施相结合的策略。该书对野三关镇教育历程的梳理总结与义务教育阶段存在的主要问题的剖析，为笔者日后将野三关镇作为个案进行微观层面的调查提供了基础。

第三，关于农村学校布局调整的研究。

笔者主要从研究视角、研究内容和研究方法三个方面对国内农村学校布局调整的相关研究进行了梳理。

从研究视角看：从教育政策学视角出发，朴红月在《少数民族地区学校布局调整政策执行与影响研究》一文中认为，学校布局调整应赋予目标群体政策参与的权利，避免"受益人缺席"，实施过程中要完善执行机制，提高政策执行力。从教育经济学视角出发，李盼强、曾尔琴在《公平与效益的博弈——关于中部地区农村撤点并校的调查与反思》一文中认为，布局调整既要注重规模经济最大化，适度扩大学校规模，同时更应强调教育公平的充分实现，持就近入学原则，应随着经济、教育的发展和人口结构的不断变化而调适，达到规模经济和教育公平的双重实现。从教育管理学视角出发，王迎娣在《布局结构调整后农村寄宿制小学生管理问题研究》一文中指出，研究发现寄宿制小学学生管理中存在学生课余生活单调、管理者对学生缺少情感关怀。从文化学视角出发，张丹在《农村中小学撤并衍生文化中心消逝问题研究——以昌图县为个案研究》一文中指出，撤点并校所产生的乡村文化消逝现象，提出了文化视野下农村中小学撤并政策修正的主要策略，要重视学校的教育作用。

笔者认为，全国范围内实行布局调整政策的初衷是好的，然而实施的效果还需要通过实地考察客观评价。我国很多学者们从不同角度分析，只是角度不同、分析的方法不同，然而布局调整成效大体一致，所带来的问题也基本相当，这对于比较全面地了解农村学校布局调整研究形势有很大帮助，也为笔者从不同相关当事主体如学生、村民、教师进行田野调查式的考察提供巨大的启发。

从研究内容看：一是关于农村学校布局调整宏观层面的研究，主要包括背景原因、所取得成效、存在的问题以及对策建议。如范先佐《农村中小学布局调整的原因、动力及方式选择》（《教育与经济》2006 年第

1 期），叶敬忠《农村中小学布局调整的社会宏观背景分析》（《中国农业大学学报》2012 年第 12 期），郭清扬《我国农村中小学布局调整的具体成效——基于中西部 6 省区的实证研究》（《教育与经济》2007 年第 2 期）等文章。二是关于农村学校布局调整微观层面研究，尤其是近三年来研究得比较多，就布局调整产生的学生上学交通问题、住宿问题、农村教学点问题、教师利益诉求和村民利益诉求等。吴娟《农村学校布局调整中的教师利益诉求》（华中师范大学博士学位论文），王莹、黄亚武《农村中小学布局调整中的教学点问题研究——基于河南、湖北的调查分析》（《江西教育科研》2007 年第 2 期）等文章。

从研究内容来看，有宏观性研究，也有微观性研究。学者们的宏观性研究有助于笔者从整体上把握农村中小学布局调整问题，开阔研究视野；微观层面研究对某些具体问题的深入了解，为笔者选择研究视角和研究内容提供很大的启发。

从研究方法看，主要有文献分析法、比较法、调查法。如吉芸《让撤点并校少走弯路——中美农村学校合并的比较及其启示》（《教育探索》2010 年第 8 期），范先佐、周芬芬等《我国农村中小学布局调整的背景、目的和成效》（《华中师范大学学报》2008 年第 7 期）。

第四，关于民族地区农村学校布局调整的研究。

巴战龙、滕星的《坚持实事求是，坚持自主选择——民族地区农村中小学布局结构调整问题访谈》（《云南民族大学学报》2007 年第 1 期）一文中，滕星教授针对民族地区农村中小学布局结构调整问题指出，应坚持实事求是、坚持自主原则。周复生《西部民族地区农村中小学布局调整研究——基于内蒙古东乌珠穆沁旗的研究》一文认为，民族地区农村中小学布局结构调整有它的特殊性，家庭距离学校特别是小学的服务半径问题，民族文化面临消失，应加强民族文化教育，重视教育人文价值。

关于民族地区农村学校布局调整的研究较少，主要结合民族地区实际，选取民族区域调查分析学校布局调整存在的问题，如偏远山区上学远、寄宿条件差、师资投入不足、民族传统文化流失现象等。笔者认为，民族地区开展布局调整具有特殊性，不仅仅是学校办在哪儿的事情，还需要权衡民族地区自然条件、经济发展状况、民族文化传承等因素，尤其是对必要教学点的保留，民族优秀文化的传承与发展还有深入思考空间。

关于武陵地区农村学校布局调整的文章尚没有一篇，可见武陵山区农村学校布局调整问题还没有引起学者们的重视，同时也为笔者选择研究武陵地区农村小学布局调整问题留下很大的空间。

二 研究方法

本章采用文献研究法、田野调查法进行理论框架和调查分析。为了解近年来对"武陵地区""农村小学布局调整"的研究现状，以及当前撤点并校的实际情况，笔者充分利用了电子资源、藏书资源，尤其是在中国知网里搜集到大量高质量、高水平的期刊论文和优秀硕博学位论文等。笔者在研读了大量资料之后，有针对性地进行了筛选，获取了对本研究十分有帮助的信息。这些有价值的文献资料为笔者进一步明确研究视角提供了理论支撑，此外，也为笔者合理设计调研问卷及访谈提纲提供了参考，更为进一步提出合理性对策与建议提供了基础。

在查阅了大量文献资料之后，逐步形成了本章的研究方向，确定了本研究的基本方式，就是对野三关镇农村小学撤点并校情况进行细致的问卷调查。问卷参照已有问卷并结合该镇学校具体情况，设计有教师卷、学生卷和家长卷。问卷调查对象为农村小学教师、学生和家长，问卷内容包括个人基本信息、对学校撤并的看法和态度、对农村学校布局的建议等，目的在于从不同角度了解农村学校撤点并校中存在的问题以及对学生和家长的影响，从而有利于把握农村小学布局调整的真实状况。问卷调查法以书面形式呈现，避免了调查人员口头表达能力和方式的差异而造成的调查结果的误差，调查对象数量可以较大却又无须很多调查人员，既省时又省力。总体而言，有利于从量的方面把握所研究的教育现象特征，匿名的方式使调查对象能够尽量真实客观地表达自己的看法和观点，调查的结果能够尽可能全面、准确地反映现状，具有较强的说服力，因此采取问卷调查法是比较合适且高效可靠的研究方法。

本研究之所以在问卷调查的同时选择访谈法，是对问卷涉及内容在深度与广度上的补充，此种方法更具灵活性和适应性。本研究对镇中心校校长、学校校长、任课老师以及家长进行重点访谈，并开展学生座谈，通过访谈可以进行实际问题的调查，也可以进行不同意见的征询，笔者可以更加深刻地了解野三关镇农村学校布局调整的现状。

同时，深入到所研究对象的生活情景中，在实际参与研究对象日常社会生活的过程中进行观察。在参与观察时，由于身临其境，研究者可以获得较多的内部信息，更真实地还原农村学校面貌、办学条件和不同相关当事主体的看法、态度和感受。

三　研究意义

本研究主要调查对象为武陵地区农村小学和教学点，本章对野三关镇6所农村小学和2个教学点进行问卷调查和访谈，分析该镇农村小学布局调整后取得的成效与存在的问题，并针对山区农村布局调整后存在的一些问题分析其原因，提出相应的对策与建议，可以为后续的武陵地区农村学校进行合理的布局调整提供文献参考，丰富了有关学校布局的相关研究成果。进行武陵地区农村小学布局调整的实证研究，为山区农村小学及教学点的合理布局调整注入了理论支撑力，有助于加快推进城乡义务教育均衡发展步伐，着力加强农村薄弱学校建设，为贫穷的山里孩子争取尽量公平的起跑线；进一步探索民族地区小学教育在乡村文化与民族文化传承与发展的有效途径，为武陵地区民族文化教育发展提供有力的理论支撑。

对于农村学校而言，在城镇化加速发展与学龄人口减少的背景下，因地制宜、适时地合理调整学校布局，优化农村教育资源配置，对提高农村教育质量有积极的意义。通过对武陵山区农村小学撤点并校的实地调研和系统分析，探索改善农村学校布局调整应坚持的原则和具体对策建议，有利于有效解决农村学生上学困难问题，让农村孩子公平地接受优质教育资源，促进农村社会的稳定与和谐，实现城乡义务教育均衡发展。

对于武陵地区而言，选取野三关具有代表性的山地乡镇，其价值可以超越野三关，对整个武陵山区农村具有一定的借鉴意义。当然不能说一个个案可以完全体现出全国布局调整工作的成效，但希望通过笔者看到的、听到的呈现给大家一个真实的研究对象。就像我国社会学家费孝通先生认为的"实地调查、现场观察，用研究者本人的感受，去体会研究对象的行为和思想在其生活上的意义，则是和前一代依靠书本记载、别人的书信以及通过翻译间接取得的资料，来引用理论的研究方法在科学上是有质的差异的"①。笔者发现，即使是同一个乡镇内也同时存在民众对于学校撤并的赞扬声和抱怨声，更加应验了布局调整"因地制宜"的重要性。办好农村山区的义务教育寄托着大山里的贫苦人家对美好明天的无尽希望，笔者客观地还原山区农村小学布局调整现状，希望为武陵山区农村孩子的健康成长尽一点绵薄之力。

第二节　野三关镇农村小学布局调整的调查分析

一　调研基本情况介绍

（一）野三关镇教育基本情况

1. 野三关镇概况

野三关镇位于湖北省恩施州土家族苗族自治州巴东县，东距宜昌市168公里，西到恩施州97公里，东北至巴东县94公里。318国道和巴鹤公路交叉穿过全境，宜万铁路、沪蓉高速公路从该镇经过。全镇国土面积552.2平方公里，耕地8.82万亩，山林61.9万亩，属于武陵山脉，海拔最高点1827.2米，最低点421米。镇中心区是一个面积4平方公里的坪坝，海拔1100米，自然环境舒适，土地肥沃，森林丰茂，气候温和偏寒，全镇以农业为主。② 下辖76个村（居）委会，总人口65958人，其中农业人口61448人。该镇是一个少数民族聚居的地方，以土家族人数居多，其中土家族、苗族等少数民族人口占74.9%。

野三关镇土特产品种较多。有年产2000吨以上的三峡白酒、种植面积达4000亩的白皮大蒜、风味独特的烟熏腊肉、天然野生的薇菜和蕨菜等。此外，野三关镇现已初步形成了以烤烟、白肋烟为主的万亩优质烟叶生产基地，以魔芋、大椒、西红柿为主的1.5万亩特色蔬菜基地，以板

---

① 费孝通：《费孝通学术文集：学术自述与反思》，生活·读书·新知三联书店1996年版，第322页。

② 李百浩、余波：《因农而兴的湖北古镇——巴东野三关》，《华中建筑》2006年第7期。

栗、核桃、银杏、天麻、木瓜、茶叶为主的干果药茶基地。

野三关镇有着丰富的资源。水资源开发利用的条件优越,矿产资源有原煤、煤矸石、硫铁矿、石灰岩、紫砂土等。另外,境内有丰富的文化和自然旅游资源,如辛亥革命元勋邓玉麟将军故居及将军墓、历史亭阁劝农亭、庙包革命烈士墓等历史文化景观;天生大石桥、铁厂荒森林公园等自然景观;泗渡河特大桥、野三关隧道等现代景观。①

2. 野三关镇教育情况

野三关镇是巴东县教育大镇。巴东县第二高级中学,是州级示范高中,也是全省唯一的农村高考考点,初中 2 所,中心小学 1 所,联村办完小 10 所,教学点 12 个,镇办幼儿园 1 所,民办幼儿园 6 所,镇办成人技术学校 1 所,共计 33 个教学单位。中小学生及幼儿总数 10381 人,其中初中学生 3024 人,小学生 5384 人,学前幼儿 1973 人。全镇在编教职工 489 人,其中小学专任教师 267 人,初中专任教师 212 人,幼儿教师 10 人。野三关镇具有幼儿、小学、初中、高中、职业高中以及部分培训机构,已形成了完整的乡镇教育体系。

野三关镇也是巴东县教育强镇。20 多年来教育教学质量始终处于全县前列。1999 年顺利通过省政府组织的"普九"验收,2002 年、2005 年两次顺利通过省级"两基"复查,2007 年"两基"验收国检合格。小学入学率、完成率、毕业率 100%。

野三关镇现有完小 11 所,教学点 12 个,其中,集镇 3 所完小,乡下 8 所完小。小学生总数达 5384 人,小学专任教师 267 人,师生比 1∶20。集镇 3 所完小学生数达 4589 人,占小学生总数的 85%;乡下学校学生数 795 人,占小学生总数的 15%。

3. 野三关镇农村小学布局调整历史与现状

(1)野三关镇农村小学布局调整历史

1986 年,村村有学校,完全小学 21 个,村点小学 86 个。1992 年以来,由于生育率明显下降,加上工业化和城镇化进程的加快,大量农民

---

① 谭志松、李素芹:《乡镇教育与农村社会发展研究》,中央民族大学出版社 2012 年版,第 29 页。

进城务工，完全小学、村点小学数量也逐年缩减，2000 年，全镇有完全小学 22 所，初级小学实行联村办学。2005 年，全镇有中心小学 1 所，联村办完小 17 所，另外还有教学点 28 个。

（2）野三关镇农村小学布局调整现状

2013 年，现有中心小学 1 所（野三关民族小学），联村办完小 10 所，分别是红军小学、希望小学、治坪小学、马眠小学、耳乡小学、瓦屋小学、鼓楼小学、故县小学、石马小学、新坪小学，另还有教学点 12 个。近十年来的学校布局调整工作，野三关镇小学和教学点数量在不断减少。

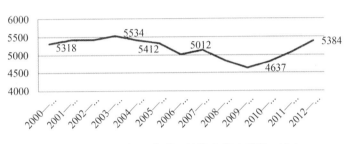

图 6－1　2000 年以来野三关镇小学生总数（人）

如图 6－1 所示，野三关镇小学生总数，从 2000—2004 年缓慢增长，2004—2010 年，总的来说是处于下降状态。2011 年至今，野三关镇小学生总数一直处于上升阶段（主要由于近年来野三关教育质量提高后，吸引部分随迁子女返乡以及大量外乡镇学生就读）。

（二）调查设计

本研究所依据的实证性资料和数据主要来源于调查问卷和访谈，问卷调查的目的在于，从不同的角度了解农村小学撤点并校中存在的问题及对学生及家长的影响，从而有利于把握农村小学布局调整的真实状态。同时，为了进一步佐证问卷调查所得的信息，以及增加数据的解释力，还对镇中心学校校长、小学校长及个别任课教师和学生进行了深度访谈作为调查补充。

1. 样本组成

野三关镇现有完小 11 所，教学点 12 个，其中，集镇 3 所完小，乡下 8 所完小。笔者调研样本组成以学校为单位，选取了 3 所集镇小学，分别是野三关民族小学、巴东县希望小学和红军小学；3 所乡村小学分别为耳乡小学、马眠小学和鼓楼小学；两个教学点分别是金象坪教学点和松木垭教学点。选取了 3 个村级单位：石桥坪村、金象坪村和耳乡湾村。其中，石桥坪村是新农村示范村，距镇较近，农民经济收入较高，其村小玉麟小学于 2011 年被撤并；金象坪村农民经济收入一般，其村小于 2010 年被合并，只保留了金象坪教学点；耳乡湾村距镇较远，外出务工者较多，农民经济收入较差，村内现有耳乡小学和松木垭教学点。

2. 调查对象的基本信息

《野三关镇农村小学撤点并校调查问卷》是笔者专门针对本章研究内容，结合相关文献调查问卷的基础上自行设定，根据调查对象不同，分别有教师卷、学生卷和家长卷。被调查对象的个人基本信息如表 6－1 所示。

教师卷发放 110 份，回收 108 份，回收率 98.2%；有效问卷 98 份。见表 6－1，野三关镇被调查农村小学教师性别、民族、年龄、教龄、学历等基本情况，46 岁以上教师占 34.42%，教师老龄化较严重。农村教师长期扎根在农村教育第一线，也是农村社会中文化知识的代表，学校布局调整只是影响到教师在哪里任职问题，因而这部分群体更能客观了解学生、家长情况和农村教育的实际情况。

表 6－1　　　　野三关镇被调查农村小学教师基本信息

性别	男	女	民族	少数民族	汉族
	57.14%	42.86%		87.76%	12.24%
年龄	小于 25 岁	26—35 岁	36—45 岁	46—55 岁	55 岁以上
	11.48%	26.23%	27.87%	14.75%	19.67%
教龄	未满 5 年	5—10 年	11—20 年	21—30 年	30 年以上
	18.09%	6.38%	42.55%	14.89%	18.09%
学历	硕士	本科	大专	中专	中专以下
	0	54.55%	35.23%	7.95%	2.27%

学生卷发放 480 份, 回收 468 份, 回收率 97.5% ; 有效问卷 436 份。见表 6 - 2, 野三关镇被调查学生性别、民族和父母工作情况。学生男女比例相当, 土家族居多, 留守儿童占 57.79%。农村学校布局调整, 直接影响学生上学距离远近。

表 6 - 2　　　　　　　　野三关镇被调查学生基本情况

	人数	百分比（%）
男	223	51.15%
女	213	48.85%
汉族	51	11.70%
土家族	385	88.30%
父母都在家	184	42.20%
父亲在外地打工	181	41.51%
母亲在外地打工	16	3.67%
父母都在外地打工	55	12.61%

家长卷发放 210 份, 回收 199 份, 回收率 94.8% ; 有效问卷 187 份。见表 6 - 3, 野三关镇被调查家长民族、职业和小孩在读情况。家长也是学校布局调整直接利益相关者, 父母的职业反映家庭经济收入。

表 6 - 3　　　　　　　　野三关镇被调查家长基本情况

		人数	百分比（%）
民族	汉族	36	19.25%
	土家族	151	80.75%
职业	务农	78	41.71%
	打工	97	51.87%
	经商	12	6.42%
小孩在读	四年级	61	32.62%
	五年级	69	36.90%
	六年级	57	30.48%

二 野三关镇农村小学布局调整的背景

(一) 国家农村义务教育布局调整政策回顾

2001年国务院《关于基础教育改革与发展的决定》(国发〔2001〕21号)中指出,应因地制宜调整农村义务教育学校布局,按照小学就近入学、优化教育资源配置的原则,合理规划和调整学校布局,农村小学和教学点要在方便学生就近入学的前提下适当合并,在交通不便的地区仍需保留必要的教学点,防止因布局调整造成学生辍学。

2006年6月,教育部先后发出两个通知,《关于实事求是地做好农村中小学布局调整工作的通知》和《关于切实解决农村边远山区交通不便地区中小学生上学远问题有关事项的通知》,强调农村小学和教学点的调整要在保证学生就近入学的前提下进行,在交通不便的地区仍须保留必要的小学和教学点,防止因过度调整造成学生失学辍学和上学难问题。2010年教育部印发了《关于贯彻落实科学发展观进一步推进义务教育均衡发展的意见》,再一次要求地方各级教育行政部门在调整中小学布局时,要统筹规划、实事求是,避免盲目调整和简单化操作。

2012年9月国务院办公厅下发的《关于规范农村义务教育学校布局调整的意见》(国办发〔2012〕4号),有效遏制了一些地方盲目撤并学校的行为。要求各地以县为单位制定2015年前农村义务教育学校布局专项规划,并报国家教改领导小组备案,在完成备案前,暂停农村义务教育学校撤并;人口稀少、地处偏远、交通不便的地方应保留或设置教学点;应履行撤并方案的制订、论证、公示、报批等程序,并通过举行听证会等多种有效途径,广泛听取学生家长、学校师生、村民自治组织和乡镇人民政府的意见,保障群众充分参与并监督决策过程;坚决制止盲目撤并农村义务教育学校,已撤并的学校可依群众意愿恢复;办好村小和必要的教学点;解决学校撤并带来的寄宿问题和"大班额"问题;开展农村义务教育学校布局调整专项督查。

上述诸多文件的共同点在于,学校布局调整工作要求因地制宜、实事求是,不搞"一刀切",这些指导性意见一定程度上纠正了执行中的偏颇现象,反映了国家对于农村教育布局调整问题的高度重视。很明显,"因地制宜"是要求条件成熟的、有利于提高质量和办学效益的,但绝对要保证所有农村适龄学生完成义务教育的情况下进行适当的撤点并校工作。因此，笔者认为，这一政策在一定范围内是合理的、符合实际的。

（二）野三关镇农村小学布局调整的背景

1. 学龄人口减少是农村学校布局调整的初始动力

20 世纪 90 年代中后期，由于计划生育政策的落实，农村人口出生率下降，使得农村学龄人口总量减少。全国农村在校生人数由 2006 年的 66761432 人减少至 2012 年的 36524886 人，减少了 45.29%（如表 6 - 4）。在学龄儿童数整体下降的基础上，农村学龄人口也出现了迁移，主要是向城镇集中。据统计，2013 年我国城镇化水平达到 53.7%，农民工总量达 2.69 亿人，农民工随迁子女 1393.87 万人，小学就读 1035.54 万人。

表 6 - 4　　2006—2012 年全国农村的小学校数、教学点数、在校生数

年份	2006	2007	2008	2009	2010	2011	2012
小学校数（个）	295052	271584	253041	234157	210894	169045	155008
教学点数（个）	87590	83118	77519	70954	65447	60972	62544
在校生数（人）	66761432	62507310	59248829	56555430	53502198	40651984	36524886

数据来源：中华人民共和国教育部，教育统计数据。

城镇化对农村学校布局的影响主要表现为：一是改变了城乡人口总量与人口密度。当农村学校服务区内人口变少、学龄人口数不能满足学校办学规模时，无法产生教育的规模效益。二是农村学校布局调整在一定程度上也受地方政府城镇化发展规划的影响。现代国家城镇化发展的研究表明，城镇化程度与社会现代化程度相关，城镇化所产生的积聚效应有利于形成区域市场，可以带动地方经济发展，促进文化教育事业发展，比如托管经济、陪读现象。因此，在城镇发展规划中，地方政府常常鼓励人们向城镇集中，学校成为很好的人口聚集因素被政府加以利用。

因此，适龄学生的自然减少与城镇化建设引起的人口流动共同导致农村学龄人口减少，乡下学校生源萎缩，形成乡村学校的凋敝情景。地

方政府为了实现教育的规模效益、优化资源配置，并结合地方城镇化规划发展战略，就成为对农村学校进行布局调整的初始动力。

2. 优化师资队伍是农村学校布局调整的现实动力

北京师范大学庞丽娟教授持续十多年关注农村教师队伍建设。她认为："现阶段农村教师面临数量短缺、待遇偏低、老龄化突出、结构性学科教师短缺、稳定性差、教师培训保障机制缺乏等问题。"① 虽然近年来国家在农村教师队伍建设方面做了很多努力，但城乡在资源配置、经费投入等方面仍存在较大差距。农村经济发展相对落后，教学资源匮乏，无法为青年人提供更多的机会，进而农村教师长期存在招不来、留不住的情况，造成了农村师资队伍的匮乏和不稳定。

野三关镇农村师资队伍一直以来也面临着教师数量短缺、乡下学校教师年龄偏大和年轻教师招不来、留不住的问题，该镇领导谈到师资问题时很是头疼与无奈。

【案例1：野三关镇党委干部】

"师资总的来说数量不够。首先要保证集镇学校，留下来的乡村小学及点小配置的老师相对差一点，基本靠一些'老弱病残'老师支撑着，为什么要放这部分老师在点小呢？因为这些老师大部分来自学校周边或住在这个村子里，只有他们可以在村里扎下根来。年轻一点的老师分到点小，工作一年两年是留不住的，硬把他留在那个地方，也要采取其他办法离开，甚至辞职不干。"

乡村小学和教学点教师严重老龄化，呈现青黄不接的状态。据调查，部分村小50岁以上教师所占比例如下：鼓楼小学有教师20人，50岁以上16人，占80%。耳乡小学有教师20人，50岁以上18人，占90%。希望小学辖4个教学点，共6名老师，年龄都在55岁以上。

农村师资数量短缺，偏远山区无法补充年轻教师。因此，整合教师资源，优化集镇和乡下学校师资配备是地方政府进行农村学校布局调整

---

① 庞丽娟：《当前我国农村中小学布局调整的问题、原因与对策》，《教育发展研究》2006年第2期。

的现实动力。

　　3. 提升教育质量是农村学校布局调整的最终动力

　　笔者走访的耳乡湾村，按照学校服务范围，应有 200 余人就读于本村完小，实则仅 82 人。距离本村完小 1 公里的小商店老板家的孩子在镇中心小学就读，他说："孩子从小在镇里读书，食宿在托管机构，村小虽然离家很近，可是那儿学生没几个，老教师也教不好，每年到集镇上学托管费、路费等开支需近万元，也是没办法，镇上的教学质量好些。"① 当然，家长这种选择优质教育的行为绝不是个例，据了解大部分经济状况稍好的家庭都有这种想法并付诸实践。

　　【案例 2：野三关民族小学校领导】

　　"家长为什么选择到集镇学校？根本原因是教学质量决定的，核心是教育不均衡发展所致。现在绝大多数家庭是独生子女，家长把希望寄托在孩子身上，不想让孩子输在起跑线上，提的一句口号就是'想尽一切办法，排除一切困难，花再大的代价，一定让孩子享受就这个家庭来说最好的教育'。在这样的背景下，不光是野三关，还有其他乡镇，乡里往镇里集中，镇里往县里集中，县里往省里集中难度就大了。现在形成的状况是：县城和乡镇级别学校人数爆满，乡村小学或点小生源萎缩。假设农村学校有好的教育质量，谁会舍近而求远，花大量的费用且不方便呢？"

　　农村学生择校现象反映了农民对农村学校教育质量的不满和对城镇优质教育资源的渴望。如果说普遍的择校问题表达了群众对优质教育资源的追求，那么单纯来看农民为子女择校的问题，则更多地让我们看到城乡教育的巨大差距和教育的不均衡发展。农村教育越是被边缘化，就越是激发农民择校进城的愿望，而农民的择校行为越多，就越加强了农村教育的边缘化，这是一个恶性循环。因而要改变农村教育的边缘化地位，限制农民的择校行为，首先要提高农村学校的整体水平，提高农村教育质量，实现义务教育均衡发展，这是地方政府推行农村学校布局调

---

　　① 资料来源于笔者与村民访谈录音整理。

整的最终动力。

4. 追求教育效益是农村学校布局调整的经济动力

农村税费改革之前，农村义务教育投入主要来源于乡镇，即教育附加费、教育集资、财政拨款。由于国家投入甚少，县乡财力薄弱，农村教育附加费和教育集资实际上是农村义务教育的主要经费渠道。随着税费改革和"两免一补"政策的推行，农业附加税以及集资等的废除，县乡财政收入减少。2001 年我国开始实行"以县为主"的教育财政和管理体制，这一体制的确立无疑给县级政府和教育部门带来了相当大的压力，相当一部分县，特别是中西部民族地区以农业为主的县长期存在财政能力薄弱的问题更加凸显。野三关镇属于"老、少、边、穷"地区，义务教育主要靠县财政投资。巴东县是国家级贫困县，地方财政薄弱，每年能够用于教育的财政支出很少，导致各级学校的校舍、设备等不能满足教学需求。加上农村学校数量多、分布散，使教育投入少与改善条件需求高之间的矛盾越发突出。因此，减轻财政压力，提高教育经济效益，成为地方政府积极开展布局调整的经济动力。

三 野三关镇农村小学布局调整取得的成效

农村学校布局调整的预期目的在于整合教育资源，优化布局，提高教育质量和效益。野三关镇将大量距离较近且交通便利的乡村小学合并到集镇，这在一定范围内取得了一定的成效。对于地理位置优越、交通便利、经济发展较好的地区来说，取得的效果比较明显。

（一）促进了教育资源的合理配置

布局调整使邻近村的小规模学校合并，周边小学合并到集镇，将有限的教育资源集中分享，这一举措最直接的效果就是促进了教学资源的合理配置，使中心小学拥有更多的资源来改善教学条件。野三关镇教育资源得以优化，主要体现在两个方面。

一是集镇小学办学条件得到一定程度的改善。民族小学、红军小学和希望小学基本上都配齐了图书室、实验室、农村现代远程教育教室等教学功能用房；民族小学、希望小学还配备了计算机室。二是农村小学教师队伍素质得到进一步提高。根据教育部相关规定，小学教师的达标学历在中专及以上，2011 年我国农村小学教师的学历合格率达到了

99.5%。野三关镇小学教师的中专学历由 2004 年的 94.93% 提高到 2011 年的 100%，学历全部达标；大专以上学历由 2004 年的 37.7% 提高至 2011 年的 58.5%。为了提高教师的教学水平，全镇还组织了校本课程培训、课改培训、远程教育培训等。通过不断提供培训机会来促进教师专业化发展，教师素质得到明显提升，丰富了教学内容和形式，提高了教学效率，让学生们能够接受更优质的教育。

（二）提高了农村学校的规模效益

农村小学布局调整不仅促进了教育资源的合理配置，而且有利于农村学校形成适度规模，提高学校的规模效益。按照教育经济学理论，在教育资源一定时，如果学校过多且学校规模较小，那么每所学校就无法发挥规模效益，必然导致教育资源的利用效率低下。布局调整后，学校数量减少，每所学校可支配的教育资源增加，形成了规模效益，其教育资源利用效率得到整体提高。

据统计，2005 年野三关镇全镇有完小 18 所，教学点 28 个；2013 年减少至完小 11 所、教学点 12 个，基本上改变了农村小学分布散、质量低的局面。集镇 3 所完小学校规模逐步扩大，目前小学生总数达 5384 人，其中集镇 3 所人数达 4589 人，占小学生总数的 85%；乡下 8 所完小学生人数为 795 人，占总数的 15%。其中，民族小学在校人数为 2217 人，红军小学学生总数为 1360 人，希望小学在校人数为 1012 人，三所小学人数分别占集镇小学总人数的 48.31%、29.64%、22.05%。由此可见，布局调整使集镇三所小学的规模不断增大。

按照规模效益理论，学校里学生越多，教育的边际成本越低，越能实现规模效益最大化。但是，学校毕竟是培养人、教育人成长的地方，学生人数的增多固然可以更好地实现规模效益，然而学生人数的增多，尤其是超出学校班级负荷所形成的"超级大校、巨型班级"会严重影响教学效果，影响学生身心健康发展。所以，通过学校布局调整达到适度规模，既能实现教育规模效益，又可以使学生得到全面发展的机会。

（三）农村学校教学质量整体上得到了提高

教育质量的提高，是农村小学布局调整的最终目的，也是学校布局给广大学生和家长带来的最直接的益处。我国基础教育阶段，国家一直在贯彻素质教育理念，培养学生德智体美劳全面发展，然而在实践层面更多的还是实施应试教育，"升学""分数"仍是衡量学校教学质量的硬指标。因此，家长们心目中认为的好学校就是有好教师、能让孩子学习成绩提高的学校。

表6-5显示，55.73%的学生一直在所调查学校读书，44.27%的同学是中途转来的；64.43%的学生认为是因为现在学校教学质量好才转来现在学校上学的；在问及学生现在是否想转校的问题时，91.33%的学生表示不想转校，关于对"现在学校是否让你满意"这一问题的回答，很满意占60.36%，基本满意占38.74%，这说明学生对现读学校的满意度还是比较高的。可见，学生们之所以满意所读学校，中途转来此校或者不想转校的主要原因在于就读学校教学质量高。

表6-5   学生对就读学校的感受

是否一直在此上学		
是	248	55.73%
不是	197	44.27%
转到现在学校上学的原因		
原学校停办	41	14.44%
现学校教学质量好	183	64.43%
原学校没有高年级	60	21.13%
是否想过转校		
不想转校	411	91.33%
想转到条件更好的学校，但距离要近一些	28	6.22%
想转到条件更好的学校，跟距离没有多大关系	7	1.56%
现学校是否让你满意		
很满意	268	60.36%
基本满意	172	38.74%
不满意	4	0.91%

在学生卷里，有一组问题是针对经历过合并学校的同学作答的关于"合并学校后学生们的感受"。经统计分析，合并学校后，87.72%的学生感觉与同学间的关系变好；81.29%的学生认为学习时间比以前变多，72.92%的学生认为学习成绩提高了，另有16.32%的学生在经历学校适

应期后，学习成绩也开始提高。

为了从不同角度获得相对准确的信息，笔者在家长卷里安排了关于"学校布局调整后，孩子学习情况"的问题，有72.93%的家长认为孩子的学习成绩提高了。农村学校布局调整之所以能促进农村学校教育质量的提高，除了布局调整后办学条件得到改善，教师得到了合理配置外，关键是教师的责任心加强了。家长和学生都能切实地体会到客观的改变，高达82.32%的家长认为教师责任心加强了，还有81.76%的学生表示老师对他们的学习关心增多了。

【案例3：玉麟小学，石桥坪村】

石桥坪村位于野三关镇，距集镇3公里。全村面积为4.9平方公里，其中，耕地面积为1038亩，山林面积为5500亩。全村共352户，有1252人。村民中土家族约占90%。成立了民间艺术表演队，建成民族广场、村民活动室、图书阅览室等设施。主导产业是以辣椒、核桃为主的种植业、养殖业，还有以农家乐为主的餐饮旅游业。2011年村民人均收入4500元。

石桥坪村玉麟小学，是1940年邓玉麟将军退休回到故里修建的一所小学。1993年，根据布局调整规划，将石桥小学合并到集镇，然而村民不同意。老村长（邓习柏）就集合社会各界捐助和村民集资，重建学校。2000年以后，随着学龄儿童不断减少，顺应城镇化发展要求大力发展集镇小学，加之年轻教师难以引入，村校留下的"老弱病残"型教师难以满足教育发展需求，石桥坪村距离集镇较近且交通便利，村民便自发组织学生到集镇小学读书。2011年经教育部门布局调整规划，将玉麟小学所有师生合并到希望小学。

案例分析：

石桥坪村村小的撤并主要是随着学生减少，年轻教师被调离的自然撤并。笔者前去调查村民们对于村小被撤的感受，普遍认为：一是学校伴随其成长，历史悠久，文化寓意深远，拆掉很遗憾；二是担心年龄小的儿童到集镇学校上学其托管或者学校寄宿的生活自理问题；三是到集镇小学读书开支大，普遍增加了家里的经济负担。村民们希望能利用闲置校产，开办幼儿园，增添本村活力。村民们对玉麟小学的撤并起初也表示不同意，多次上访要求恢复，但是随着孩子在集镇学校适应后，学习成绩逐步提高，家长们的抵触情绪也逐渐下降，通过学校布局调整，优化教育资源，使孩子们有机会接受集镇学校优质的教育资源。

笔者认为，像石桥坪村这样的完小按照布局调整规划被撤并，符合政策要求，也是合理的。其主要原因在于：一是石桥坪村种植业、牲畜业、旅游产业等经济发展和部分外出务工所得使村民收入提高，学生就读于集镇的开支基本可以负担得起；二是石桥坪村距离集镇较近且交通非常便利，学生们去集镇读书较方便；三是面临学龄儿童减少、年轻教师难以引入与大力发展集镇小学的局面，村级小学难以办下去；四是村民重视教育，注重为孩子提供相对优质的教育环境。

从以上材料中可以看出，野三关镇农村小学布局调整的背景包括：学龄人口减少是农村学校布局调整的初始动力；优化师资队伍是农村学校布局调整的现实动力；提升教育质量是农村学校布局调整的最终动力；追求教育效益是农村学校布局调整的经济动力。这些影响因素在不同程度上共同推动着野三关镇农村学校布局调整工作的开展。布局调整政策的实施，下决心撤并了一批分布过散、规模过小、设施较差的农村小学和教学点，有效整合了教学资源，在一定范围内取得了较好的成效。对于距镇较近地区、交通便利和经济发展较好的地区取得的效果比较明显，提高了农村学校的规模效益，使农村学校教育质量整体上得到了提高。

第三节　野三关镇农村小学布局调整存在的问题与原因分析

农村小学布局调整在一定范围内取得一定成效的同时，也造成了对偏远山区的教育不公平。由于一些地方在执行"撤点并校"过程中，没有按照"因地制宜"原则进行分类分步骤科学的实施，而是盲目地进行"一刀切"，这样实施的结果给山区农村小学特别是三年级以下的适龄儿童就学造成了困难，甚至严重地影响了偏远山区农村小学教育科学发展和义务教育的巩固。

一 野三关镇农村小学布局调整存在的问题

笔者在教师卷"学校布局调整存在问题"里，统计得出排在前五位的问题是：学生上学路程太远（75.51%）；家长负担加重（63.27%）；集镇班级规模过大（63.27%）；教师工作负担加重（60.2%）和寄宿制产生的新问题（41.84%）。诸多问题应引起我们的关注。

（一）山区农村路途遥远，学生上学不方便

杨东平的研究显示，从 2000 年到 2010 年 10 年间，农村小学减少22.94 万所，减少了 52.1%；教学点减少 11.1 万个，减少了六成。[①]这其中固然有学校的自然消失，但人为调整则是造成学校数量大幅减少的主要原因，大部分减少的学校属于农村小规模学校，主要分布在农村尤其是山区。在学校布局调整过程中，由于部分农村地区脱离了当地实际情况，快速撤并了大量农村学校和教学点，使学校覆盖的教育范围增加，学生不得不到离家更远的地方读书，造成许多山区小学生上学路途过远。

在学生卷"合并到新学校读书，最大的负担是什么"中，52.52%的学生认为学校太远，上学不方便。同时，在对家长调查"孩子上学最担忧什么"中，59.79%的家长表示，撤点并校后，孩子上学变远了，交通不方便，每周回一次家，平时在学校住宿或者托管机构，孩子路上的安全问题是最担忧的。

关于"学生上学的主要方式"，排在前三位的是走路、坐摩托车、坐麻木车或面包车，比例分别是 49.77%、34.23%、16%。经笔者观察，学生住宿情况主要分为三种：家里、学校宿舍、托管机构。第一种情况的学生家里一般离学校较近（家在集镇或者家长租房陪读），上、下学有父母接送；后两种情况的学生主要是来自距离集镇偏远的农村地区，平时住在学校宿舍或者学校附近，走路上学也比较方便，几乎每周回一次家。周末回家的方式主要是家长亲自骑摩托车接送或者家长联合租用的三轮车接送。当然，也有部分山区的孩子在周五下午放学后，由于家长农活繁忙无暇顾及时，自己翻山越岭约 40 分钟或 1 小时回家。

---

① 杨东平：《教育发展报告（2010）》，社会科学文献出版社 2010 年版，第 231 页。

其中大部分山区地形崎岖，路途险峻，偶遇雨雪天气，更是增添了回家的困难。

（二）受教育成本上升，贫困家庭经济负担加重

从社会公平的角度讲，集中办学常常使弱势群体的利益遭到更不公平的对待，越是贫困地区的居民在布局调整中所支付的代价越昂贵。布局调整中被撤销的学校通常位置偏远、办学条件较差。当学校被撤并后，家长需要把孩子送到新的学校去，而其中所增加的费用大多由家庭自行支付。由此可见，恰恰是弱势群体在为布局调整埋单，布局调整的成本其实被转嫁到了这些弱势群体身上。

2007 年起国家实行了"两免一补"政策，学生受教育成本理应下降，然而布局调整后部分偏远农村的教育成本却上升了，主要表现为两个方面：因布局调整引起的上学路程远所带来的交通费和学生寄宿的生活费。根据野三关镇各学校安排，小学三年级起开始寄宿，一、二年级低龄学生由家长陪读或者食宿在托管机构。如此，学生的生活费、托管费、交通费便是家庭经济一笔不少的开支。笔者通过与家长的访谈大概了解到，每个小学生到集镇小学读书，一年的开支约 8000 元。学生平均每月的生活费约 200 元；住在学校的费用是免费的，托管费每年约 4000 元；学生每周五回家包车费近 1000 元/年。这些费用对于主要靠务农或外出打工收入的普通农民家庭而言是增加了不小的负担；对于积贫积弱的家庭，教育成本的激增更是雪上加霜。然而，就读于邻近乡下完小的学生，由于不需要托管费和坐车费用，寄宿在学校的学生只需要生活费，早晚或者周末一般有家长骑摩托车接送上下学，因而家长的经济负担较轻，学生每年的开支大约为 2000 元。经对比，集镇读书与乡下读书费用开支相差竟达 6000 元。可见，同样是上学，到不同环境入学的受教育成本迥然不同，因此乡下完小的存在与教学点的适当保留，可以为偏远山区农村以及家庭贫困的学生提供受教育的机会。

（三）农村教师队伍匮乏，生存状态堪忧

1. 集镇完小师资紧张，工作负担重

一方面，大班额加重了教师的工作压力；另一方面，寄宿制学校缺乏生活指导老师，基本上是由班主任和任课教师兼任。学生增多，生活老师不足，老师不仅要进行课堂教学，还要应对住宿生的生活问题，造

成教师的工作任务量大，工作负担加重。

野三关镇三所集镇小学教师数量少，处于缺编状态。见表6-6，民族小学、红军小学和希望小学的师生比分别为1：28.4、1：29.6、1：20.7，均高于全国各级小学教育师生比1：17.36。学校布局调整以后，大量的生源涌入集镇完小，大班额问题非常明显。老师们纷纷坦言超级大班增加了他们的工作量，如，作业批改量增多需花费很多时间，维持课堂教学秩序时间变长，班级管理难度增大等。

表6-6　　　　　　　　野三关镇小学班级规模与师生比

学校名称	班数	班均人数	学生数	教师数	师生比	野三关各级小学教育师生比
民族小学	27	82.1	2217	78	1：28.4	1：20.16
红军小学	20	68	1360	46	1：29.6	
希望小学	17	59.5	1012	49	1：20.7	全国各级小学教育师生比
鼓楼小学	6	37.2	223	20	1：11.2	
耳乡小学	7	11.7	82	20	1：4.1	1：17.36
马眠小学	6	8.5	51	8	1：6.4	

【案例4：严老师，女，四（一）班班主任】

"班里有68个学生，43个住宿生。我们每天早晨6点20到晚上9点都与学生绑在一起，一天平均4—5节课。早上过来去检查寝室卫生、上课，然后在办公室改作业、备课或处理学生事务。直到晚上查寝室后，回去都9点多了，寄宿生没有生活指导老师，学校安排老师轮流值班，无形中增加了不少工作负担。"

2. 乡村教师结构失衡，生存状态堪忧，教学质量无法保证

乡村教师结构失衡主要表现为年龄结构不合理、学科结构不合理。布局调整后，一些水平较好的教师被调到中心小学或条件较好的完小，乡下完小教师出现一师任多学科、多班级教学工作。留在乡下任教的教师老龄化现象严重，结构比例失衡。访谈中，某乡村小学校长谈道："现在学校严重地缺'三师'，即音体美老师、女老师、保育教师。1—3年级住宿生缺保育教师编制，只能由现任老师及班主任负责，增加了教师工

作量；高年级女生生活指导需要女教师。年轻教师可增加办学活力，可以开展音体美课程，利于学生全面发展。"

【案例 5：耳乡小学，覃老师】

"现在农村教师结构老化，连基本音体美老师都没有，儿童天真活泼的天性将被扼杀。尽管省政府每年都在搞新教师补充机制，但新鲜血液不可能补充到这里，太偏远。乡村老师太清苦，工作了一辈子，起什么作用。像现在我们 50 多岁，对这个职业感觉就是食之无味、弃之可惜啊！老骥伏枥，不用扬鞭自奋蹄，夕阳虽好，可惜近黄昏！没办法，既然选择了这个职业，就要战斗到最后。"

【案例 6：马眠小学，邹校长】

"乡村学校规模越来越小、越办越差，发展受到限制，教师严重老龄化，几个年轻教师也不安心。让下面（乡下学校）老师觉得没把'下面'当个事，得不到重视，心态上不平衡，有着过一天是一天的态度。"

总之，大部分乡村教师面临工作无激情、无动力、心态不平衡的生存状态，因此整个教育教学状况可想而知。

（四）集镇学校大班额与乡下学校严重不足的矛盾

1. 集镇学校不堪重负，发展空间受限

人们预期通过布局调整促进农村教育均衡发展，增加农村孩子享受优质教育资源的机会。根据调查分析，布局调整的确使农村教育向均衡的方向迈进了一步，合并后的集镇完小，其基本教学设施、师资都得到相当的改善，政府的投资能够得到集中使用。然而布局调整也带来了另外的问题，即社会对优质教育资源的争夺，这种竞争表现为家长的择校行为，学龄人口涌向城镇使集镇学校出现大班额问题。

国家规定中小学班额标准，小学每个班级不超过 45 人，46—55 人是"大班额"，56—65 人则被称为"超大班额"，66 人及其以上属于"特大班额"。按照国家班额核定标准，野三关镇三所集镇小学全部是"超大班额"，其中民族小学班均人数 82 人和红军小学班均人数 68 人都属于"特大班额"。集镇学校的大班额问题,严重影响着青少年身心健康发展,不利于对学生进行因材施教,不利于大面积提高教育质量;超级大班成倍地增加班级管理难度和教师的教育教学负担。另一方面,硬件设施设备不够,集镇各校教学用房的使用已经达到了最大值,寄宿制学校的学生寝室不堪重负。学校难以正常接受转入学生,不能满足社会各界和广大人民群众的子女要求进入集镇享受良好教育资源的愿望;教室和功能用房的严重不足,使得学校难以按照国家要求真正意义上开齐课程、开足课时,从而影响学生的全面发展,影响全体学生的素质。

2. 乡下学校日趋凋敝,面临生存危机

布局调整的确盘活了优质资源存量,扩大了优质资源增量,但是以中心小学为代表的一批规模化学校的资源配置得以优化,可以说是以乡下小规模学校资源流失换来的。笔者在调查中发现,在一些偏远贫困地区,农村学校的布局调整不仅没有改善农村学校的教学条件,反而使部分学校的办学条件更加恶化。

【案例7:马眠小学,向老师】

"学校缺投入,我刚来时学校没有篮球架,有一个快不行的乒乓球台。直到去年新校长上任,上面给弄了一台旧篮球架和乒乓球台,校园还显得有点生机。问题最严重的是学生课桌,合格率基本为1%。图书室的一些书还是十几年前的,现在来说是摆设,对学生课外补充没有起到作用。凡是留在这里的学生,都是家庭比较困难的。有的甚至基本衣着都成问题,像我了解的一个学生家庭,妈妈精神有问题,爸爸风湿常年卧床,这样的家庭如果没有乡村学校,就没有学上了。"

部分偏远地区的乡下学校近年来投入少,办学条件差。教学楼、住宿楼还是"普九"时期的楼房,学生住宿条件差。生源数量逐年下降,本地服务范围生源大都流向集镇,留在乡校的学生主要是家庭贫困者。因此,乡下学校日趋凋敝,正面临着自生自灭的生存困境。

(五)保留下来的农村教学点办学条件差,教学质量有待提高

农村小学布局调整中导致的教育公平受损的两类群体值得关注。

一类是入学机会受损，它是指由于布局调整所导致的辍学儿童；另一类是教育质量受损，主要指在布局调整中因种种原因被保留下来的教学点，虽然教学点的保留保证了最基本的教育机会公平，但是由于无法享受同样的教育质量，在这类学校上学的学生教育公平也受到了伤害。

在农村地区仍存在一个学校七八个学生的现象，由于村庄离中心小学过远，为了方便孩子就近入学和减轻贫困家庭经济负担，这些教学点只能保留。然而布局调整中保留下来的教学点却变成了被遗忘的角落，基本的教学设施都难以保障。同时，由于学生人数较少，这些学校往往只配备一名教师，并且愿意留下的大多都是年龄较大的教师。这些老师承担了全部教学课程，支撑着乡村教学点，为农村偏远地区教育事业做出了巨大贡献。

【案例8：金象坪教学点】

距离野三关镇4公里的金象坪村，村口不远处有个小学——金象坪教学点。该校只有2名教师和7个学生。教学楼是"普九"时期留下的，紧挨教学楼的是一栋教师办公兼宿舍楼。在教学楼一楼的一间教室里，3个一年级女生和4个二年级男生正在上复式语文课。教室内水泥地面坑坑洼洼，墙角还沾满灰尘蛛网，墙面油漆脱皮，黑板褪色成蓝黑色，几张破旧的课桌摆在正中央。教室里不通电，阴雨天看黑板都有些模糊。冬季天气冷的话，老师带学生们到办公室上课。

复式教学法是农村教学点主要针对学生人数少、年级层次多和教师有限的情况下普遍采用的一种教学方式。表6-7中，69.07%的教师认为复式教学是一种落后的方式，不得已而为之；如果村里只有复式教学班时，58.89%的家长宁愿让孩子去远的学校住宿，也不会上复式班。无论是家长还是作为教师本人，都不愿意进行复式教学，这在一定程度上说明复式教学的课堂分配教学法无法保证教育质量，不受家长们的欢迎。

表6-7　　　　　　　　　　　　**对复式教学的看法**

对复式教学方式的看法	人数	百分比（%）
不同年级学生之间的相互指导，对学生学习有利	12	12.37%
复式教学的学生不一定比其他学生差	18	18.56%
是一种落后的方式，不得已而为之	67	69.07%
如果村里只有复式教学班，您会		
宁愿让孩子去远的学校住宿，也不上复式班	106	58.89%
村里的复式教学班	74	41.11%

听完肖老师的一节复式语文课，笔者感慨万千。正是因为有像肖老师这样的教师坚守并扎根在乡野里，农村教学点才得以保存下来，贫困家庭的孩子才有接受教育的地方。就课堂教学而言，与集镇小学相比，基于人数较少，老师可以做到单独点拨，教学进度慢，教学秩序宽松；但是，由于教师年龄较大，知识结构陈旧，音体美课程也只是流于形式，根本无法做到学生的全面发展，教学质量不容乐观。

（六）农村小学寄宿生面临的挑战

布局调整撤去了部分村小和教学点，同时建设了一批寄宿制小学。农村寄宿制小学分为两种：一是集镇上的寄宿制小学，整体条件较好；二是村级寄宿制小学，寄宿条件相对较差。

1. 村级小学寄宿条件差，缺乏专职生活指导老师

经笔者观察，乡村学校的学生生活比较清苦。宿舍是由原来的旧教室改造的临时寝室，门窗破旧不堪，部分玻璃破碎，墙面脱皮，水泥地面坑坑洼洼，木头架子床组成的大通铺，室内通风差，夏天蚊子多，闷热，一些寝室时有屋顶漏雨现象。走访的几所学校，不论是集镇小学或村级小学的宿舍管理，由于没有生活指导老师编制，且学校办学经费紧张，学生管理问题主要由班主任老师和任课老师兼任。

2. 低龄寄宿儿童自理能力差，适应较慢

在家长卷里，关于家长对孩子住校的态度，44.32%的家长认为住校好处多，一半的家长表示从三年级起住校合适；同时也有35.69%的家长

认为低年级学生自理能力差，最好不住校。小孩子从刚开始住校到基本适应，要经过一段时间。在教师卷里，小学寄宿生达到生活自理的时间统计说明，小学低年级学生适应寄宿生活需较长时间，差不多一个学期或者一年才能适应；小学高年级学生多数在一个月或者一个学期就能适应（如图6-2）。所以在进行学校拆并时，应将低年级学生与高年级学生分开考虑，尽量照顾低年级学生，让其尽量就近入学，或者加强对低年级学生的寄宿生活指导。

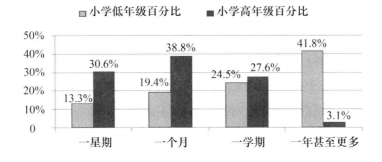

图6-2　小学寄宿生达到生活自理的时间

3. 寄宿制活动范围受限影响学生身心全面发展

人的身心发展受其所处外在环境的影响和制约，小学生的身心要健康发展，更是离不开完整的、有利的外部环境。野三关镇各小学寄宿生大多从三、四年级开始住在相对封闭的校园，有的甚至是从一、二年级开始。寄宿生活，除了上课、做作业、吃饭、休息，其余的时间只能在校园内打转，可玩的游戏、可做的活动没几个。据老师们介绍：孩子们主要以体育活动为主，文艺活动少。大部分乡下学校条件差，体育器材缺乏，由于缺年轻老师，学生人数少，每周的升旗晨训活动基本都取消了，即使是传统的"六一儿童节"也举办不起来，节日氛围感差。而且，身在农村的学生亲近大自然的机会也很少。不能近距离、深入地观察大自然，会影响学生的观察能力、发现问题的能力和感悟能力。过早地开始规规矩矩的校园生活，儿童将会失去其特有的天性——天真烂漫的童真，学生的身心发展必然会受到影响。

（七）农村学校在乡村文化和民族文化传承发展中的缺失

1. 乡村学校的撤并会使农村地位下降，乡村文化传承断裂

对农村社会来讲，学校不仅具有育人功能，还发挥着传承和发展农村文化的作用。农村学校的撤并，使农村文化的传承发展失去了有效的载体，学校对农村地区的文化引导功能也随之缺失，带来的将是更深层的乡村优秀文化传承与发展断裂和对乡土文化认同感的缺失，对我国农村文化建设来说无疑是巨大的损失。

关于农村小学撤并对农村的影响可参见表6－8，51.55%的教师表示村小撤并会使农村地位下降；43.88%的教师认为村小撤并对农村文化生活有很大影响，有一些影响的比例占到47.96%；23.71%的教师认为村小撤并对农民离村会有明显影响，67.01%的教师认为有一些影响；学校撤并导致农村的宜居性降低，农民开始逐渐离开祖祖辈辈生长的家园，会加速农村的空心化现象。

表6－8　　　　　　　　农村小学撤并后对农村的影响

	下降	上升	没影响
对农村地位的影响	50	5	42
	51.55%	5.15%	43.30%
	有很大影响	有一些影响	没影响
对农村文化生活的影响	43	47	8
	43.88%	47.96%	8.16%
	明显影响	有一些影响	没影响
会不会加速农民离村	23	65	9
	23.71%	67.01%	9.28%

【案例9：民族小学，谭校长】

"撤校从表面上是一件小事，但对地方的影响是特别大的。一个地方没有了学校就会出现教育荒漠化。湖北民院提升了整个恩施的品位，三峡大学提升了宜昌的品位。乡村里的小学，每天铃声响起，偶尔举行一次升旗活动，对周边的老百姓都是一种影响，会让他们感受到文明的存在。"

对于家长和学生问卷里的"你希望村里有小学吗"的提问，分别有80.85%家长和80.59%的学生都希望村里有小学。家长们认为"村里有小学的好处"占到总数的99.47%，说明绝大多数村民十分认可村里的小学。首先，农民可以学到些文化知识；其次，留在村里生活的人会更多且使村里更有活力等。学生原本就是朝气蓬勃的群体，学校的出现让农村生机勃勃，对年轻人逐渐减少的农村来说，增添了活力和朝气。

由此可见，乡村学校作为乡村文化传播的中心，在农民心目中的地位很高。随着小学撤并、城镇化的发展，经济条件好的农民开始搬离农村，经济条件中等且有一定能力的农民外出打工，同时将子女送到外面读书，剩余的农民部分出去陪读，部分留在村里干活，整个农村剩下的都是贫困家庭和老人家庭，呈现一片萧条景象。这说明在一定程度上撤了学校，使村里没有了文化传播中心，农民文化生活贫乏；村里没有学校，没有了孩子，没有了年轻的父母，会加速农民离开农村。乡村小学的消失，加之学生远离家庭寄宿于学校，致使农村孩子过早地离开了生养其的乡土社会，使得他们从小就与乡村生活隔绝，这样的孩子缺乏对乡村的感情，更加强化了对农村社会的逃离。

2. 民族地区农村小学在民族文化传承发展中的缺席

民族文化课程作为一种民族文化的学校传播形式，通过学习该课程来了解本民族的文化习俗。布局调整后，所有学校集中起来办学，同时为了应对当前居主流地位的应试教育，学校忽视了原有民族传统文化的教育，许多独特的民族文化课程正在逐步取消，即便开设的一些课程大多也是流于形式。民族地区农村学校在民族文化传承发展中的缺席，使得许多民族特色文化慢慢流失，民族文化的传承面临着巨大问题。笔者与各学校校长和老师们谈到有关民族文化课程的话题时，他们一致的说法是："我们按国家规定统一开设了课程，基本没有民族文化类课程、校本课程和地方课程。本来师资有限，同时野三关在这块比较薄弱，不成体系。"

学生卷里，知道自己民族的传统民族服饰和风俗习惯的学生占19%，只是知道一点的占总数的65%，还有16%的学生表示根本不知道。野三关镇位于民族地区，74.9%的人口属于少数民族，土家族文化在学校教育中的传承形式却基本没有，学校没有开设相关民族文化类课程，只是作为补充材料了解，大部分学生对自己本民族文化也只是了解一点。因此，如何加强民族地区学生对其优秀民族文化和地方文化的认知和传承，还需要进一步创新学校民族文化传承教育的方式和内容。

二　野三关镇农村小学布局调整存在问题的原因分析

（一）地方政府在执行教育政策中未充分领会因地制宜原则的本质

我国地域辽阔、地形复杂、地区经济差异较大，特别是在广大边远农村地区山路弯曲，地图上显示的距离不一定是实际距离。因此，布局调整应始终坚持因地制宜与实事求是的基本原则。然而，一些地方政府开展布局调整工作时，缺乏对当地农村社区、地理、农民经济收入等实际情况的深入调研，制定的调整标准不符合山区地形实际，调整工作带有较大的随意性。有的地方盲目地"一刀切"做法，严重忽略了边远地区人口密度大、地势复杂等客观因素，致使许多偏远农村山区学生上学路途遥远，极为不便，使不少农村儿童陷入求学困境，严重影响了农村义务教育的持续健康发展。因此，农村学校布局调整工作除考虑学校规模、服务范围因素外，同时对一些边远贫困地区农民经济承受能力、低龄儿童生活自理能力、复杂的地理环境及民族传统文化等因素也不能忽视。

（二）执行者在学校布局调整实施过程中没有很好地贯彻党的群众路线思想

家长问卷调查里，关于"学校撤并，是否征求您的意见"，57%的家长在撤并过程中没有被征求过意见。调查说明：绝大多数家长未参与决策，成为沉默的大多数。本村学校被撤并，近6成的家长表示根本不知情，地方政府在执行撤并决策时，行使单向决策权，民众参与率低。有研究显示：缺乏民众广泛参与的决策，往往导致人民群众对政策的认同度和可接受度不高。[①] 民众的低参与率反映出学校撤并决策程序的不公正性，势必会影响民众对学校撤并效果的满意度和认同度。在学校布局调

---

① 李大治、王二平：《公共政策制定程序对政策可接受性的影响》，《心理学报》2007年第6期。

整中，普通农民、低收入者及边远山区群众在社会中处于弱势地位，他们的利益诉求在政策制定和执行中常常难以得到充分表达、尊重和保护，对学校撤并决策的不满意感也更强烈。可见，执行者在学校布局调整实施过程中没有很好地贯彻党的群众路线思想。

群众路线是毛泽东思想活的灵魂的三个基本方面之一，就是一切为了群众，一切依靠群众，从群众中来到群众中去。党的群众路线思想在农村学校布局调整工作中主要表现为：首先，一切为了学生，要在保障每个农村儿童能够得到教育机会的前提下，对农村教育资源进行合理、有效、切实可行的优化与整合。其次，在哪里受教育、受何种教育是直接关乎老百姓培育子女的切身事宜，学校的存留作为村民家长有知情权、参与讨论权。最后，地方政府在做教育决策时，须深入农村地区调研，充分了解当地学校规模、农民经济收入和民众的意愿，因地制宜，构建合理的撤并标准和公正的撤并程序，确保民众的实质性参与。

（三）"一刀切"撤并的做法忽视了教育公平原则，没有全面体现教育的人本理念

国家实行学校布局调整的初衷是通过学校布局结构调整，在宏观层面上，缩小教育发展的差距，促进教育均衡发展；在中观层面上，实现教育资源的合理配置，提高义务教育阶段的教育质量与效益；微观层面上，节省人力、财力、物力，促进教师队伍的优化组合，提高资金、设备及校舍的使用效益，实现规模效益。① 从这些方面来看，学校布局调整的出发点是好的。但是，在实施学校布局调整的过程中，一些地方由于没有正确理解中央关于学校布局调整的政策，没有依据当地实际因地制宜地开展，盲目地搞"一刀切"做法，对保留下来的乡村完小和教学点采取任其自然发展的态度，导致越来越多的生源流到集镇，使集镇学校爆满，发展空间受限，超级大班无法使学生得到真正的全面发展；而乡村学校投入减少，教师结构失衡，优质教师缺短，生源大量流失，也面临难以发展下去的局面。

产生上述问题的根源是在学校布局调整过程中，地方政府更多地坚

---

① 王嘉毅、吕晓娟：《教育公平视野中的农村学校布局调整》，《甘肃社会科学》2007 年第6 期。

持了"效率优先"的价值立场，片面地追求效率而忽视了教育公平问题，没有全面体现教育的人本理念。学校布局调整在一定程度上取得成效的同时，也产生了对弱势群体的新的不公平。在农村山区，学校的撤并意味着学生为了分享教育资源，行使受教育权，就必须忍受更长的上学路程；家长经济负担加重和生活压力变大，原本由地方政府负担的办学成本转嫁到农民身上，在一定程度上损害了经济落后、山大沟深的贫困山区和地广人稀、交通不便的偏远地区经济利益，他们的教育无法得到保障；城镇学校班额过大不利于师生情感信息的交流和反馈，也不利于教育质量的提高和学生公平的接受教育。

【案例10：耳乡湾村松木垭教学点】

耳乡湾村距离野三关镇50公里，村里主要是毛坯路，交通不方便。由于村子较大，共12组散居在各个角落，总人口为1517人。种植业以传统种植为主，养殖业没有形成规模化发展。农民主要靠外出务工增加收入，2011年人均年收入约为3875元。

耳乡湾村有两所小学，联村办的耳乡小学和松木垭教学点。从1组到12组，道路坑坑洼洼，崎岖不平，乘车约40分钟。基于实际情况，1—7组学龄儿童就近到耳乡小学，8—12组的适龄儿童相对就近到松木垭教学点读书。

松木垭初级小学始建于1970年，由村里出资建房；2003年"普九"期间，村里出资进行校园翻新建设；2008年，因教学楼成危楼无法继续使用且生源减少，上级部门要求合并到耳乡小学。附近组的村民们不同意，主要是因为附近几组低龄儿童因家庭贫困或年龄尚小无法自理而面临失学局面。合并到耳乡小学上学也远，山路乘车约半小时多，只能住宿且教学质量不高。若到集镇读书，一年级开始住宿，托管费、交通费和生活费开支很大，家庭经济压力大，低龄儿童也无法达到生活自理。

尽管村民都不同意，但在地方政府布局规划下，此教学点还是被撤掉了。后来，村民为了解决孩子上学问题，多次联名上访要求恢复这个教学点。2011年，家长们集资租用九组一间民房，聘请一位退休教师，将此教学点勉强恢复起来，成为村民集资与拨款相结合的民办教学点。

案例分析：

> 透过松木垭教学点的撤并、上访、村民集资恢复教学点这一过程可以看出，农民集资保留学校，说明了农民对教育的强烈需求。方便山大人稀地区的儿童就近入学、减轻部分贫困家庭经济负担是农民办学的内在动力。

> 耳乡湾村从地理位置来讲，属于偏远山区农村，到集镇乘车单程需要至少2个小时，而且一天来回只有一趟班车；其次，传统种植业和养殖业不具备规模发展，农民的经济收入较低，主要靠外出务工增加收入；再次，村内未通公路，地形高低起伏，所有小组村民适龄儿童集中到耳乡小学读书，家校距离远近有很大差异。基于这样的现实情况，村内保留这个教学点很有必要，也是老百姓的愿望。然而，地方政府按照布局调整规划，属于撤并的范畴，并强制执行。从以上撤并程序来看，地方政府没有充分了解当地农村实际情况，倾听人民的心声，只是一味地按照布局规划和在校人数规模生硬地执行方案。

结合上述案例和调查可知。第一，地方政府在撤校原则中未真正领会"因地制宜"原则本质，针对不同农村的地形条件和农民经济收入，在不同时段进行适宜的调整。第二，执行者在实施过程中没有很好地贯彻党的群众路线思想。"一切为了群众，一切依靠群众，从群众中来到群众中去"，要求在撤校并校的过程中，以民为本，为人民服务，办人民满意的教育，积极调动广大人民的积极性，参与讨论，在群众的意见基础上做出决定。第三，盲目地坚持办学的规模效益，而忽视了教育公平原则。期望让所有人享受更优质教育，但是尽管村民对优质教育机会也有强烈需求，但在教育需求多元化的今天，优质教育机会并非所有家长的唯一选择。多数家长在希望能享受到优质教育机会的同时，更希望自己的子女能够就近、安全、方便的求学。如果孩子读书不方便或者教育费用超出家庭经济支付能力，他们宁愿舍弃优质教育机会而保留村校和教学点，以方便孩子就近入学，特别是山区、交通不便地区村民的这一反映更为强烈。

从以上材料中可以看出，野三关镇农村小学布局调整已经产生的或者隐藏的问题主要表现为：山区农村路途遥远，学生上学不方便；受教育成本上升，贫困家庭经济负担加重；农村教师队伍匮乏，生存状态堪忧；保留下来的农村教学点办学条件差，教学质量有待提高；农村小学寄宿生面临的挑战；农村学校在乡村文化和民族文化传承发展中的缺失。

产生上述问题的主要原因包括：地方政府在执行教育政策中未充分领会因地制宜原则的本质；执行者在学校布局调整实施过程中没有很好地贯彻党的群众路线思想；"一刀切"撤并的做法忽视了教育公平原则，没有全面体现教育的人本理念。

第四节　改善武陵民族地区农村小学布局调整问题的对策思考

"八山半水半分田，一分道路和庄园"是武陵山区自然环境的真实写照。山同脉、水同源、树同根、人同俗、经济同型，民族融合和文化开放程度高，内外交流不存在语言文化障碍。此外，自然环境长期闭塞及现代化影响程度的相对较弱使得当地社会经济结构明显偏重于传统农业，生产力水平大多处于相对粗放的扩张状态，主导产业的市场竞争力普遍较弱，经济总量规模小。武陵山地区自然生态环境、文化生态环境和社会发展状况具有一定的整体相似性。野三关镇位于武陵山区，通过对野三关镇农村小学布局调整的调查研究，更加深入客观地再现了民族山区农村小学教育的真实状态，进而因地制宜地探索武陵地区农村小学进行合理布局的改善策略，促进武陵山区农村小学科学发展。

一　优化武陵地区农村小学布局调整应坚持的原则

农村学校布局调整是指农村学校在哪里办学的问题，合理的教育布局能使教育资源得到充分有效的利用。在哪里办学不是静止不变的，而是随着经济社会的发展，特别是人口数量和空间分布变化而不断调整，并且是一个渐进的、长期的过程。① 过去十余年布局调整历史，有成功经验推广地区，但更多焦点所关注的是贫困山区上学遥远、农村教学点的边缘化问题。因此，暂停布局之余，通过笔者实地调查，在总结成功经验和汲取失败教训的基础上，探索农村学校优化布局应坚持的原则，为未来随着城镇化发展和地区经济实际进行适时调整提供思路。

（一）坚持因地制宜、合理布局原则

在学龄人口总量趋于减少的大背景下，农村学校布局调整首先表现为撤并学校。学校撤并包括两层含义，一是撤销或关闭学校，二是把原来的学校变更为教学点。对于广大城市和平原地区，交通条件好，布局调整相对来说简单，而武陵民族地区山大人稀，地形条件复杂，贫困人口覆盖面广，依据一般标准操作难度可能很大。因此在统筹规划农村学校布局调整的过程中，地方政府和教育行政部门要根据国家颁布的调整纲要，坚决遵循实事求是、因地制宜、合理布局的基本原则，认真进行实地调研，科学论证，综合考虑各种因素，结合当地经济和社会发展实际状况，制定调整规划和具体实施工作，切忌搞"一刀切"做法，努力构建科学合理的布局调整标准。

国外有学者把儿童入学距离用三种方法衡量：一是物理距离，即实际的空间距离，用公里衡量；二是文化距离，当儿童不得不离开自己的社区到另一个把他们当作外人并对他们不友好的社区上学，从而导致辍学的距离；三是时间距离，考虑如山地、河流、森林等自然条件的阻碍而延长上学途中的时间。② 有学者根据服务半径、服务人口、学校规模、班级规模和班级数量五个指标，对不同地理条件地区（山区、丘陵、平原）分别确立了农村学校布局标准。如山区走读小学，服务半径以 1.5—2 公里为宜，最远不应超过 3 公里；服务人口 2500—5000 人左右；学校规模为 200—400 人左右，班级规模 30—40 人为宜，每所学校设 6—12 个班。小学低年级学生上学距离超过 3 公里，上学时间超过 50 分钟时，应

① 范先佐：《农村中小学布局调整的原因、动力及方式选择》，《教育与经济》2006 年第 1 期。

② Douglashman. Bringing the school to the children: shortening the Path to EFA［R］［EB/OL］http://wwwl. worldbank. org/educationnotes. asp. 2003－8.

保留或设立教学点来解决学生上学的问题；教学点的规模一般保持在10—30 人左右，如果人数不足可考虑采用隔年招生的方式来解决。①

以上学者制定的布局调整标准主要从人口密度、覆盖范围、上学距离和学校规模来考虑，这些衡量指标过分追求对"物"的关照，而缺乏对"人"的关怀，如农民家庭经济状况、村民教育意愿、学生年龄特征、心理承受力以及村落文化传统等因素，这也是导致农村小学布局调整出现问题的重要原因。在已有条件的基础上，笔者将农村学校撤并标准分为三大类，物质性约束条件、社会性约束条件和教育性约束条件。学校布局调整的物质性约束条件主要包括自然地理条件和交通条件。社会性约束条件包括人口、民族、宗教、社会治安、家庭生存形态、地方政府资金供给和人民教育意愿六个方面。教育性约束条件主要是遵循教育规律和办学规律，包括学生身心发展、学校与农村社区关系、学校自身历史文化和学校功能发挥四个方面的条件。

（二）坚持撤并程序公正、民众参与原则

学校撤并决策的程序公正就是在学校撤并问题上事先要有一套程序性的制度安排，确保信息公开、多方参与、过程民主和决策科学。农村学校撤并是一个敏感性很强的公共决策，涉及受影响主体的多方面利益，然而在现实中学校撤并行为过于简单化，缺少必要的程序。2012 年 9 月国务院下发的《关于规范农村义务教育学校布局调整的意见》中正式强调："应履行撤并方案的制订、论证、公示、报批等程序，并通过举行听证会等多种有效途径，广泛听取学生家长、学校师生、村民自治组织和乡镇人民政府的意见，保障群众充分参与并监督决策过程。开展农村义务教育学校布局调整专项督查。"② 可见农村学校撤并决策不仅考验着地方教育行政部门决策的科学化与民主化水平，还彰显着国家推进民主决策、民主管理和民主监督的村民自治改革的效果状况。为了保证农村学校撤并程序的公正性，需要构建完善公正的程序步骤。

---

① 王远伟、钱林晓：《关于农村中小学合理布局的设计》，《华中师范大学学报》（人文社会科学版）2008 年第 3 期。

② 《国务院办公厅关于规范农村义务教育学校布局调整的意见》，国办发〔2012〕48 号，http：//www. gov. cn/zwgk/2012 – 09/07/content_ 2218779. htm。

第一，收集与分析学校运营事实。成立由村民代表、家长代表、教师和学校领导代表、人口统计专家和上一级行政机关代表等组成的"学校撤并咨询委员会"，对哪些学校要撤并或者保留进行全面了解、评估和分析，将自主开展的调查结果向教育局形成报告。第二，研究与制定学校撤并标准。根据当地实际情况，参考农村学校撤并标准，从物质性约束条件、社会性约束条件和教育性约束条件三个方面综合考核。第三，讨论与决定学校撤并名单。根据学校撤并咨询委员会研究报告中的分析与结论，向县政府报告学校撤并初步意见。同时，组织召开"学校撤并公开会议"，县政府领导代表、被初步列入撤并名单的学校领导和教师代表、拟接收撤并校学生与教师的学校代表、拟撤并校所在村庄的村民代表和学生家长代表参加，通过举行听证会形式听取民众提出的反映强烈的重要意见，决策者必须在最后决策中做出回应。第四，告知与公布师生调转计划。学校布局调整的最直接受影响群体就是学生和教师，可成立专门的师生调转工作组，负责师生的整个调转工作，包括与接收学校联系和安排工作等。第五，评估与处置学校空闲资产，保证调整后的校舍等资产用于发展教育事业。

同时，建立法律保障，开展农村小学布局调整的专项监督。首先，将学校布局调整纳入法律保障范畴。建立学校布局调整法，对学校撤并程序给予严格的法律规定，民众参与是其核心内容之一。其次，应健全和完善政策执行监督机制。必须设立专门机构，独立监督政策的执行和独立评估政策执行的效果。通过评估和监督可以及时纠正错误，完善不足，从而使布局调整政策得到更有效的实施。

（三）坚持以人为本、更加注重教育公平原则

教育的终极目的是培养人，而学校是重要的教育场所，学校无论在何种意义上讲，都以人的培养为重要使命，人这一要素是布局调整的出发点和最终归宿。教育本身的目的是致力于人的发展，核心是以人为本，即坚持学校布局调整要在方便学生就近入学的前提下适当合并，便于学生上学，尤其是小学低龄儿童绝不能因为调整而造成上学远、上学难。在交通不便的地区仍需保留必要的教学点，防止因布局调整造成学生辍学。

教育均衡发展与教育公平二者关系表明，均衡发展实质上是手段，

教育公平才是最终目标。① 教育资源配置的均衡是教育均衡的基础，而学校布局调整是新时期实现教育均衡发展的重要机遇。因此，恰当地通过农村学校布局调整优化教育资源，实现城乡之间、校际之间均衡发展，平等地对待每一个学生，让他们能够享有同等机会和同样优质的教育。更加注重教育公平，即学校布局调整在保证每一个儿童享有教育公平待遇的前提下，努力争取教育资源配置的最优化。要在保证每一个儿童有学可上、享有教育权利平等和教育机会均等的基础上，讲求教育资源的优化配置，绝不是只讲经济效益，放弃教育公平。

二　改善武陵地区农村小学布局调整问题的具体对策

"教育公平包含教育资源配置的三种合理原则，即平等原则、差异原则和补偿原则。"② 消除差异，实现整齐划一仅仅实现了教育公平中的平等原则。还需实行有差异的公平，针对不同地区采用多样化的办学形式，而不是简单地将农村教育全部积聚到城镇集中办学，用城镇教育代替农村教育。在发展城镇教育时，也要加大投入改善乡村小学和教学点办学条件、更新设备、优化师资，提高教学质量，增强乡村教育的吸引力，促进校际间教育均衡发展。同时，对于弱势群体实行补偿原则，主要体现在教育资源的配置上，应该向弱势地区、弱势学校、弱势群体倾斜。对于弱势地区，政府应该加大教育投入，采取切实有效的措施逐步缩小教育差距；对于弱势学校，集中力量加快薄弱学校改造进程，积极帮助和支撑薄弱学校在硬件设施以及师资力量方面达标；对于弱势群体，政府应该采取补助措施，使他们都能够享有教育机会平等。

（一）加大教育投入，改善农村学校办学条件

武陵山区地方政府在当地经济发展中的处境可以用"吃饭靠财政、运转靠收费、建设靠举债"来形容，由于教育经费筹资渠道单一，政府教育经费仅能使学校达到"保安全、保运转"的水平，政府在学校硬件

---

① 瞿瑛：《义务教育均衡发展政策问题研究：教育公平的视角》，杭州大学出版社 2010 年版，第 7 页。

② 王嘉毅、吕晓娟：《教育公平视野中的农村学校布局调整》，《甘肃社会科学》2007 年第 6 期。

设备更新、体育艺术设施等方面的经费投入明显不足。《国家中长期教育改革和发展规划纲要（2010—2020）》强调，应"进一步加大农村、边远贫困地区、民族地区教育投入。中央财政通过加大转移支付，支持农村欠发达地区和民族地区教育事业发展，加强关键领域和薄弱环节，解决突出问题"。① 武陵山区是典型的老、少、边、穷、山地区，目前贫困覆盖面广，贫困人口基数大。加之生产力落后、自然条件相对恶劣、交通闭塞、资金不足，直接教育投入少。因此，国家公共教育资源应对武陵山区倾斜，根据"城乡统筹、资源整合、因地制宜、实事求是、合理设置"的原则，建立以中央投入为主、地方投入为辅的经费投入保障机制。调研中，当地师生和干部的看法是：现在农村小学陷入了两难境地，集镇学校因为人数的不断扩张、教学基础设施紧张，致使其不堪重负，困难重重。而乡村小学因为诸多困难，也难以维持。对于缓解这种两难境地，笔者从以下两方面进行了思考。

1. 改善集镇学校基础设施，缓解大班额现象

通过扩建或新建集镇学校，使布局调整后的学校真正实现教育质量的提升。对于城镇学校普遍存在的"超级大班"问题，第一，加大财政对农村教育的专项经费投入力度，改造办学条件，增加教职工编制，缓解城镇学校教育供给有限问题。在硬件方面，从最基本的改水、建厕、建食堂和澡堂等工作做起，搞好基本生活设施配套建设，切实保障学生和教师的基本生活；从教学环境建设方面，配置一定数量的课桌椅、图书、实验设备和体育器械等，满足学生学习、生活和运动的需要。第二，严格控制班额人数和学校规模，争取每班控制在 50 人以内，做到小班教学，让学生在快乐氛围中学习成长。

2. 切实加大对乡村小学投入，实现校际间教育均衡发展

乡下学校的存在，一方面可以减轻部分老百姓的经济负担，另一方面也能够缓解城镇巨型学校的压力。因此，国家应适当向偏远乡村地区倾斜，通过专项资金、转移支付、对口支援、生活补助等各种措施，在保障生均基本公用经费的基础上，加大扶持以满足偏远山区薄弱学校教

---

① 《国家中长期教育改革和发展规划纲要（2010—2020）》，http://www.gov.cn/jrzg/2010 - 07/29/content_ 1667143. htm。

育教学的需要，并建立强有力的监督机制保证教育投入；对偏远农村学校的教学设施、图书资料等进行无偿划拨或增加比例；为鼓励优秀教师安心在偏远落后的农村地区工作，地方财政要在对教师工资实行统一发放的基础上，为相对偏远落后地区的教师增发额外补贴，并设立农村教师培训专项基金，专款专用。

同时，也要集中精力办好一批武陵地区标准化乡村校园。建议国家设立教育专项经费资助，重点实施"危房改造工程"，使武陵地区学校基础设施达到国家标准，保证该区学校基础设施能够满足办学要求，从而实现校际间教育均衡发展。

（二）完善农村教师补充机制，不断提高专业水平

教师是教育发展的主导，农村教师是农村教育的脊梁。加强武陵山区师资队伍建设，是发展武陵山区民族教育的必由之路。武陵山区是少数民族地区，又是贫困山区，民族教育的这种特殊性使师资队伍建设任务更加艰巨。在"三支一扶"计划、"特岗计划""农村教师资助行动计划""免费师范生"计划等政策的支持下，每年都有许多高校毕业生到农村学校任教，一定程度上缓解了武陵山区师资队伍总量不足和结构不合理等问题。但是在城乡二元结构下，农村经济社会发展相对落后，农村教师队伍长期存在进不去、留不住的情况，造成了农村教师队伍不稳定。这种"接力棒式"的"援教"行动，无法从根本上解决贫困地区教师人才匮乏的问题，许多地区依然没有相对固定的、专业化的教师队伍。因此，要改善武陵地区农村教育，须造就一支师德高尚、业务精湛、结构合理、充满活力的农村教师队伍，使师资队伍在数量上得以保证，质量上得以提高。

1. 完善教师补充机制，让农村教师下得去

第一，需要根据地区特点，创新实施适合武陵地区发展的教师补充与流动机制，继续实施教师"特岗计划"，并完善对"特岗教师"的监管政策，明确工作职责。第二，进一步扩大定向免费师范生的招生规模。尽管 2008 年国家已在六所部属师范院校实施免费师范生教育，但是招生名额明显不足。国家应支持在武陵山区地方高校尝试实施"免费师范生计划"，并列入国家培养计划，采取订单式培养，为当地留住人才，鼓励地方土生土长的少数民族优秀毕业生回到该区工作。

2. 改善地位待遇，让农村教师留得住

海南省将从 2013 年 9 月开始，为边远地区教师每月发放 300 元的生活补助，以建立改善艰苦边远地区学校教师生活和教学条件的长效机制，推动全省义务教育均衡发展。[①] 武陵地区可以借鉴海南省这一模式，为民族偏远山区教师设立生活补助，从已有的教师周转房建设工程项目中专门安排一部分资金，用于民族偏远山区教师工作间的建设；为民族偏远山区教师按照人均 200 元的标准安排经费，购置图书、报纸和杂志；建立民族偏远山区学校教师省级轮训制度，倡导扎根服务式智力支持，使之在武陵山区"扎根发芽"。

3. 提升业务素质，让农村教师教得好

实施教师"国培计划"、骨干教师定期轮岗计划、寄宿制学校生活教师培训项目等，提高现有教师的教学水平和综合素质。建立农村教师培训财政投入的保障机制，明确责任主体，对于培训经费，特殊拨款，由中央、各级政府纳入财政预算。县级教师培训机构应进一步提高为农村教师发展服务的意识和质量，提高培训目标、内容、课程的针对性和实效性。同时，针对目前一些教师培训机构不适应教育改革的实际，建立对培训机构资质进行考核的评估机构，根据相关资质指标体系进行动态评估。

4. 在农村学校推行特殊的教师编制管理

武陵山区的乡村学校多处于贫困山区，地广人稀，教学点多，目前还存在"一师一校"的现象，这些农村教师承担的教学任务过重，质量难以保证，主要原因在于现行按"师生比"管理教师编制制度存在的不足。农村学校撤并集中办学后，城镇寄宿学校的生活管理、后勤管理、心理咨询等人员没有列入编制管理范围，增加了任课教师的工作负担。通过改革现行教师编制管理制度，将上述教学与管理人员按"师生比"单列编制，根据"总量控制、统筹城乡、结构调整、有增有减"的原则设置教师编制比例，保证农村学校各项工作有序开展。

---

① 《海南为艰苦边远地区学校教师按月发放生活补助》，《中国教育报》，2013 年 10 月 1 日，http://www.jyb.cn/basc/xw/201310/t20131001_ 554269. html。

（三）保留偏远山区农村教学点，根据城镇化发展进程和当地经济实际，适时调整农村学校布局

2012 年 9 月国务院下发的《关于规范农村义务教育学校布局调整的意见》再次强调："人口稀少、地处偏远、交通不便的地方应保留或设置教学点，办好村小和必要的教学点。"在农村社会中还存在小学教育需求的地方，适当存在教学点，既可以让儿童在熟悉的家庭环境下接受义务教育，给农村增添生命的活力，又可以减轻部分农村贫困家庭的经济负担。这就要求我们不仅不能撤这些地方的教学点，而且还要给予足够的重视、支持和投入，切不可随其自生自灭。

1. 应保留偏远山区农村教学点，补齐城乡教育均衡发展最短的板

武陵地区所属省市区必须统筹考虑城乡经济社会发展、未来人口变动和人民群众的现实需要，实事求是、科学规划。对于那些偏僻、地广人稀、交通不便，不具备集中办学条件的地方仍应保留教学点。联合国教科文组织认为，"教育系统的首要目标，应是减少来自社会边缘和处境不利阶层的儿童在社会上易受伤害的程度，以便打破贫困和排斥现象的恶性循环"。① 教育公平首先要指向那些处于社会最底层的孩子。将有限的公共教育资源投向农村教学点，无疑是通过教育公平促进社会公平最紧迫的任务。一般而言，教学点往往散落在交通不便、山大人稀的农村，由于地处偏远而家庭经济条件较差，这需要教育系统给予他们更多的关爱和照顾，补齐城乡教育均衡发展最短的板。

第一，鼓励乡镇各完小与教学点结对帮扶，建立优质资源定期下乡的制度。实施"音体美下乡"计划，实行跨校巡回授课制度，帮助偏远农村教学点开齐、开足、开好国家课程和地方课程。第二，实施教学点教师福利保障制度，给教学点教师适当增加绩效工资，并在评优、职称评审等方面予以倾斜。第三，充分利用现代远程教育手段传送优质教育资源，保证其教育教学质量。教育信息化是欠发达地区教育赶超发达地区、实现教育现代化的突破口。在武陵地区边远、交通不便的教学点，加快教育信息化进程，大力推行光盘教学与教师教学相结合的教学

---

① 联合国教科文组织国际教育发展委员会：《教育——财富蕴藏其中》，教育科学出版社 1996 年版，第 129 页。

方式弥补教师的不足，尽可能使边缘地区师生能够享有最大限度的优质教育。

2. 根据城镇化发展进程和当地经济实际，适时调整农村学校布局

2013 年 3 月教育部部长袁贵仁在十二届全国人大一次会议第二次全体会议结束后，接受了媒体关于"农村撤点并校是否已经失败"的采访。袁部长表示："农村撤点并校是客观需要。总体上是好的，并不是失败的。但在撤并过程中出现操之过急的情况，有些应当保留的教学点没有保留。所以教育部要求，做好规划，再来考虑。在没有做好规划之前，暂时停下来，并不是说这件事做错了。"① 从袁贵仁部长这段话里，最起码表明了中央教育高层对以撤点并校为主的布局调整的两层含义，一是撤点并校政策是人口减少的客观需要和城镇化发展的必然趋势，并且总体上取得了较好的效果；二是由于有些地方在执行政策的过程中，没有做到因地制宜，对偏远山区盲目的"一刀切"做法造成一系列严重的问题。这些问题有悖国家政策的初衷和我党的群众路线思想实质，因而国家采取了全国暂停令，要求制定好规划再来考虑。

因此，随着城镇化建设的加速，关于武陵山区农村学校的撤并工作，仍然要在充分论证的基础上，不失时机地进行必要的学校布局调整。切不可再来一次"一刀切"，走向另一个极端。即各地在总结布局调整成功经验和汲取失败教训的同时，应遵循因地制宜、合理布局原则，坚持撤并程序公正、民众参与原则和以人为本、更加注重教育公平原则，"成熟一所，调整一所"，充分考虑不同地区地理环境的特殊性和农民群众的可接受程度。对条件成熟宜撤并的地区，让人民群众早日享受优质教育资源；对于城镇化程度较低的村落或者是交通不便的山区，那么教学点就应该被保留下来，并且政府应该提供学校运转经费，平等对待被保留的教学点，只有这样才是促进教育的真正公平。

（四）建立相应的补偿机制，减轻贫困家庭的经济负担

"差别补偿"是罗尔斯理论的重要内容。罗尔斯认为，由于"不同的社会地位，生于不同地位的人们有着不同的生活前景，而这些前景部分

---

① 《教育部部长袁贵仁：农村撤点并校并未失败》，人民网，2013 - 03 - 09，http：//lianghui. people. com. cn/2013npc/n/2013/0309/c357183 - 20734915. html。

是由政治体制和经济、社会条件决定的。这样，社会制度就使人们的某些出发点比另一些出发点更为有利。这类不平等是一种特别深刻的不平等。他们不仅涉及面广，而且影响到人们在生活中的最初机会"。然而这种不平等却是个人无法自我选择的，因此，"它们就是社会正义原则的最初应用对象"。① 按照罗尔斯倡导的"公平的正义"理论，正义原则就是要通过调节主要的社会制度，尽量解决社会的不公平问题，正义的方式就是以满足弱者的利益为前提同时能够增加所有人利益的方式。通过补偿差距，实现教育公平。

武陵山区存在贫困人口分布广、贫困程度深、脱贫能力弱等现实问题。20世纪80年代，国家有关部门把武陵山区划为全国18个集中连片贫困地区之一。2010年农民人均纯收入3499元，仅相当于全国平均水平的59.1%。以湖北恩施土家族苗族自治州为例，目前该州贫困人口高达124万人，占农村人口的36.3%，贫困人口比例非常高。武陵地区在农村学校布局调整过程中要兼顾家庭、学校和社会等各方的利益，既要提高国家、地方教育投入的使用效率，又不能增加农民的教育负担。要让学校布局调整工作造福于民，就需要对边远贫困地区的家庭做出政策性的补偿，补偿主要包括生活费、伙食费、交通费等。第一，在条件成熟的一些地方应实施免费的校车计划，鼓励地方政府或学校购置校车接送学生上学。第二，加大贫困生资助力度，完善国家助学制度。国家在加大资助力度前提下，武陵地区各省市教育行政部门建立"小学贫困生数据库"，统一认定贫困标准，比如像孤儿、父母或学生残疾者、家庭有重大灾难者，为符合条件的贫困生发放"贫困学生卡"，让真正家庭困难的学生得到更多的补助，切实保障贫困学生接受教育的机会和权利。

（五）完善村级小学寄宿条件，关注学生身心发展

武陵山区境内山峦起伏、沟谷纵横，学校分布散，寄宿制学校是农村学校布局调整工作开展之后，解决学生上学远的一条重要途径。因此，国家应加大投入力度，尽快完善寄宿制学校办学条件，增加生活老师，配备学生生活、学习娱乐等所需设施，要让学生住得满意。

---

① ［美］约翰·罗尔斯：《正义论》，何怀宏等译，中国社会科学出版社1988年版，第5页。

1. 改善村级小学寄宿条件

由于寄宿制学校比走读制学校需要更多的建设和管理资金，比如组织寄宿生上晚自习所消耗的电费和教师额外劳动投入等，政府应按照一定比例给予寄宿制学校资金倾斜。食堂、宿舍、浴室等实际需要的配套设施要积极落实，在现有的食堂、宿舍的基础上，视当地实际情况进行"拆、修、建"结合的办法提高食堂、宿舍的建设标准。争取达到六到八人一间宿舍，并配备一定数量的盥洗室、厕所；在保证食品安全的基础上要求食堂菜品丰富多样，荤素搭配，满足学生身体生长需要。

2. 增加寄宿制学校的生活教师编制

寄宿制学校同时承担了学校教育和家庭教育双重责任，而生活教师则主要肩负着家庭教育的责任。小学生年龄小，自理能力差，还没有完全学会照顾自己的日常生活。生活教师的配备不仅能照顾学生生活、保障安全，而且在集体学校生活里，还能引导并帮助他们养成良好的生活习惯。所以，教育行政部门应该在合理的师生比范围内适当增加寄宿制学校的生活教师编制，每50名住宿生配备1名生活老师。一定数量的后勤人员，一方面可以减轻任课教师的压力，另一方面能够保证寄宿制学校学生日常学习与生活有序高效地运转。

3. 丰富课外活动，关注学生身心健康

第一，农村寄宿制学校可以通过举办知识竞赛、益智游戏以及动手课等活动来调动学生学习、思考和动手的兴趣。第二，定期适当开展师生郊游，并确保安全。走进大自然，观察大自然，可以培养学生的观察能力和感悟能力，恢复儿童天真烂漫的童真，增加孩子对乡土生活的认识。第三，关注学生心理变化，建立与家长的长效联系机制。根据学生身心发展特点，小学阶段的孩子对父母的依赖性最大，需要父母更多的关爱。因此，学校应统一建立与家长联系的长效机制，及时反映学生的学习和心理状态变化，关注学生的成长。不仅要让学生学会知识，更要学会生活、学会关心、学会发展、学会创造，促进学生全面和谐发展。

（六）重现农村学校在乡村文化和民族文化传承发展中的作用

教育人类学把教育看成是文化的一种生命机制，教育本身就具有文化的特征，正是在教育的作用下，文化才得以产生，得以保存、积淀，得以弘扬、创造、发展。① 文化是教育的内容，教育是传递文化的工具，学校教育是文化保护传播的重要场所，应重视乡村学校的文化功能。

1. 发挥乡村学校文化功能，促进乡村文化传承与发展

农村学校作为农村文化传播与发展的中心，不仅承担着教书育人的职能，更是农村重要的文化资源，其文化设施及文化活动等文化功能成为农村文化阵地，承载着传承与发展农村文化与民族文化的使命。因此，在学校布局调整中要保证农村学校的文化功能，重视学校文化建设，深入挖掘乡土文化资源，将学校文化与乡土文化结合起来，推动乡村文化建设。乡间地头的一草一木，都可以融入教育中成为课程的一部分，村头巷尾的民风民俗更是民间文化的直接传承，成为最鲜活的校本教材，这些是城市学校可望而不可即的乡村教学资源。

第一，通过本土文化资源开发校本教材来增进学生对本土文化的了解；同时通过开发利用传统的民俗文化资源，培养学生对乡村文化的深厚情感。第二，合理利用撤并校产，开展各种文化活动。如将撤并后闲置的农村学校用来对农民进行职业技术培训、劳动技能培训，使之成为农村的娱乐中心、农村社区的服务中心，使农民在劳动之余可以丰富自己的文化生活，并使乡村文化得以传承和发展。

2. 充分利用农村学校教育在民族文化传承与发展中的价值

武陵山区是多民族聚居地区，形成了独具特色的多民族地域性文化。形式各异的民族文化世世代代塑造着武陵山区人民的性格、习惯以及社会制度，影响着他们的生活模式和标准。基于武陵山区民族文化特质，借助学校教育载体，挖掘民族文化教育资源，促进民族文化的教育与传承。积极探索学校教育与民族文化发掘、保护和传承之间的契合点，让学生学习民族传统文化，增强其民族归属感和爱国爱乡的感情。

第一，要加大宣传力度，为民族文化教育制造良好的舆论环境，设立武陵山区民族文化教育传承专项基金，对民族文化课程开发、民族文化教材编写、民族文化教师聘任和民族文化活动开展给予经费保障。第二，将武陵山区小学民族文化教育师资纳入国家培训计划，单拨专项经费支持，并把民族院校及地方师范院校作为该类师资培养基地，给武陵

---

① 冯增俊：《教育人类学》，江苏教育出版社 2000 年版，第 190 页。

山区民族文化教育师资提供源头活水。第三，要充分根据本地区民族民间文化特色和学生特点开发地方课程和校本课程，充分发掘幼儿的个性潜能，促进其个性全面和谐发展。将民族文化传承与学生全面发展有机结合，实现学生精神文化的升华和优良人格的养成，以使学生获得更为广阔的生存和发展空间。第四，建立和健全民族文化教育评价标准和机制。政府有关部门应制定相应的公共政策，提倡学习优秀民族文化，并将民族文化作为素质教育和体现学校办学特色方面纳入学校课程体系，规定相应的教学时数，制定科学的评价指标来确保政策的顺利实施。

　　武陵地区的农村教育，不仅是武陵教育的重要组成部分，而且也是整个中国教育中较为落后和薄弱的环节。武陵地区农村小学布局调整现状直接关系着山区农村的教育公平和武陵地区义务教育均衡发展状况。在实地调查研究的基础上了解当今农村小学布局调整的真实状态，因地制宜地探索武陵地区农村小学进行合理布局的改善策略，促进武陵民族地区义务教育均衡发展。

第七章

劳动力转移的"三角良循环"
流动模型

前面第三、第四、第五章都是研究与劳动力转移相关的民族教育问题，而随着城镇化发展加速，武陵民族地区在西部大开发和扶贫攻坚战略的直接指引和扶持下，其城镇化发展成就喜人，人们的经济文化生活水平得到较大提升，在这种大好形势下，这个地区的劳动力转移方式也逐步发生了重要变化并形成一种新的流动规律。本章以恩施土家族苗族自治州为实证研究发现，在城镇化发展中农村劳动力转移已从以往的"流而不迁"的"钟摆"现象发展成为"流而近迁"的新的"双摆"现象。最后，笔者给出了描述当下和未来一个时期劳动力转移的"三角良循环"流动模型。

第一节 研究背景

所谓劳动力转移指农村劳动力离开传统的农业去从事其他非农业的务工就业，成为农民身份的非农人员。最初主要是指到城市打工挣钱的农民，所以，也有"农民工"的称谓，意即"工人"职业"农民"身份。① 改革开放以来，中国农村劳动力转移规模一直呈快速上升发展状态。20 世纪 80 年代初，全国外出务工的农村劳动力还不足 200 人，1988

---

① 国务院农民工办课题组：《中国农民工发展研究》，中国劳动社会保障出版社 2013 年版，第 495 页。

年达 2000 万人，1993 年增加到 6000—9000 万人，[1] 2012 年达到 1.63 亿（农民工总量 2.63 亿）[2]；后面的十年增长了 7000 万到 1 亿人，平均每年增加人数 700 万—1000 万人，前面 5 年增长 1800 万人，平均每年增加 360 万人。直到 2008 年年底受全球金融危机的影响，大批农民工返乡，据专家抽样调查，截至 2009 年 3 月全国返乡率达 72.5%[3]，并从此农村劳动力转移规模增速开始放慢。笔者曾经分析过农民工返乡的原因主要有四个方面：一是世界金融危机造成的沿海和发达地区的企业不景气而不得不裁减用工；二是中央的惠农政策带来的收入和照顾家庭等综合效益优于部分农民工在外务工的单纯经济收入，这部分农民工自愿回乡务农；三是少部分农民工精英创业，带动农村发展和一部分农民工就地务工；四是部分农民工因其素质、技术和能力无法应对复杂的农民工就业市场需求而经常性失业，最后不得不选择回乡。[4]

据权威数据显示：全国 2011 年新增农民工 575 万人（农民工总量 2.46 亿），2012 年新增 539 万人（农民工总量 2.49 万），2013 年新增 512 万（农民工总量 2.53 亿），2014 年新增 485 万（农民工总量 2.56 亿），2015 年新增 466 万（农民工总量 2.59 万）。[5] 将这组数据结合前面那组数据，我们看到，2010 年以前增速大约在每年 800 万—1000 万人。从 2010 年开始增速呈下降趋势，而外出务工劳动力总量仍然呈上升趋势，并且根据 DRC-CGE 模型模拟结果表明，在"十三五""十四五"期间将继续呈上升发展趋势。但是，每年的新增量差越来越小，每年总量的增差也逐年减少。[6] 这些变化趋势有多方面原因，其中城镇化发展对农村劳动力转移方式和结构产生了重要影响，这种影响有利于劳动力输出地地方

① 辜胜阻：《当代中国人口流动与城镇化》，武汉大学出版社 1994 年版。

② 国务院农民工办课题组：《中国农民工发展研究》，中国劳动社会保障出版社 2013 年版，第 1 页。

③ 万建辉：《华中师范大学专项调查：全国农民工返乡率 72.5%》，《长江日报》2009 年 4 月 21 日。

④ 谭志松：《世界金融危机带来的民族地区返乡农民工问题的思考——湖北省民族地区农村劳动力转移问题调查报告》（Ⅱ），《云南师范大学学报》（哲学社会科学版）2010 年第 6 期。

⑤ 国务院农民工办课题组：《中国农民工发展研究》，中国劳动社会保障出版社 2013 年版，第 15 页。

⑥ 同上。

和区域的经济社会发展与进步。本章试图以城镇化发展为背景，以武陵地区农村劳动力转移发展为考察对象，并以恩施土家族苗族自治州作为实证分析，以揭示在城镇化快速发展中农民工流动的新的基本规律。

第二节　关于劳动力转移研究的相关理论

英国是世界上农村人口向城镇流动开始最早、流动规模最大、农村人口比例下降最快的国家。[①] 而较早研究农村劳动力流动的经典之作是英国学者 A. 雷德福，他的著作《英格兰的劳工流动（1800—1850）》（1926 年版）对英国农村劳动力流动的原因、流动方式、国际移民等都有较详尽的叙述。[②] 随后欧美一些国家，特别是英、美、法、德等国家的学者先后发表了一系列关于劳动力转移与城镇化问题的重要研究成果。特别是提出了许多分析劳动力转移和发展的理论和模型，应用最广泛的是人口迁移理论。

最早研究人口迁移理论的是英国学者 D. 雷文斯坦（E. Ravenstien），他 1880 年提出了人口迁移的九条规律：第一条，人口的迁移主要是短距离地向工商业中心流动；第二条，远距离流动基本上是流向大城市；第三条，人口流动是分级递进的，即首先迁居到城镇周围地带，然后进入城镇；第四条，一种最为普遍的人口流动是农村人口向城镇集中；第五条，每一次大的迁移流动中都会产生一种作为补偿性的反向流动；第六条，农村居民的迁移流动意识比城镇居民迁移流动意识要强得多；第七条，经济因素是促使人口流动的最主要因素；第八条，女性流动率高于男性；第九条，人口的迁移与技术发展密切相关。[③] 这九条反映了西方国家一般人口迁移的基本规律，但是，对于中国农村劳动力转移流动来讲，并不完全适用，如第三条和第八条就不完全符合。

西方人口迁移理论中对分析研究中国农村劳动力转移流动问题的有直接指导意义的典型理论有四个：

---

① 王章辉、黄柯可：《欧美农村劳动力的转移与城市化》，社会科学文献出版社 1999 年版，第 3 页。

② 同上书，"绪论"第 2 页。

③ 李竞能：《当代西方人口学说》，山西人民出版社 1992 年版，第 181—183 页。

一是推拉理论。最早提出推拉理论的是 D. J. Bogue (1957)，他认为人口流动的目的是改善生活条件，有利于改善生活条件的因素称作拉力，不利于改善生活条件的因素称作推力。人口流动是在推力和拉力的作用下构建的行动。随后 G. Mydal、Sovani、Base 等相继作了一些修正，但其核心都是研究人口迁移的原因，即迁出地的消极因素和迁入地的积极因素对于人口迁移的影响。迁移者通过比较两地的积极因素和消极因素，以及迁移预期的正负效应利弊做出自己的迁移决策。[1]

二是环境选择论。E. S. Lee 在 Bogue 等人的基础上，更加系统地分析提出了人口迁移的环境选择理论，认为，人口迁移是人们对社会环境、经济环境和自然环境的选择，而迁出地、迁入地因素、中间障碍因素和个人因素影响着迁移的方向、数量和特征。[2]

三是二元经济调和论。A. 刘易斯（W. A. Lewis）等经济学家们认为，发展中国家的经济割裂为现代与传统两个部分，于是并存着两个部门，一个是传统的农业部门，另一个是现代的工业部门。农业部门中存在大量剩余劳动力，使得这些劳动力不断地转移到现代的工业部门；劳动力转移到现代的工业部门的数量取决于现代的工业部门的投资总量。[3] 二元经济使两个部门的剩余和需求劳动力之间在一定程度上实现了调和，这样形成人口的乡村—城市迁移。经济学家费－拉尼斯（G. Ranis－Fei）提出发展中国家二元经济结构转变和乡村人口向城市迁移的三个阶段：第一阶段是农业劳动力无限供给条件下的乡村人口向城市迁移；第二阶段是农业总产量不能与工业部门的劳动力同步增长，出现粮食短缺和价格上涨，致使传统农业转变为商业化农业，这时农业部门不再存在剩余劳动力，大规模的乡城迁移告一段落；第三阶段是以"农业商业化"为起点开始的阶段。

四是社会结构二重性解释论。吉登斯（Anthony Giddens）认为，社会理论所要解决的是人类的行动是怎样在日常的生存条件下被结构化，与此同时，人类行动的这种结构化特征又是怎样由行动者本身的作用被

---

① 李竞能：《当代西方人口学说》，山西人民出版社 1992 年版，第 187—191 页。

② E. S. Lee (1966): A Theory of Migration. Demography3 (1), pp. 47–57.

③ ［英］W. A. 刘易斯：《二元经济论》，施炜等译，北京经济学院出版社 1989 年版。

再生产的。同时，因为个人的选择动机受控于社会结构变化之中，因此，社会结构变化也影响转移劳动力的选择。所以，吉登斯的社会结构二重性阐明社会结构既是由人类的行动建构起来的，同时又是人类行动的条件和中介。①

中国学者最早研究劳动力转移的学者是戎殿新和司马军等，他们1989 年出版了专著《各国农业劳动力转移问题研究》，对各国农村劳动力转移的原因、历史进程、现状和存在的问题进行了概述。20 世纪 90 年代以后，国内关注和研究劳动转移的学者逐步增多，并形成了研究中国劳动力转移问题的一些重要理论和模型。

著名社会学家李培林先生开创性地发现了社会结构变动会成为推动社会发展的一种潜在的力量。他认为，在整个社会转型时期，社会结构变动会成为不同于政府干预和市场调节的第三种力量。所谓社会发展，就是社会结构的成功转变，"而这种转变一经启动，由于它所带来的明显利益和效果，会造成一种不可逆趋势和巨大的推动力量，同时也形成一种无形的压力。"② 为方便起见，我们不妨称这种力量为社会结构转变力量，进而称李培林发现和论述的这个力量的理论为"社会结构转变力量理论"。于是我们认为推动社会转型（社会发展）主要有三种力量，即政府干预、市场调节和结构转变推进。在城镇化快速发展进程中，乡镇企业（民营企业）发展、第三产业发展以及农民工发展迅速，它们都是社会结构转型所形成的不可逆趋势。另一方面，这种趋势又对国有企业形成了潜在的压力，而农民工的就业和管理也成为城市政府的一种压力。当下中国的产业结构、就业结构以及城乡结构仍处于快速变动时期，发展战略的调整应优先考虑这些结构变动的需要，使结构转型形成的加速力量更加明显。③ 目前中国农民工已超过 2.5 亿人，④ 解决好农民工的发展问题，有利于推动社会结构的转变，进而推动社会发展。

---

① ［英］安东尼·吉登斯：《社会构成》，李康等译，生活·读书·新知三联书店1998 年版，第89—92 页。
② 李培林：《社会转型与中国经验》，中国社会科学出版社2013 年版，第15 页。
③ 同上书，第21 页。
④ 国务院农民工办课题组：《中国农民工发展研究》，中国劳动社会保障出版社2013 年版，第15 页。

此外，还有张志良先生的人口迁移推拉力模型和移民规模引力模型[①] 杜鹰和白南生的外出家庭决策模型；[②] 黄平依据吉登斯的结构化理论对农村劳动力的外出做出了新的解释：农村劳动力的外出务工是主体与结构的二重化过程。[③]

社会学家周大鸣提出中国农村劳动力转移流动的"钟摆理论"，他认为，每年春节前后，在外地谋生的农民工如潮水般涌回家乡（输出地），然后又从输出地如潮水般涌出来。他们像永恒的钟摆，在输出地与输入地之间来回摆动。并深入指出农民工外出"流而不迁"是钟摆效应的真正原因。他还建立了以输出地因素（经济地、亲属关系地、心理地和个人地）、输入地因素（经济地、个人适应能力地、政策地、心理地）、外界因素（流动的距离及流动成本、从事的职业等）等三个方面作为流动频率的测定指标的钟摆模型；还用其提出的"二元社区"理论[④]分析指出，"二元社区"的形成是促成单纯从输入地到输出地的摆动的最根本动力之一。[⑤]

以上这些理论，从国外到国内、从整体到区域甚至到社区、从宏观到微观、从理论到实际、从建立模型到应用；从政策地、经济地、文化地、心理地、环境地、传统地和现代地就劳动力转移流动的本质原因和基本规律进行了讨论和阐释，为我们的研究提供了理论源泉。

第三节　"流而近迁"之"双摆效应"

武陵地区不是一个行政区划概念，而是一个跨区域的地域概念，具

---

① 张志良：《开发扶贫移民》，兰州大学出版社1999年版，第30—40页。

② 杜鹰、白南生：《走出乡村——中国农村劳动力流动实证研究》，经济科学出版社1997年版，第41—43页。

③ 黄平：《寻求生存——当代中国农村外出人口的社会学研究》，云南人民出版社1997年版，第5—8页。

④ 周大鸣的"二元社区"，即指在现有户籍制度下，在同一社区（如一个村落和集镇）外来人与本地人在分配、就业、地位、居住上形成不同的体系，以致在心理上形成互不认同，构成所谓"二元"；周先生还指出"地方本位"政策与"寄生性"经济是形成"二元社区"的主要因素。

⑤ 周大鸣：《外来工与"二元社区"——珠江三角洲的考察》，《中山大学学报》（社会科学版）2000年第2期。

体范围是指湘鄂渝黔四省市接壤的以武陵山脉为主线的相邻行政区划共同构成的区域。这个区域以土家族、苗族、侗族等近 40 个少数民族和汉族构成。按第五次人口普查数据显示，这一地区总人口近 1500 万人，其中少数民族占总人口的 66.25%，是我国少数民族最密集的地方之一，也是一个典型的多民族聚居的民族地区[1][2]。恩施土家族苗族自治州位于这个区域的重要位置，具有这个区域的自然、政治、经济、社会、文化、生态等方面的典型特征。随着国家西部开发和扶贫攻坚战略的深入实施，特别是近十年城镇化建设加速，更加促进了恩施的快速发展。2014 年 7—8 月，笔者和课题组成员围绕武陵民族地区的城市发展与治理和民族教育与农村劳动力转移问题，再一次对恩施州、黔江区、湘西州、张家界市、怀化市和铜仁市等及其有关县市进行了实地考察调研。深切感受到整个武陵地区发生的深刻变化，许多问题都具有恩施自治州相关问题的共性或者相似性。2016 年 5 月，在恩施州委领导的重视和关照下，笔者又在恩施州相关部门和地方就劳动力转移问题进行了深入调研，目的是对前几年我们的研究结果和进一步的思考进行反思性考察。

2016 年 2 月，恩施州相关职能部门就全州农村外出务工人员返乡返岗情况进行了逐村调查。全州 2015 年年底实有外出务工人员约 83 万人，春节前后返乡的农民工约 58.5 万人，占外出务工人员总数的 70.5%；春节后返岗人数 53.1 万人，占返乡人数的 90.8%；其中返回原单位人数 44.7 万人，约占春节后外出人员的 84.2%，重新求职的人数 7.7 万人，约占春节后外出人数的 14.5%；春节后留在本地就业的 3.2 万人，约占春节返乡人员的 5.5%，其中在当地自主创业的人员近 1 万人，占返乡人数的 1.7%；留在本地未就业人员 1.3 万人，占春节期间返乡人数的 2.2%。

该州同一个部门组织 2015 年 4 月的关于农民工返乡情况调查报告显示，全州 90 个乡镇（街办）2434 个行政村，截至 2015 年 4 月，全州有农村劳动力（16—60 岁）约 200 万人，其中外出务工人员 83.6 万人，占

---

① 谭志松：《武陵地区民族教育的历史与现状》，民族出版社 2005 年版，第 2 页。

② 笔者注：应该指出的是，这里所说的武陵地区与现在政府使用的"武陵山片区"有较大区别，武陵地区是武陵山片区的重要组成部分，武陵山片区还包括周边的贫困县市区、市州区，这是与国家西部开发和扶贫开发战略相结合而确定的全国几个扶贫片区之一，它包含了 71 个县市区。

农村劳动力总人数的41.8%；县外州内务工人员11.9万人；州外71.1万人；从未外出人员97.7万人。截至2015年4月，返乡就业人数18.8万人；其中已转移就业8.9万人，占返乡就业人数的47.3%；自主创业1.9万人，占返乡就业人数的10%；务农人数约8万人，占返乡就业人数的42.5%。从年龄结构上看，16—40岁的1.1万人，40岁以上0.8万人，从事行业分类为第一产业的0.53万人，第二产业的0.34万人，第三产业的约1万人。①

根据调查数据分析和对5000名返乡就业人员的实地走访和问卷调查，恩施州劳动力转移主要有以下特点。

一　恩施州外出务工仍然是农村劳动力转移就业的主渠道

总体来看，恩施州农民工获取效益的主流是外出务工，综合原因大致有四个方面。

一是就目前情况看，外出务工收入比在农村务农收入要高，留在当地务农不能达到理想收入，所以，在当地务农对劳动力吸引力不足；特别是40岁以下的农民工仍然坚持外出务工的劲头强劲。

二是本地用工需求不足和专业技能结构性矛盾，原来外出务工时学到的技能和管理经验在州内较少有相适应的行业岗位就业，迫使州内劳动力向州外转移，而且由于武陵民族地区各市州区基本情况相近，州外务工人员也就主要是在武陵地区之外。

三是长年外出务工人员已经形成了比较固定的职业去向，对务农已经十分生疏，就近就业难以找到合适的岗位；当问及这类农民工时，大部分都是说"回去种田已做不好了，也不习惯了；而在当地又很难找到适合自己的职业"。特别是部分二代农民工，基本上是初中毕业直接跟父母（或单方）出去务工，对农村传统农业技能完全不懂，更没有兴趣，对当地经济、社会、市场知之甚少，无法融入当地社会。所以，这一代农民工只能选择外出务工。

四是返乡创业的资本和信心不足，大多数农村外出务工人员收入主

---

① 以上两组数据分别来自恩施州公共就业和人才服务局提供的2015年、2016年两份正式的调查报告。

要用于家庭生活支出、住房建设及购买交通工具等，可用于创业的资金十分有限，同时对创业项目的选择十分迷惘，缺乏创业的勇气和信心。

二 外出务工人员呈逐年减少的趋势

根据 2016 年调查统计和抽样访谈了解，春节后有 5.4 万人未返岗，其中大多数返乡农民工不愿再外出务工，留在本地（即指州内城镇）就业愿望强烈。根据实地调查主要有四个方面的原因：

第一，东南沿海地区制造业、出口型产业不景气，房地产市场一路走低，用工需求有所下降。由于就业竞争激烈，致使农民工经常性地失业，就业，再失业再就业，恶性循环，工作没有保障带来生活上的压力和不稳定，不得不另谋出路选择暂时返乡务农（调查数据中就有 8 万返乡农民工回到家乡务农）。再加上中心城市的生态环境特别是空气质量下降，农民工身体不能适应等原因，原来农民工输入地的拉力在逐步减弱。

第二，个人或家庭原因。部分农民工年龄偏大不愿意再外出务工，特别是州域内经济发展较好的县市及乡镇，本地企业对劳动力的需求逐步增大，薪资水平与外地差距逐渐缩小，本地就业还可以照顾家庭、老人和孩子；加上在外务工文化上的不适应和本地人眼光中始终的"外来人"心理。务工人员经过综合比较觉得就近就地就业其综合效益不低于在外务工，从而决定返乡就业。

第三，部分外出务工人员选择回乡自主创业。据 2015 年统计，全州有 1.9 万人回乡创业，主要从事种植业、养殖业（猪、羊、牛、家禽等养殖）、餐饮业、交通运输业、零售业等。创业的形式可归纳为四种：一是基本生存型创业就业模式。这类就业创业主要表现为家庭小工厂、小作坊、小卖店、小餐馆之类，对资金、技术和管理的要求不高。二是政策引导下产业带动型创业模式。如种植、农产品加工等农民专业合作社等。三是打工转型的创业模式，这类创业者可称为"四带"，即带回技术、管理经验、市场客户和订单。有的还带回熟练工人，因而创业成功率相对较高，从而带动当地的农民工就地就业。四是"精英"返乡创业带动就业模式。创业者均是在外地效益不错的企业务过工，积累了较好的经验，学到了一定的技术和管理经验，也磨炼了意志，这部分人回乡创业是为了带动家乡的群众一起致富。根据农民工创业过程可以看出，当前农民工创业的基本共性是：主观上主要依赖个人素质、技术和能力；客观上依赖地区资源、政策环境和资金帮贷；而其专业化和分工的程度不高，其企业大多数具有相当程度的集体性质，还处于模仿阶段。

第四，城镇化发展提速，农村公路基本实现村村通，经济和产业结构调整带来了就业机会和岗位，一部分农民工能够发挥其特长并能获得基本满意的收益。

城镇是农村劳动力转移的主阵地，"钟摆理论"正是揭示农村劳动力在农村（输出地）和城市（输入地）之间流动的基本现象的一种理论。近些年全国城镇发展，特别是各地各区域的城镇发展加速，给农村劳动力转移创造了发展空间。武陵地区城镇化发展加速使这一地区农村劳动力就地转移就业和创业机会逐步增多。据 2015 年年底的统计，恩施州截至 11 月全州新登记企业类市场主体 6122 个，城镇新增就业 3.95 万人，城镇失业人员再就业 6223 人。2016 年 3 月全州公布的企业用工需求情况表上人数计算还有 3660 个岗位待岗，其中管理岗位 330 人、技术岗位 519 个、普工岗位 2511 个。

另外值得关注的是，乡镇集镇发展和村村通（公路）的逐步实现，也给农村劳动力就地转移就业提供了发展机遇。笔者多次到野三关镇实地调查，众多的事实证明了这一点。野三关的"三峡酒业集团"，是一个早期农民工精英，通过从无到有，从小到大，从弱到强，最后在政府政策的支持下发展成较大规模的企业后，购买了当时处于倒闭关头的乡镇企业"三峡酒厂"，由此投资发展成为恩施州知名企业"三峡酒业集团"，规模扩大、质量提高、信誉和影响提升。现在年产值在 2 亿元左右，解决农民工就业 400 余人，此企业为当地经济社会发展做出了贡献。同时，在解决农村劳动力就地转移就业和农产品如玉米等（酿酒原材料）的销售发挥了重要作用。"三峡酒业集团"的发展，带动了野三关的企业和商业，繁荣了农业和农产品市场，促进了农村劳动力就地转移就业，使回乡在该集团务工的农民工既照顾了家里的老人、孩子，还保证了农田种收获利。

三峡酒业集团的发展与野三关集镇的发展是分不开的。野三关集镇是恩施州城市发展规划中对巴东县城市建设的"一县两城"战略中的"一城"之一，2013 年野三关镇和当地的"巴东县经济开发区"合并，野三关镇成为副县级镇，野三关集镇和周边交通得到进一步的发展。现在集镇规模已达到4.8万余人。引进的大小企业34家，其中产值在2000万元至2亿元的企业10家，解决农民工就业2500余人。一些农民工精英在当地创业的企业就有20余家。其中比较典型的产值在500万元以上的创业企业6家。如"野之源"集团公司总经理邓清源，在外务工期间学到了一定的企业创业和管理经验，返乡在野三关镇自主创办"野之源食品有限公司"加工销售农副产品，充分挖掘当地传统食品加工工艺产业化，聘请高校专家研究开发，形成了一定规模，现年产值达4500余万元，长期接纳劳动力务工100人左右，还建立了当地农村相关原材料种植基地和各地销售点，解决了种植基地农产品就地销售问题；又如邓小祝的金桥汽贸公司，年产值2500余万元，安置农民工就业60余人等。这样的企业虽然规模还不是很大，但它发挥的是综合效益，对地方农村经济社会发展，特别是对带动返乡农民工创业就业产生了重要影响。另外，还有许多返乡农民工围绕旅游和高山宿居休闲旅游，办起了各类餐点、农家乐餐饮、暑假家庭旅居避暑休闲，等等。

野三关镇还是土家族文化的发源地，国家级非物质文化遗产项目"撒叶儿嗬"等在这里繁衍和发展。该镇党委政府与大学合作在这里成立了"巴东野三关·中国土家族文化传承院"，其下设四个子机构，即"野三关民族文化博物馆""土家族文化研究中心""土家族艺术团""野三关民族文化产业园"，其中土家族艺术团下设有28支演出队，这些演出队为地方及周边的红白喜事、各种开业、大型庆典活动提供有偿服务，部分演出队已成为小型规模的文化产业，这些雏形的文化产业，既传承了民族文化又获得了经济效益，还丰富了当地群众的文化生活。由于野三关集镇经济、文化、生态、自然环境的良性发展，现在逐步发展成为旅游、避暑、休闲的旅游胜地，旅游产业逐步发展成为支柱产业。集镇通往各村的公路已基本完成，一个以集镇为中心，连通各村落小集镇群落格局已基本形成，再加上新农村建设丰硕成果的装点，野三关镇民族小城镇群落建设特色逐步显现出来，而且集镇的治理也很到位，面貌焕然一新。所以，这些年返乡农民工在野三关集镇就业人员逐年增加。当笔者随机问及返乡农民工为什么回来发展时，他们中的创业者说"这里发展很快，资源丰富，回来创业有前途"；务工普通妇女说"虽然，暂时看赚的钱没有在外面多，但，在这里我能照顾老人和孩子读书，还能兼顾田里的农活，特别是在这里没有人歧视我们，活得自在些"；年轻的做酒店服务或产品销售员的觉得"现在这里赚的钱是要比外面少一些，但这里在发展，会步步提高的，就目前看也有'算账'的地方，起码在本地的消费要低得多，这样最后总的实际收入并不比外面少很多"。我们的调查统计显示，近4年野三关镇农民工本镇转移就业人数在逐年增加，而在镇外就业人数逐渐减少（见表7-1）。

表7-1　　　　野三关镇近年来农村劳动力转移情况（单位：人）①

年份＼项目		2012	2013	2014	2015
全镇劳动力总量		35538	35198	35860	33567
外出务工情况	总量	10579	12287	12986	15569
	镇外务工人数	9257	9226	8626	8593
	本集镇就业人数	2292	3061	4360	6976
	本集镇就业人数占外出务工总人数的比重	21.67%	24.91%	33.57%	44.8%

三　农民工"流而近迁"之"双摆效应"

在整个农村劳动力转移过程中，政府和学者们注意到并研究了农民工流动状况和一些基本规律性现象，以及产生这些现象和规律的内外部因素。农民工从2010年以前的加速发展（外出务工）到2010年后的放缓发展（外出务工人员增量逐步减少）；农民工总是在输出地农村与输入地城镇之间流动，以寻求基本的生存保障，但绝大部分农民工只能是输入地城镇的"外来"打工的"农民工"和"流动人口"，而无法融入这些城市和社区成为市民。这些年党和政府围绕输出地农村的"三留守人员"（留守老人、留守妇女、留守儿童）问题，输入地城镇农民工的发展问题、管理问题、维权问题以及相关的"三农"问题等从政策到措施都做出了不懈的努力，也取得了一些成绩，但是部分问题仍然没能得到根

---

① 表中数据来自2016年5月笔者实地调研时野三关政府提供的报告统计数据。

本性的解决。原因在哪儿呢？这正是社会结构变化还没有完全达到结构转型的阶段，城市社会结构因为农民工的涌现而正在发生改变，成为新的构成；而这种构成既提供了农民工进城的条件，又因为原结构与新构成结构之间的矛盾会产生一种力量控制着（或影响着）农民工在输入地城镇的良好愿望的实现。所以，农民工的行动决策也在流动中逐步发生一些改变，这种改变已经成为一种趋势，而这种趋势将有利于推进社会结构的转型。

从武陵地区社会发展情况看，随着城镇化发展加速，武陵地区的城镇发展从规划、建设以及城市社会治理等在近十年取得了可喜的成绩。一个以市州区级和县市区级的中小城市和中心集镇城镇发展为标志的跨省市生态园林式城市群落正在悄然崛起。这里有无数天下第一的自然景观，还有土家族、苗族、侗族等30多个民族的民族文化特质，它们把这里的城市装点得更加美丽动人；一条条铁路、高速公路和国道省道（公路）以及10余个中小型机场，把这里与外面的大中型中心城市连通起来，使这些长期封闭的地方及其城市向国内各中心城市甚至全世界敞开了大门；而且，从各市州区到其辖域内各县、镇、乡村之间也有国家和省、县、乡级公路将其连通，以各市州区城市为中心的公路交通网络已基本形成。这些基础设施的建设和城市发展为武陵地区农村农民进城镇务工，以及在城镇务工的农民回乡村照顾家人提供了便利条件。所以，现在武陵地区外出农民工回本州市区、县市区、乡镇集镇务工和创业的人在逐步增加，而去武陵地区之外（具体地说，市州区外）的农民工人数呈下降趋势，直接回乡专门务农的农民工人数也是呈下降趋势。部分在外地务工的农民工选择了利用已取得的财富在当地城镇定居、就业、创业。我们把迁至当地州市区域内城镇定居的现象称作"近迁"，而把近迁居住城镇称作"近迁城镇"。于是，原来的"流而不迁"之钟摆效应，演变派生出农民工一种"流而近迁"的流动方式——部分农民工在输出地农村与近迁城镇之间流动，使得这些农民工成了当地城镇的新型市民，同时，又保持了与农村家乡的紧密联系，基本解决了这部分农民工家乡"三留守人员"问题，促进了输出地农村的经济社会发展。与此同时，一部分近迁农民工还继续在近迁城镇与外地城镇之间流动赚钱，这样形成了以近迁城镇为轴心的"两个钟摆"式流动，我们简称为"双摆效应"。

"双摆效应"指的是农民工在输出地农村与近迁城镇之间流动（摆动），以及在近迁城镇与输入地城镇之间的流动（摆动）形成的三个区域社会空间之间的"两个钟摆"流动所产生的效应。

第四节　"流而近迁"之"双摆效应" 的成因分析

以往用推拉理论和钟摆理论揭示农民工在输出地与输入地流动现象时，是指农民工在自己所在的当地农村（输出地）与输入地之间流动的现象。这可以从周大鸣教授提出的"钟摆理论"流动模型要素中看出。他提出的流动（或摆动）频率测试指标的"输出地"因素是指当地农村的。一是经济因素，指家庭生活方式、家庭经济状况、承包土地的数量、家庭住宅等；二是亲属关系因素，指家庭直系亲属的数量，父母、子女的年龄和健康状况等；三是心理因素，指对家乡的认同、对源文化的认同等；四是个人因素，指个人受教育程度、年龄、婚姻、健康、性别等（为了方便，我们简称周先生提出的流动频率指标因素为"周氏指标"或"周氏因素"）。①

"双摆效应"因素大致有四个方面：三个区域社会空间因素和外界因素。

其一是输出地农村因素，这仍然是周大鸣教授分析的"输出地因素"的四个方面，即经济、亲属、心理和个人等。②

其二是近迁城镇因素，农民工流动发展成"双摆"流动的核心因素是近迁城镇因素。近迁城镇发展状况直接影响农民工流动的"双摆效应"。其发展状况首先包括当地市州区级城市、县市区级城市以及乡镇集镇及其村落集镇的市（镇）容及基础设施情况，包括通往家乡和通往外面发达和中心城市的交通状况；其次是自然环境、空气质量，经济发展情况、文化文明程度、地方城市社会政策（特别是农民工政策）、地方保

---

① 周大鸣：《渴望生存——农民工流动的人类学考察》，中山大学出版社 2005 年版，第 220—233 页。

② 同上书，第 225 页。

障就业创业的政策和措施，社会秩序、房价物价等；最后是农民工个体在外出务工过程中积淀的经济和人脉基础，以及个人的素质与能力提升程度等。部分的还与农民工二代现状相关。

其三是输入地城镇因素，包括周氏输入地因素。另外，中心城市和沿海城镇的务工收入相对于近迁城镇收入要高一些，城市的基础设施相对要好很多，城市的现代化程度也要高很多。所以，它仍然吸引着许多农村劳动力到发达地区和中心城市就业创业，即已返乡在近迁城镇定居人员也经常流动在两城（镇）之间。当问及这些人员为什么还在两地城镇之间流动时，他们说"在外面城市赚钱在这边来花钱划算"，"当地城镇宜居，外面城镇赚钱渠道宽，收入高，加上现在去各地交通都比较方便"。所以，这一部分人员以近迁城镇为生活中心，兼顾在外面赚钱，既保证了收入，又生活得很愉快。

其四是外界因素，包括周氏外界因素，即距离与职业因素。除此之外，还包括成本和效益，即指农民工依据在双摆效应的流动中必然考虑所付出的成本和效益好坏来决定他们的流动方式。

下面我们着重对外出务工者与近迁城镇之间的内在联系作较深入的分析：

第一，农民工入迁当地城镇，其文化适应障碍相对较小，便于沟通也有利于事业展开。因为没有语言和文化的障碍，使得其与该城镇居民之间容易交流，生活习俗也相近，而且，还有一些从家乡通过读书或当兵以及其他途径在该城镇工作的老乡，所以，是在一个不太陌生的环境里生活，基本没有"本城人"与"外来人"（农民工）之间的心理隔膜，更少有"本城人"对"外来人"的歧视心态，基本没有"本城"的本位政策造成农民工与本地居民之间的人为的不公平而产生社会矛盾。

第二，近迁城镇回家乡方便，直系亲属关系得到较好的维系，承包的土地得到利用，还可以吃上最为生态的蔬果，家乡成了他们以及部分朋友休闲享乐的地方。如，恩施市熊家岩村的杨氏四兄弟，老四初中毕业在家玩了三年后就跟着老大外出深圳打工，主要跟着搞建筑的包工头做体力活（包括修房子、道路、搬迁等），收入相对还过得去。第二年，在家务农的老二、老三也跟着去了深圳。四兄弟前前后后、断断续续在深圳和东莞干了十余年，先后也都在家乡娶妻生子，父母在家留守，妻子们在家照顾孩子和老人，做点小农活（菜园子），承包的土地在农村产业结构调整时由农田改为茶园，由外来承包办茶厂的老板租种。当然，原来的大家庭也变成了三个相对独立的家庭，父母随老四居住，但兄弟四家共养。随着年龄的增长，老大感到对家里的孩子没有尽到教育的责任，四兄弟在外对父母照顾得不够，加上自己感到这种游荡的打工生活最终还是得回家，不如早点回家去。于是，四兄弟回到了自己的家乡。在家不到一年，老四就待不住了，只身到恩施自治州首府恩施市城区找事做。当时正值恩施城镇化大发展的初期，改造旧路旧房、建设新路新房等热火朝天，他凭借在深圳工作十年的经验，顺利进入一个建筑包工头门下，并主动独立承担了第一项道路建设工程，且一举成功，得到老板的赏识。不到两年自己就出来独立注册组成建筑队，成为有独立建筑资质的个体企业，从无到有，从小到大，创业成为独立法人的民营企业，有了自己的办公地、制度和运行体系，待完成一栋投资过亿的20多层的写字楼的工程后，经济实力大大提升，这时他已把返乡在家的二哥接来自己企业当帮手，自己在中心城区购买了住房，妻子接到身边，孩子进城读书。在家乡为父母重新修建了和城市一样的三层楼单元房，他还建起了近两千平方米的"灯戏广场和表演舞台"，孟大师义务传承收徒，成为当地乡村一道靓丽的风景线。该场地还为当地群众免费放电影，免费表演恩施灯戏和相关民族文艺演出，免费提供集体舞场。既为民族文化传承做出了贡献，也对乡村社会文化发展、促进社会和谐发挥了重要的积极作用。现在，其二哥已独立在恩施城区创业，并有了坚实的基础和很好的前景，并已在城内定居，大哥和老三随老四在其公司做些内部管理，也在城内定居。他们每周回家乡去看望父母，平日家里孟大师夫妇与徒弟们切磋演技，自由自在地生活。

杨氏四兄弟还为村村通公路、中小学校建设以及精准扶贫等捐资，为当地社会发展做出了积极的贡献。当我们访谈杨老四时，他说："我们能够有今天这点小小的成绩，得益于国家政策允许我们出去创业，得益于恩施城市快速发展的需要，给了我们创业发展的空间和机会。""我们现在为家乡做点小事，主要目的是让父母享受幸福的晚年，母亲她自己想做的事——把'恩施灯戏'传承下去，我们尽一份孝心；灯戏广场为当地乡亲们提供了娱乐场所，活跃了农村气氛，所谓一些捐资，那也只是尽一份心而已。"

类似于杨氏兄弟做工打工并在城区创业定居的，在白杨坪镇下面村里还有不少，如，谭远斌、李艳明、向明胜等。通过他们又带动了一批当地农民工和返乡农民工在恩施就业创业定居。行业虽有不同，但其经历类似。

再如前所述野三关镇作为巴东县的一县两城之一大集镇，在城镇化进程中，为农民工返乡就近就业创业和定居发挥了重要作用。三峡酒业集团公司总经理曾庆洲、"野之源"食品有限公司总经理邓清源都是农民工打工返乡在野三关镇创业就业定居的典型。还有如官渡口镇后山村村民孙国虎，现年39岁，现任巴东天蓬畜牧发展有限公司董事长。当时由于家庭困难，因交不起14元学费而辍学，14岁背井离乡到宜昌市打工，1996年年初在同乡帮助下到温州打工。到了温州以后，才发现没有文化没有技术并不好挣钱，一直找不到工作。后来好不容易找了一份木工的工作，很珍惜，兢兢业业，踏实肯干，不久承包车间，每天工作15个小时，还用心为老板出谋划策，得到了老板的认可赏识，每年至少获利两万元，且逐年提升。2005年5月考虑儿女也大了，必须安定下来让他们好好上学，于是回到宜昌市定居（宜昌与巴东之间有宜巴高速公路，只需一个多小时，所以交通方便，比去州城近，而且宜昌城市发展更快），定居的同时也不断找出路，告诫自己不能冲动，一定要考察好再投资，相信只要脚踏实地真诚做人老实做事。2007年进入翻坝高速修路，先后又在宜巴高速修建项目中连续中标，并成立了公司直属工程队，就这样通过努力积累一定积蓄。随着经济的蓬勃发展，巴东由一个贫困的农业县城逐步走向快速发展的城市，他作为一名常年在外打拼的巴东人，无时无刻不关注家乡的发展，希望在家乡做一番事业。经过前期的考察，结合巴东县的实际情况，最终决定发展农业畜牧养殖业。

巴东天蓬畜牧发展有限公司成立于2012年3月，注册资金1000万元。公司项目所在地为美丽的三峡巴东县官渡口镇。一期项目计划总投资7000万元，项目规模为2400头生产母猪，年出栏种猪18000头以及肉猪34000头。母猪生产舍12栋，500头保育及育肥舍30栋及2个售猪场，生产办公楼3栋，20000立方米盖泻湖式污水处理设施（包括沼气池、化粪池、沉淀池、排污渠），消毒设施、仪器设备（自动监控、自动升降温、控制设备）等。该项目将被建设成为从母猪生产、仔猪育肥、肥猪销售一体化现代养殖企业，也是目前湖北省内规模最大、设备最先进、低能耗、无污染、高产值的养殖企业。

经过3年多的建设，巴东天蓬畜牧发展有限公司于2015年正式投产，目前饲养繁育母猪2400余头，年出栏仔猪5万余头。公司计划在未来的5年时间内，投资建设肉类产品深加工、立体生态循环有机农场、生态绿色果园、有机蔬菜等项目，打造恩施州首家农业生态观光园区，利用养殖、种植、加工相结合的优势，充分发挥循环经济的先进理念，建设一流的养殖企业。利用养殖肥料进行农田灌溉，养殖肥料处理后进行水果种植、园林灌溉。减少污染降低能耗，依托养殖产业化进行循环利用。为积极响应国家政策，利用现有的公司资源平台，带动当地贫困居民致富，公司拟计划在2016年巴东县境内建设550标准化养猪育肥基地20个，同时传授生猪养殖专业知识，提供专业技能培训，提供所有育肥基地的建设指导、疾病防控、饲料供应、肥猪销售，倡导农民零风险创业脱贫。采用与当地农民合资的方式，彻底解决当地农民本地就业，实现精准扶贫。改善当地居民贫困的面貌，加快家乡的经济建设，带动地方快速致富。

以上这些典型案例只是部分代表，事实上，在当地类似这样的创业者还有许多，只是规模大小和先后问题，而且随着当地城镇化发展加速，这种现象已逐步成为一种发展趋势。

第三，随着近迁城镇的快速发展，其第二、第三产业发展迅速扩展，就业岗位种类和数量都在不断增加，扩大了农民工在当地城镇就业的空间，特别是给中壮年农民工回"乡"就业创业提供了发展空间和机会。如恩施洞下槽村的肖平与朱明两口子在恩施州外打工，做苦工、采矿工、服务员等经历多种磨炼，到了40岁后觉得长期漂泊在外没有归属感，家乡父母无人照顾，加上外面许多他们曾经从事过的行业也不景气，而恩施正处城市发展和旅游业发展大好时机，于是决定回恩施本地发展定居，利用已有经济财富在恩施中心城区购买了商品房。现在两个人在州城各主一方事业：丈夫为一酒店的餐饮经理，妻子创办了具有一定规模的清秀发廊，女儿也考上了大学，家乡两方父母也得到了照顾，一家人生活幸福，其乐融融。又如洞下槽村的黄世兵，现为恩施城区一公司的的士司机。就在我进行恩施劳动力转移调研期间的一天上午八点半，我等的士车去自治州劳动社会保障局召开调研座谈会，焦急之时一个的士到了我面前，笑盈盈请我上车，我上车后司机便热情与其交谈，风趣乐观，我问他："师傅哪里人呀，生意咋样？""生意一般，能生活，现在年龄大了，在外面打工漂了近30年，3年前回恩施，在城里买了个三室两厅住房，算是定居在城里了！"这个时候我也用家乡话跟他不时插话，当他迅速介绍完他的经历后，也侧身问我："喂！你是哪里的人哦？听你说话好熟悉哟！""我是熊家岩街上的，姓谭，是那个村书记的大哥……"他没等我说完就惊讶地说："搞拐哒（地方方言，意思是非常惊讶地表示失礼和道歉）！您儿（当地话，"您"的儿化口语）是谭老师呀？我是洞下槽的黄世兵，跟您儿弟弟谭治凤初中同学，您儿当时教我们数学（当时是民办教师），您儿是我的老师，今天太幸运了……"，我也特别高兴，和他交流了很多，他说："现在好了，一家人在城里定居了，儿子没考上大学，在外面打工常回来，看到家在城里心里也高兴；家乡父母不愿进城，我就把房子按照新农村要求改建扩建换新，他们住得也舒坦，我们两口子每周回去，帮忙做点家务，请人打点一下那点农田（承包地）；老婆是在一个小区物业做清洁工……"话语里流露出一种欣慰和满足。这短暂的师生巧遇情缘却成了我最好的农民工流动田野访谈，他让我看到了一种"流而近迁"的农民工流动新气象。

第四，近迁城市政府政策，有利于农民工在当地城镇定居。特别是当地房价物价相对较低，其他消费也相对较低，经济压力相对小些。恩施自治州党委政府高度重视在城镇务工和迁居的农民工的就业创业问题，出台了一系列政策和措施。如根据《湖北省人民政府办公厅关于支持农民工等人员返乡创业的实施意见》（鄂政办发〔2016〕10号），结合恩施自治州实际，制定支持农民工等人员返乡创业的实施办法；建立外出务工人员和创业人员信息库；加强劳务品牌建设，组织农村劳动力有序转移；开展跨区域劳务协作，促进区域资源共享；强化部门协作，加大返乡人员培训和就业指导力度；加大宣传力度，维护农民工合法权益，以及创业贷款贴息政策等；为外来务工和返乡务工就业创业提供了制度保障。

第五节 城镇化发展中劳动力转移的
"三角良循环"流动模型

以上我们提出和阐释了在城镇化发展背景下农民工流动的"双摆效应"的形成主要是因为"流而近迁"的新现象带来的。需要进一步研究的问题是这种效应的动力源泉和运行机理是怎样的？在此基础上来探讨这种效应的积极社会意义和可持续性，进而得出农民工流动的"三角良循环"模型。

一 "流而近迁"的动力

第一，农民工"流而近迁"的类型。农民工外出务工本身是指农村劳动力转移的"离土不离乡"和"离土又离乡"的就业状态。对于离土不离乡来讲，有两种情况：一种是劳动力在农村产业企业务工，如农村茶厂加工工人，身在农村但做工人的活，或自己租赁土地做农庄主（老板）；另一种情况是离开农村在乡镇集镇上打工，如餐饮、超市服务员，在乡镇私营企业做工，自己开商店或做餐饮等所谓第三产业就业者。对于离土又离乡来讲，也可分为两种类型：一种是在县市区及州市区打工的农民工；另一种是在州市区以外打工的农民工。我们把在州市区域内城镇务工的人员称为当地城镇务工人员或本地城镇务工人员，把在州市区以外城镇务工的人员称为输入地城镇务工人员或外地城镇务工人员。这样一来就产生了第三种情况，即当地城镇农民工（指从农村到当地城镇务工的这部分人员，其身份还是农民工）中部分地迁居在这个城镇就业创业，成为"流而近迁"人员，而这其中的一部分人员，当他们在本地城镇务工得到的提高和获得财富又不太理想时，他们又选择到外地城镇打工挣钱，但其根已落到了当地城镇（近迁城镇）而不是原来的农村。在外地城镇务工人员随着当地城镇快速发展，部分地选择回到当地城镇定居在当地城镇就业创业，而不再在输出地农村和外地城镇（输入地城镇）之间流动（摆动）寻求生存，成为"流而近迁"人员，进而成为当地城镇新市民。

第二，"流而近迁"导致近迁城镇具有"双重性"。即，乡镇集镇、县市区城镇和市州区城市既是农村农民工输入地城镇（相对于农村），又是输出地城镇（相对于州市区外输入地城镇）。也就是说，近迁城镇既有输入地城镇性质又有输出地城镇性质。

第三，近迁城镇快速健康发展是农民工"流而近迁"的根本动力。农民工外出务工的初衷是挣钱养家，提高家庭收入，供孩子上学，以及解决农村产业结构调整后剩余劳动力没事干等原因；随着经济收入和生活水平的逐步提高，务工人员逐步有了积蓄，但感到自己无法在务工地生根成为当地人，所以开始改造家乡房屋等，使自己家庭有一个比较舒服的居住环境，自己就在输出地家乡与输入地之间流动寻求生存。这就是钟摆现象。① 然而，他（她）们心中希望在城市生活的欲望却早有萌芽，流动的艰辛促使他们（特别是情况比较好的部分务工人员）寻求新的生存和发展环境。国家城镇化战略促使地方城镇发展逐步提速，农民工家乡的当地城镇发展有了较大的起色和变化，一些一直在地方城镇务工的农民工得到了发展机遇和发展空间，也出现了一些精英，并在当地城镇购房定居。城乡交通的改善使他们把家乡父老亲人和土地利用打点得妥妥帖帖，家乡农村成了他们的后花园，事业在城镇发展。2008 年年底的金融风暴使大量农民工返乡，他们看到了家乡发展的景象，在当地党委政府的支持下部分务工人员选择了在当地城镇打工或创业，把在外打工积蓄的资金投入到当地城镇定居和创业之中。随着近些年地方城镇化建设快速发展，地方城镇对农民工就业的吸纳能力和空间需求不断扩大，外地务工人员也开始选择回家乡城镇定居创业发展。由此可见，地方城镇化建设发展是农民工"流而近迁"的根本动力。良好的发展状态和前景极大地提升了地方城镇对农民工的吸引力，经济环境、社会环境与地理环境的变化增强了人口迁移和定居的动力。

二　劳动力转移"流而近迁"的结构剖析

劳动力转移"流而近迁"，是地方城镇发展带来的必然结果和趋势，但，"近迁"人员情况不尽相同。根据我们在恩施自治州调查的情况，大

---

① 周大鸣：《渴望生存——农民工流动的人类学考察》，中山大学出版社 2005 年版，第226 页。

致有这样几个方面：

一是从"近迁"人员个体情况看，主要有三种人员：其一，离土不离乡和离乡在近迁城镇务工人员，他们中有部分人选择了近迁。如恩施熊家岩村的谭远斌从电力农网改造拉高压线、安线塔架等粗活民工开始直到当上专门加工高压铁架的工厂老板，定居恩施州首府，继续发展成为房地产老板；李艳明从当地修公路打工到成为路桥建筑队老板，定居恩施州首府，其家乡农村房子也都翻修重建等；洞下槽村茶叶加工销售公司老板刘建申，把家迁居熊家岩村集镇（过去大公社时的集镇），成为销售总店，家乡农村建有宽敞特色的住房，加工厂设在茶叶基地附近以方便农民采茶送茶，与此同时，他还与杭州、山东等地茶叶市场建立销售网络，提高了茶叶的品位和附加值，每年经济利润达300余万元，提高了当地农民的收入。其二，在外地城镇务工人员中的部分因为积累了一定的资金和经验，希望有进一步发展，但在输入地激烈的竞争中很难开辟自己的独立事业，同时，又看到了当地城镇的变化和前景，加上当地文化适应障碍少，容易找到发展的空间，还有对家乡农村亲人的牵挂和照顾等，所以，这部分人选择了在当地城镇定居和创业。如前面列举的杨氏四兄弟以及谭龙、肖平、朱明、黄世斌等都属于这种情况。其三，一部分农民工在外有了一定的积蓄和经验，但还不足以有大的创业计划，只是觉得外地毕竟不是长远之地，加上当地（输入地）人对外地人（输出地）的歧视和偏见，早有另谋出路的想法；当他们逐步了解到当地城镇的发展前景，结合实际情况，比如自己可以在当地城镇定居后就地务工，既可以照顾家里老人、孩子和农田，还能够继续在城镇务工，于是就把已有的积蓄投入到当地城镇定居和改造家庭房屋的修缮中。

对以上情况，我们在三个村进行了实地考察：恩施市的熊家岩村，现有总人口5616人，劳动力总人数2786人，其中外出务工总人数1120人；目前近迁至城镇定居51户（均将农村房屋保留并修缮），其中近迁在乡、村集镇定居13户，恩施市城区（也是恩施州首府城区）38户。洞下槽村，现有总人口3257人，劳动力总人数1606人，其中外出务工人员总数640人；目前近迁当地城镇定居48户，其中附近城乡集镇定居6户，恩施市城区定居42户。石桥坪村，现有总人口2849人，劳动力总人数1447人，其中在外务工人员总数670余人；目前近迁至当地城镇定居142

户，其中仅野三关镇集镇定居就有 120 户，在巴东县城和州城定居 22 户。这里出现的集镇定居远多于县州城市定居户数状况的原因是，野三关镇集镇这 10 年已发展成为拥有 48000 余人的大集镇，而且各方面设施大有改善，铁路、高速路站点就在该镇，吸引了近迁人员定居于此。

根据以上数据，我们把定居城镇户按每户 4 口人计算，这三个村仅迁居当地城镇的人口就有 940 人，如果我们按照这三个村的数据比例粗略地计算，根据 2010 年全国第六次人口普查全州户籍人口 3975661 人，可以得出，这些年全州因农民工"近迁"当地城镇而增加城市人口 357810 人。这些进入城镇生活的人与当地乡村互动交往（因为其亲情和乡情）比较频繁，带动了乡村文化与城市文化的交融，从而使乡村中逐步地既有乡村文明的成分，也含有城市文明的成分。这种现象正是人类学家眼中乡村城市化概念的逐步实现。①

二是从近迁人员就业行业看，主要有以下几种：首先是一批创业的大小企业老板；其次是建筑业，包括路桥建设、房屋建设、其他工程工地建设工人；三是服务业，包括商店、酒店、旅社服务员，的士司机，清洁工，门卫，企业勤杂工等；四是厂矿企业工人（包括技术工、手工业者、基层管理者等）。

三是从近迁农民工情绪看，基本处于稳定和感到安定愉快的精神状态。在对近迁人员的访谈中我们发现，普遍感到现在的状况较为满意，就业虽然也有竞争压力，但只要不怕吃苦，找到维持生活的事情做还是可以的，关键是在当地城镇定居有"在家"的感觉，也确实解决了照顾老人和孩子读书的问题。一部分人也觉得要取得进一步的发展还得以当地城镇为根据地，继续向外地发达城镇扩展，这些主要是比较成功的创业精英们的心声。

三　"双摆效应"有利于推进经济社会发展"三区共赢"

"双摆效应"涉及三个区域社会空间，即输出地农村、近迁城镇（农民工所在的当地州市区、县市区、乡镇集镇）、输入地城镇（指农民工务

---

① 周大鸣：《渴望生存——农民工流动的人类学考察》，中山大学出版社 2005 年版，第 230 页。

工的外地城镇）等三个社会空间。

第一，三个社会空间处于三个不同的层次。从经济社会发展及现代化程度来看，就整体而言，当前甚至今后一个相当长的时期内，这三个区域空间属于三个不同的层次。输入地城镇属于高一层次，处于发达和较发达地位。它需要的是进一步的科学发展，即经济稳步增长使之具有更强的抵御风险的能力，结构更加合理（包括经济结构和社会结构等），社会更加和谐，现代化和文明程度更高，市民的幸福指数不断上升；近迁城镇（当地城镇）属于第二层次，处于城镇化加速发展中，因其起步较晚，基础有待加强，规划有待进一步深化，但是，近十年来进步很快，变化较大，其美好前景已经展现出来；输出地农村在第三个层次，它经过国家土地政策优化、对"三农"问题的重视、新农村建设以及产业结构调整，还包括农民工外出务工挣钱等一系列措施，也发生了重要变化；但我们应该承认农村社会发展还存在许多重大问题需要解决，其中三类留守人员（留守老人、留守妇女、留守儿童）的问题仍然是现在农村社会最突出的问题之一，它直接关系到农村社会的稳定和谐、农村农业发展与产业结构调整等。

第二，三个社会空间各有其需求和不同的优劣势。从地理环境空间来看，输入地城镇人口密集，人均占有地空（地理空间）面积逐渐减少，空气质量下降，交通拥挤加重等压力逐步加大；近迁城镇（当地城镇）相对于输入地三个问题有明显的优势，但其地理环境空间的现代化设施远不如前者；输出地农村随着农民工外出务工，农村人均占有地空面积实质上在逐步增加，空气质量最好，交通随着村村通公路而变得顺畅宽松。所以，是三个本质不同的区域空间。

第三，"双摆效应"促进"三区共赢"。"流而近迁"到近迁城镇的农民工，流动在家乡农村和近迁城镇之间，这种流动既解决了农村家庭相关问题和部分社会问题，使这些家庭"三留守人员"得到较好解决，并带动了其他相关问题的解决，又为当地城镇化建设提供了建设队伍和人口规模，促进了当地城镇化发展。所以，这一流动促进了输出地农村和当地城镇建设的"二区共赢"。

"流而近迁"到近迁城镇的农民工，部分人员还流动在近迁城镇与输入地城镇之间继续求发展。这部分人员主要分三类：一类是在当地城镇已建立了创业创新平台（企业），需要把自己的企业放大到外地，通过外地扩展使自己的企业获得更大发展；第二类是把外地企业引进来或作为分支企业在近迁城镇发展；第三类是还没有自己的企业或者本身一直还在外面城镇务工（只是定居在近迁城镇），为了生存继续流动在外地城镇与近迁城镇之间。这三类人员的共同特点是，以自己居住的近迁城镇为据点继续向发达城镇追求更大效益，以求更大发展。这一流动助推近迁城镇和输入地城镇的双区发展。首先，近迁城镇的农民工经过长期在外地务工的磨炼和学习，无论是经验还是技术水平和能力都得到了较大的提高，他们在近迁城镇就业创业，必然会对这个城市（或集镇）的发展做出积极的贡献，而且在心理上还有一种是本城市的主人从而更加爱护这座城市和集镇。继续到输入地城镇务工的这部分农民工，通过扩展事业的外延，将发达地区先进的理念、经验和技术以及高回报的经济效益不断地带回近迁城镇，这必然成为近迁城镇发展的积极动力，进而推动近迁城镇发展。另一方面，继续到输入地城镇务工的人员以其较为熟练的技能、丰富的经验以及执着和渴望进一步发展的精神投入输入地城镇的建设发展，这正是这些城市进一步发展所需要的生力军。所以，农民工流动于近迁城镇（当地城镇）与输入地城镇之间实质上促进了两地城镇的"共赢"。[①]

综上讨论，"流而近迁"带来"双摆效应"促进了输出地农村、近迁城镇（当地城镇）和输入地城镇的"三区共赢"。

四　"流而近迁"是城镇化发展带来的农民工流动的一种必然趋势

从现实看，农民工"流而近迁"已成事实，而且随着近迁城镇化加速和城镇品质的不断提升，"近迁"农民工规模也将不断扩大（事实上也正在不断扩大）。尽管目前来看，"流而近迁"人员规模还不及"流而不迁"人员规模，但是，我们有理由相信，"流而近迁"是当地城镇化加速和提升带来的必然趋势。

---

　　① 当输入地（中心城市等）部分农民工返回到近迁城镇定居就业时，输入地可能产生农民工用工不足问题。但这种不足要由原来的输出地农村直接去输入地务工农民工（钟摆效应）去完成，后面将有论述。

一是沿海城市、发达城市和中心城市对农民工的吸引力（拉力）在减弱。

其一，这些城市经过改革开放 30 多年的快速发展，已经从规模型转向现代文明型和品质型发展，这一转变必将（事实上已经）带来用工结构的重大转变，即从需要大量的体力工转变为需要大量的技术工和管理人员（甚至是高级技术工和现代管理人员），而且是经过专门训练的职业技术人员和管理人员。这种变化给农民工就业带来了压力，粗放的体力工种职位在减少，部分农民工无法就业；它们更多需要的是受过专业训练的中等职业和高等职业技术学校毕业的学生。所以，这些城市对农民工就业来讲，其拉力在减弱。其二，输入地"本位"政策和"本地人"心理态度，随着这些城市的进步发展而进一步强化了农民工的"外地人"和"农民"的身份，使得农民工更加难以找到自己的立足之地和立命之所，无法融入这些城市，这又减少了输入地对农民工的拉力①。所以，沿海城市、发达城市和中心城市对农民工的拉力在减弱。

二是输出地农村对农民工流动的推力在逐步减小，而拉力相对在逐步增加。

随着现在输出地农村的发展，农村经济生活水平不断提高，精准扶贫和全面建成小康社会等措施的推进与逐步实现，村村通公路交通加速了乡村都市化进程，农民工所在农村将不再为生活所迫流动寻求生存，而是在农村产业结构调整中寻找自己的发展。把家庭、老人、孩子照顾好，把自己的家产（包括土地和山林）经营好，享受农村自然宽松、生态宜人的健康安稳日子，其乐无穷。由此而使得输出地农村对农民工的拉力在逐步增加，而推力在逐步减小。

三是近迁城镇的加速发展，对农民工流动的拉力不断增强。

从武陵地区城市发展历程看，新中国成立后大致有三个阶段：改革开放前 30 年是这一地区城市建设缓慢阶段。这一阶段里，着重解决政权稳固、社会稳定、反贫困探索和基本生存问题，由于交通和信息极

---

① 周大鸣：《外来工与"二元社区"——珠江三角洲的考察》，《中山大学学报》（社会科学版）2000 年第 2 期。

差，基本处于封闭状态，城市建设基本没有（客观条件也不可能）进入议事日程。改革开放的前 20 年，社会主义市场经济逐步发展、人口流动加速、地方城镇和农村产业结构的调整、交通信息条件不断改善等诸多积极因素促进该地区的城镇发展。但是，这个时候的城镇发展处于粗放的、缺少（甚至没有）整体科学规划的，个体建住房在城郊，逐步地部分扩充城市，如，恩施州的利川市和来凤县，充分利用当时国家和省里的相关土地政策以及当地人进城的欲望，鼓励有条件的职工、农民、企业主在"规划"的（指定的）范围内买地建房，很快就建起了几条街道（基本都是私人居住房），城市规模得到了一定的扩充发展。随之，原住城镇居民也开始改造自己几十年生活的老住宅，进而使政府注意到，城镇的这些变化及其趋势有待于引导和改善公共基础设施，使之相适应。然而，这个时期该地区主要精力是想尽一切办法解决脱贫问题，而城镇建设还处于自由的、探索性的、修修补补、改改扩扩的建设状况时期。所以，笔者将此阶段界定为探索性发展阶段。第三阶段是西部大开发战略、全面建设小康社会战略、扶贫攻坚战略和城镇化发展战略等一系列重大发展战略的实施和推进，大力推动着武陵地区城镇化加速发展阶段。从下面"武陵地区部分州市区、县市城镇化发展数据"（表 7 - 2）中，我们可以看到武陵地区未来几年的城市规划发展状况。

表 7 - 2　　　　武陵地区部分州市区、县市城镇化发展数据①

内容名称 \ 年度	2015 年				2020 年(发展规划)			
	总人口(万)	城镇总人口(万)	城镇化水平(%)	中心城区人口(万)	总人口(万)	城镇总人口(万)	城镇化水平(%)	中心城区人口(万)
怀化市	513	210	40	38	556	250	45	60
张家界市	165	79.2	48	26	172	89.4	52	37.5
吉首市	31	24	77	22	45	38	85	35
恩施市	80.55	41.6	51.7	30	83	63	76	50

① 表中数据是根据 2014 年 7 月、2016 年 8 月实地调研时，当地政府部门提供的"十二五"规划"城市发展总体规划"，以及《政府工作报告》（包括近两年的）中的数据整理而得。

年度 内容 名称	2015 年				2020 年（发展规划）			
	总人口 （万）	城镇总 人口（万）	城镇化 水平(%)	中心城区 人口（万）	总人口 （万）	城镇总 人口（万）	城镇化 水平(%)	中心城区 人口（万）
利川市	93	34.4	37	15	95	44.7	47	25
黔江区	63.3	38	60	35	69.8	48.68	69.7	50
涪陵区	119	81	59	55	120	84	70	70
铜仁市	340	143	42	38.3	380	183	48	80

对比 2015 年和 2020 年的数据，至少说明两点：一是城镇化在武陵地区业已成为当地政府主力推进的发展战略；二是推进的力度之大令人兴奋。这两点足以让我们看到武陵地区未来城市发展的新景象。由此，我们更加看到农民工"流而近迁"的希望和前景。

五 农民工"三角良循环"流动模型

以上论述了"流而近迁"促进"三区共赢"，同时，也是农民工发展的一种良好方式，也可以说是农民工发展的一种较高级的阶段。这是因为，近迁者们的选择证明了他们的思想解放程度和认识水平有了实质性的提高，经济实力和创业就业能力以及选择能力有新的提升，他们的视野已不是过去那种"寻求生存"的阶段，而是寻求发展追求幸福地超越了小康生活水平的认识阶段。它形成的"双摆效应"也总是向前的，不断发展的。但是，它不能完全取代"流而不迁"，也就是说，"流而不迁"的现象将继续不断，输出地农村和输入地城镇之间的农民工"钟摆"流动不会终止；随着当地城镇的加速发展，"钟摆"中的部分人员随着自己的逐步成熟和成长而选择"近迁"，成为"双摆效应"的生力军。

由此可见，经过 10 多年的发展，我国农民工流动发展进入了一种新的范式，输出地农村剩余劳动力流入输入地城镇（沿海、发达、中心城市）务工挣钱，经过一个时期的努力，一部分发展较好的农民工选择了迁入当地城镇（所在地市州区域内的城镇）定居，这部分人解决了自己原有的农村家乡的家庭问题，且又使自己真正成了城市市民，同时，他们还可以选择去外地城镇挣钱（交通信息更方便）；输出地农村的一部分剩余劳动力（特别是初出务工农民工）仍然到输入地城市务工挣钱求生存。这样，"流而近迁"和"流而不迁"同时存在，进而共同构成现在农村劳动力转移的基本现象，形成了一个良性的循环流动模型。这个循环模型也进一步说明，雷文斯坦的人口迁移九条规律的第三条不适合中国劳动力转移的事实。

我们把农民工流动的这些现象抽象出来，就可以象征性地把农民工的流动表达为三角形的三条边，而三类区域社会空间表达为三角形的三个角的顶点，即农民工在输出地农村（用"O"表示这个顶点）与输入地城镇（用"I"表示）之间流动形成一条边（即"OI"边），在输出地农村（O）与近迁城镇（用"N"表示这个顶点）之间流动形成一条边（即"ON"边），在近迁城镇（N）与输入地城镇（I）之间流动形成一条边（即"NI"边），从而构成了农民工流动的三角形模型：△OIN。即其抽象形成的如下"三角良循环"流动模型图（图7-1）。图7-1的左边图形是农民工流动的方向示意图，即内三角形的三个箭头是农民工初始流动方向，并形成"近迁"，外三角形三个箭头表明了"流而近迁"和"流而不迁"共同形成的流动方向，而这一流动外"三角形"与流动内"三角形"共同形成了农民工在三类区域间循环流动的路径。由此循环路径的形成可以看出，"近迁城镇"是形成这个循环路径的关键。所以，"近迁城镇"的快速健康发展是农村劳动力转移"三角良循环"流动模型的关键。

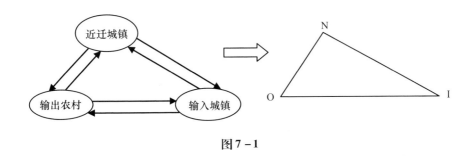

图7-1

我们之所以称这个模型是农民工流动的"三角良循环"模型。可以从三个方面理解：一是它比较全面地揭示了当下农民工流动的一种积极的新现象和新趋势——"流而近迁";同时,也是对当下农民工流动方式的一种较全面描述,是对"钟摆理论"的突破和发展。二是前面已经论证得出的良好结果:它促进输出地农村、近迁城镇、输入地城镇"三区共赢"。三是这个模型具有稳定性。从抽象的数学意义上讲,三点决定一个平面,三点也可以撑起一个平面。"三角良循环"正好构成一个平面,平面的稳定性比点和线的稳定性要高得多;从物理学的角度理解,"平面"的承受力远比"点"和"线"的承受力大得多;从人的流动心理来讲,农民工流动在"三角良循环"中可以找到安身(迁居)的指向,减少动荡不安的心理压力。

通过整个文章的讨论和农民工"三角良循环"流动模型的建立,带给我们三点重要的启示。

一是随着社会进步和发展,农民工已逐步从单一的外出务工赚钱求生探索出成为真正市民的一种有效途径——流而近迁。这个转变实质上是农民工流动结构的转变,也是一种社会流动结构的转变,这种转变必将甚至已经成为一种不可逆趋势,这种趋势对地方城镇化建设有极大的推动作用,地方政府要把农民工近迁趋势纳入城市建设规划发展战略之中,使其真正成为推动城市发展的生力军。同时,农民工流动的这一结构变化也会对沿海城市和中心城市的建设用工问题产生压力,这就要求这些城市在经济社会发展和农民工政策等各方面进行改革,以增加自身城镇对农民工的吸引力,使得近迁城镇的农民工还有继续外出赚钱的积极性,可以吸引输出地农村的劳动力到外地城镇务工,以弥补输入地城镇建设用工不足问题。这一事实也是对李培林社会结构转变力量理论的又一深刻诠释。

二是因为"流而近迁"是形成农民工"三角良循环"流动模型的根本原因,所以加快地方城镇化建设发展是促进城乡二元结构调整的有效途径;因而国家在重视大城市发展战略的同时,还应高度重视地方城镇化发展,因为中国不可能把所有农民工都搬到大城市去生活,也就是说,中国应在国家战略层面上考虑地方城镇化建设发展,至少应该纳入国家计划与地方共同推进,把三线、四线城市以及以下的城镇作为重点加快发展,无论是从农民工的发展还是"三农"问题的解决,无论是从城镇化发展实际需要还是从国际战略格局视野看都具有重要而深远的意义。

　　三是加大地方城镇化发展，要特别注重地方生态和民族文化的保护传承，要建设生态城市、文化城市、绿色城市、特色城市和智慧城市，而不能只强调现代化大楼、广场等标志，忽视甚至丢弃各地生态环境和文化特色，建成"千城一面"的城市。只有建成地方文化、民族文化和当地生态环境好的城市群，才能使农民工进城找到自己的精神家园。

第 八 章

武陵民族地区区域合作
协调发展机制

　　武陵民族地区一般是指以武陵山脉为主线，湘鄂渝黔接壤的地区，它是现在政府确定的武陵山片区（国家重点扶贫开发全国连片贫困地区之一，共71个县、市）的重要组成部分，属于老少边穷的民族山区，它虽然地跨四个省市，但有着相近的人文历史进程、相似的自然地理环境、相近的经济资源基础和相似的经济社会发展困境，但是，长期以来由于分割在不同的省市而自然形成相互隔离的发展状态。行政区划的壁垒也给这一区域的整体发展带来了协调机制上的障碍。随着城镇化发展加速，劳动力转移流动成"三角良循环"状态和趋势，多年转移在外的农民工期望在就近城镇安居，成为城市市民（流而近迁），这就更需要从武陵民族地区整体思考区域城镇化发展问题，需要建构这一地区整体发展的跨界合作协调发展机制。本章着重讨论这个问题，重点提出五个方面的协调机制。

第一节　区域经济合作协调发展机制

　　2009 年，国务院（国发〔2009〕3 号）文件要求，协调湘鄂渝黔四省市毗邻地区发展，成立"武陵山经济协作区"。2011 年 10 月，国务院制定《武陵山片区区域发展与扶贫攻坚规划》，从国家战略层面提出了促进武陵山区经济社会协调发展的一系列战略举措，并确定国家民委系统作为对口扶持武陵山片区发展的国家部委。近些年的实践表明中央决策是正确的，进一步推进武陵民族地区区域经济合作协调机制完善及其运行实效是非常必要的。

一　建立和完善武陵民族地区经济合作协调机制的历史基础与现代条件

当下，武陵地区的经济社会发展面临双重困境。一方面，与经济发达地区相比，特别是近些年城市群发展战略，如武汉城市圈、长株潭城市群、成渝城市群和贵阳城市群等的实施，已经事实上使武陵地区成为被边缘化和"发展塌陷"地区，发展差距逐渐扩大。另一方面，武陵地区各地之间、城乡之间的发展也很不平衡。区域内四省市各辖地市州之间以及其内的各县市之间存在不同程度的发展差距。因此，促进武陵地区经济社会协调发展是增强武陵地区经济活力，提升武陵地区经济实力的重要途径。

1. 加强武陵地区经济协作有重要的历史和现实意义

一是有利于发挥各区域比较优势，互利双赢。武陵山区分属四省市边区，由于各自利益主体不同，区域内封闭和条件分割，不仅造成资源浪费、重复建设，而且区域竞争能力弱。加强湘鄂渝黔四省边区的区域合作，扬长避短，适度分工，有利于发挥各地的区位优势和产业的相对优势，优化产业结构，从而维护整体经济利益和提高区域的整体生产力水平。只有形成互惠互利、优势互补的区域内协调机制，才能避免无序竞争、两败俱伤的事情发生，武陵山区经济建设和各项事业才会出现生机，走上又好又快、更好更快发展的轨道。

二是有利于突破行政壁垒，形成统一的区域市场体系。武陵地区是一个民族聚居区域，要使民族团结、社会稳定，一个重要的因素就是要加强区域内的合作，在统一认识、统一规划、统一开发的前提下，打破因行政区划造成的壁垒，真正实现资源共享、风险共担、利益均沾，开放绿色通道，形成统一的大市场和良好的软环境，为构建和谐社会营造良好的社会环境。

三是有利于武陵地区融入全国经济体系，缩小地区差距。武陵地区作为我国中西部结合地带，又是少数民族集聚区域，属于传统意义上的"老、少、边、穷"地区。因此，加强该区域内部协作，促进整体发展，符合贯彻国家关于缩小地域差距，促进民族地区发展的方针政策，有利于防止中西结合部的"塌陷"，从而促进全国区域协调发展。

2. 促进武陵山区区域经济协调发展的历史基础

武陵山区区域经济协调发展的领域广阔，内容丰富，具有充分合作的良好条件。

一是山水相连的地理位置。武陵山区两州、三区一市，地理位置相互毗邻。如湘西土家族苗族自治州东与张家界市毗连，南与怀化地区接壤，西与贵州省铜仁地区和重庆市黔江地区相邻，北与湖北省恩施土家族苗族自治州交界。地理条件的相邻为地区之间的贸易往来及资源优化整合提供便利的条件。

二是文化同源的民风民俗。武陵山跨越三省一市，包含了 2 个少数民族自治州和 32 个少数民族自治县，土家族、苗族、侗族是该地区主要的民族群。居住在武陵山的人们有特有的语言、宗教信仰、风俗习惯、价值取向和行为模式，文化质朴、醇和，土家文化、苗文化、巴蜀文化、楚文化孕育了一代又一代武陵山人。

三是互惠互利的贸易经济。武陵山区之间贸易往来一般通过赶集贸市场进行。地区贸易往来的品种主要有烟、水果、蔬菜、猪肉、服装等，属于小额贸易。烟、茶、水稻、玉米、薯、板栗、柑、猕猴桃、核桃、桐油、油茶等是主要的经济作物，其中，烟叶、茶叶是两大优势作物。

四是蕴藏丰富的自然资源。武陵山区气候条件优越，生物资源、水能资源、矿产资源、旅游资源丰富，区域发展优势明显。武陵山属岩溶地貌，暗河伏流多，地下水储量和矿产资源丰富，该区的铁、煤、磷、硒、锰、钾、汞等资源分布广、含量高，居全国乃至世界前列。

五是源远流长的经济文化合作传统。武陵地区曾实现多次民间的、学术的、地区间的交流与合作。2004 年重庆市黔江区举办了首届中国武陵山民族文化节，其中包含了民族文化、投资贸易、自然生态旅游的交流与合作。2005 年，全国政协民宗委会同三省一市政协在湖北省召开的"武陵山民族地区经济社会发展座谈会"上，把武陵山区的经济发展提上议事日程。2009 年 10 月，在武陵山经济协作区筹建工作座谈会上，11 个地州区县政府领导通过了《武陵山经济协作区章程》，签署了《武陵山经济协作区合作框架协议》，决定成立武陵山经济协作区。2010 年 9 月，贵州铜仁以全省旅发大会为契机，举办了第三届中国武陵山民族文化节，进一步加深相互间的交流与合作。武陵山民族文化节已成为繁荣民族文化、增进民族团结、构筑产业纽带、促进招商引资的有效平台和推动武陵山经济协作区建设的重要载体，良好的合作发展势头为实现区域经济一体化奠定了基础。

3. 具有了实现武陵地区经济协作的现代条件

其一，党的十八大以来，在以习近平同志为核心的党中央领导下实施"四个全面"战略布局为武陵地区经济协作提供了政治和思想保障，也指明了其发展的正确方向；其二，国家及其相关部委在 10 余年间对建立武陵地区经济协作协调机制方面已经进行了一系列行之有效的实践探索。2004 年起，全国政协民族和宗教委员会连续四年召开"武陵山民族地区经济社会发展座谈会"，探索武陵山区区域合作的路子，向党中央和国务院建议把武陵山区经济社会发展纳入国家总体发展规划，争取国家发改委、国家民委、财政部、交通部、铁道部、农业部和国务院扶贫办等职能部门对武陵山区经济社会发展的支持。国务院国发〔2009〕3 号文件首次明确提出："协调渝鄂湘黔四省市毗邻地区成立'武陵山经济协作区'，组织编制区域发展规划，促进经济协作和功能互补，加快老少边穷地区经济社会发展。"2009 年 9 月，国家发改委和国家民委就筹建武陵山经济协作区、促进武陵山区经济社会发展进行调研，国家民委一直跟踪支持扶持武陵地区经济社会协调发展等，这些都为建立武陵地区跨省界协调发展机制奠定了现代条件基础且积累了许多有益的经验。

二　建立跨省界"武陵地区经济合作开发新区"，带动和促进武陵整体区域发展

总体来看，武陵地区经济社会发展目前仍处于内封闭式发展。所以，相对来讲仍然发展较慢，因此才导致与发达地区差距拉大的局面。解决这个问题的途径可能要从体制和机制、政策和法规方面进行改革才能实现根本性的改变。

一是在武陵地区内选择跨省区的州市区、县市区成立几个大小不一的合作开发新区，实行新的管理运行机制，在国家西部大开发和扶贫攻坚政策的重点支持和扶持下，在新区发展中必然带动周边发展。

二是国家出台合作开发新区相关政策，确保其按正确方向健康发展，早日实现战略目标。同时，对这些合作开发新区必须从国家层面上制定与开发政策相应的《武陵地区生态保护条例》，要从法律的角度保护武陵地区良好的生态环境。开发新区必须以优质的生态保护和建设状态呈现出来。

三是国家发改委要组织编制并且批准《武陵地区经济协作区发展规划》，规划要厘清开发新区与整体武陵地区发展的关系，出台特殊政策，将关系武陵山经济社会发展的大批重点工程项目纳入国家规划及其项目库。国家出台武陵山区区域发展规划，有利于破解武陵山区特殊困难和提升武陵山区自我发展能力，明确武陵山区区域发展的功能定位和总体思路，明确武陵山区区域发展空间布局。

四是发挥实施西部大开发和促进中部地区崛起两大战略的政策优势，深化跨省市经济技术交流与合作，拓展与长三角地区、成渝经济区、长株潭经济区等重点经济区的合作，积极探索跨省交界欠发达地区经济一体化发展的新途径、新机制，实现优势互补，共同发展。

三 破除行政壁垒，构建区域一体化体系

1. 建立区域市场一体化体系

区域市场一体化是实现区域经济协调发展的关键所在。武陵山区必须"紧紧围绕使市场在资源配置中起决定性作用，深化经济体制改革"①，打破条块分割，破除地方保护主义，推动资源配置依据市场规则、市场价格、市场竞争实现效益最大化和效率最优化，努力构建一体化的武陵山区区域市场体系，推动区域经济合作。

一是要确立区域市场一体化规则。实行统一的市场准入制度，保证各种所有制经济依法平等使用生产要素，公开、公平、公正参与市场竞争，同等受到法律保护。

二是建设"统一开放、竞争有序"的市场体系，统一的要素和商品市场；完善各类要素和资源价格形成机制，形成武陵山区市场共同体；建立武陵地区技术交易市场，促进各类产业和创新技术在各县市自由转

① 《中共中央关于全面深化改革若干重大问题的决定》，《人民日报》2013 年 11 月 16 日。

移。建立武陵地区人力资源公共服务平台，促进劳动力转移在县市、城乡合理流动。深化金融改革，积极促成设立武陵山区共同开发基金或武陵山区开发银行，完善金融市场体系。

三是建立区域性综合物流中心、市级物流节点，多层次、高效便捷的武陵山区边贸物流网络。同时，加快农村市场体系建设步伐。建设好消费品市场，形成以连锁经营、物流配送为代表的现代流通方式和以城区店为龙头、乡镇店为骨干、村级店为基础的现代农村流通网络。建设好农业生产资料市场，建设以乡村两级网络为基础，以农资交易市场为平台，以大型农资企业为重点，以区域性连锁配送中心为骨干的农资流通体系。

2. 构建区域跨省产业协作发展一体化体系

武陵地区经济总量规模小，工业化与城市化程度低，实现武陵地区区域协调发展，必须调整优化区域产业结构，加快构建以生态文化旅游、特色农产品深加工、生物医药、矿产品精深加工四大主导产业为内容的区域特色产业体系，把比较优势转化为竞争优势，把资源优势转化为产业优势。

进行区域结构的战略性调整，要以资源环境承载能力好的地区为开发重点，按照土地集约、产业集合、人口集中的原则，夯实基础设施，改善投资环境，优化工业布局，提升产业层次，形成较大规模的产业集聚和较高水平的工业园区。加快建设怀化、吉首、张家界、黔江、恩施、铜仁等综合服务和集聚辐射功能强的区域经济增长带，以此带动地区工业化、城镇化进程。从培育和发展山地型生态农业、特色资源加工业、民俗风情旅游业和区域商贸物流业等特色产业出发，从区域整体上构建跨省产业协调发展一体化体系，重点建设一批特色产业基地和产业园区，形成对区域经济具有主导性、支撑性和基础性影响的产业集群，提高区域核心竞争力。形成区域性规模型产业，创造区域品牌，带动区域产业整体步入新水平。

3. 实现区域内基本公共服务一体化

区域基础设施建设的相对滞后和相互封闭，严重制约了武陵山区区域协调发展。建立发达、完善的基础设施区域网络体系是武陵山区协调发展的前提和保障。建立信息共享与通信基础设施一体化，以电话同网同费为基础，建设武陵地区一体化的通信网络。大力推进武陵山区宽带综合业务网，形成武陵地区统一的同城信息交换和资源共享平台，实现城际城乡互联互通、同网同号同资费。加快武陵地区政府部门的办公自动化建设进度，建立武陵地区社会保障信息化服务体系；建立劳动力资源数据库，为武陵地区人民提供就业服务；开展农村网络远程教育，全面提高劳动力素质。积极推进企业信息技术的应用，重点建设电子商务综合服务平台。

第二节 区域交通连通协调发展机制

改革开放以来，特别是西部大开发和扶贫攻坚战略实施以来，武陵地区交通基础设施建设取得明显进展，渝怀、枝柳等铁路，沪昆、渝湘等高速公路，张家界、黔江、铜仁等机场，以及规划和建设中的渝利、黔张常高速和沪昆客运专线等跨区域重大交通项目，初步构筑起武陵山区对外立体交通大通道，具备了一定的发展基础和条件。

但是，长期以来，由于历史和自然条件等多方面的原因，武陵山区交通基础设施建设相对滞后，特别是跨省地市州、县市间仍然没有很好的直接连通主干交通路线，区域内没有形成便捷顺畅的交通网络。因此，区域之间经济文化产业不能很好地优化结构、整合资源，形成大规模产业，进而影响区域经济发展；与此同时，由于交通不连通，区域内劳动力转移"近迁"的主要地方还是局限在本地州市县，缺乏区域内流动迁居的条件；一些专业技术人才也多处于地方土长，而少有区域内跨省交流人才流动，致使部分优秀人才只能选择"东南飞"，专门人才流失严重；另外，由于交通的连通网络没有形成，所以导致物流业发展缓慢等一系列问题。所以，构建区域内一体化交通连通协调机制十分紧迫。

2011年10月，国务院和国家发改委发布《武陵山片区区域发展与扶贫攻坚规划（2011—2020年）》，明确提出按照"统一规划、合理布局、协调推进"的原则，统筹武陵山区区域交通、水利、能源、通信等基础设施建设，加快构建连通内外、功能配套、安全高效、适度超前的现代化基础设施体系，为片区扶贫攻坚创造良好条件，为区域经济社会跨越发展提供有效支撑。

构建武陵山片区立体交通体系的总体思路，应是坚持以科学发展观为指导，发挥交通运输先行作用，加快建设和完善对外开放的高速通道、连接周边地区的快速通道、区域内城市群之间的快速通道和农村运输通道；创新交通建设、管理和服务体制机制，推进不同交通运输方式在建设、管理和服务上的一体化，全面提升协作区域交通运输的生产力、竞争力和可持续发展水平，努力构建布局科学、功能完备、衔接顺畅、优势互补的立体交通运输体系，为片区经济社会加快发展提供强有力的支撑。

1. 建设快速运输网络体系。重点是加快铁路、高速公路和机场建设步伐。力争到 2020 年在武陵山片区形成一纵两横"干字"形高速铁路网络；形成四纵六横高速公路网络新格局；建成 1 个以上干线机场，其他支线机场建设标准达 4D 以上，航线总数突破 50 条，其中国际航线 10 条以上，为协作区建立主体城市经济圈创造先决条件。

2. 建设区域交通枢纽体系。建立起以其中一个基础好、潜力大的城市为交通枢纽中心，其他中心城市为节点的快速交通网络体系，全面实现中心城市之间公路干线连接的快速化，在中心城市之间争取实现高速铁路和航空运输的互通。力争到 2020 年建立起片区 4 小时中心城市主体经济圈和以各中心城市为交通枢纽，连接周边县级小城镇，2 小时次级经济圈。

3. 建设水运及管道运输体系。推进乌江、沅江、澧水等流域治理和航道建设，大力推广标准化船型；科学规划布局和建设改造一批航道沿线的重点码头和港口，适度发展支流水路交通运输。积极发展管道运输，争取将油气资源管道运输专线引进片区，并建立起具有较好调配功能的输送管道局域网络。

4. 完善交通运输一体化管理体系。打破行政和行业垄断，制定统一的管理制度及标准规范，建立各种运输方式分工与合作的市场机制，提高片区立体交通体系运输、运营、管理、组织、服务的信息化水平，实现片区内各种运输方式的"无缝隙"对接，使武陵山片区交通运输体系成为有机整体。

5. 建设公路运输体系。一是建立和完善片区旅游公路网络。围绕建立全国无障碍旅游区目标，力争到 2020 年区域内所有旅游公路技术等级达三级以上。二是全面推进国、省干道农村公路建设和改造升级。力争到2020年片区内已经建成通车的所有国、省干道技术等级达二级以上，县乡公路达三级以上，通村公路的通达率和通畅率分别达70%和60%以上。三是加快相邻市州普通公路连接线的建设和升级改造，力争到2020年全面消灭省际、市际和县际"断头路"，促进区域内普通公路运输体系的进一步完善。

第三节 区域民族旅游文化产业
协调发展机制

武陵民族地区有着丰富的自然生态和历史文化旅游资源，由于地理上的相对封闭性，历史上自唐以来实行了460年的"羁縻制度"，加之各文化单元具有极大的独立性，至今仍保留有丰裕的少数民族文化资源。武陵民族地区包括6市州区中心城市（黔江区、铜仁市、恩施州、湘西州、张家界市、怀化市）和酉阳、秀山等15个少数民族自治县，其民族历史文化丰厚多姿，张家界成为世界自然遗产、土家族土司城遗址成为世界文化遗产，另有国家级非物质文化遗产59个，省级非物质文化遗产170处；全国重点文物保护单位31处（其中里耶古城遗址、凤凰古城堡等具有代表性）；中国历史文化名镇6个，中国历史文化名村15个；2011年中国民间文化艺术之乡82个，2014年中国少数民族特色村寨45个。鉴于主体功能规划的基础性约束和民族文化资源优势，《武陵山片区区域发展与扶贫攻坚规划（2011—2020年)》明确提出"以旅游业为重点的特色优势产业加快发展"，"建成国内外具有重大影响力的生态文化旅游区"的愿景。而如何在保护中将民族文化作为区域的特色资源转换成生产力是当前亟须解决的问题。

一 武陵山区旅游文化产业发展的现状与问题

（一）旅游开发同质化严重

"山同脉、水同源、民同俗"是武陵山区的典型特征，在文化产品上具有明显的共同性。一是各地品牌节庆文化以土家族、苗族、瑶族等的文化为内涵。如黔江区首先提出举办的武陵山区四年一次的"中国武陵山民族文化节""重庆黔江国际旅游节",铜仁的梵净山旅游文化节暨经贸洽谈会,湘西州"武陵山区(湘西)土家族苗族文化生态保护节",怀化"三古"旅游文化节,张家界"中国国际文化旅游节"等。二是大型民族文化精品节目内容过度商业化。上至地市级、下至县域层面,地方政府都在着力打造实景演出,如《云上太阳》(黔江),《印象武隆》(武隆),《魅力湘西》(张家界),《天门狐仙》(张家界),《梦幻桃源》(酉阳),《古韵镇远》(铜仁),《苗祖·蚩尤》(彭水)等。

(二)行政区域之间协调不足

武陵山区分属重庆、贵州、湖北、湖南四个行政区域,导致各自所属的县区民族文化旅游产业的发展思路、政策设计、发展侧重点各有不同。一是旅游开发跨省协调性不够。武陵民族地区区域内各省市相应地方都把旅游开发作为重要产业大力发展,都制定了相应的规划和措施。但是,不同省市区间都是各自为政,没有或极少考虑与周边地区的旅游合作开发,未能充分利用各地优秀文化旅游资源进行整合,从而未能形成跨省优秀的旅游产业链或旅游产业群。跨省旅游开发的合作协调机制尚未形成。二是地方政府缺乏旅游开发合作的动力。如重庆提出通过渝东南文化创意产业园区"在5—10年间建成西南地区乃至全国第一大规模民族工艺品批发市场"。而依托吉首市整合文化资源,建设集会展中心、演艺中心、湘西国家非物质文化遗产园、博物馆、旅游产品加工园、文化遗产产业一条街于一体,把园区打造成为国家级文化产业示范园区、武陵山区民族文化会展中心、武陵山区非物质文化遗产传习中心、武陵山区旅游商品博览中心、武陵山区民族文化影视拍摄中心,建设土家族文化生态保护基地和苗族文化生态保护基地。

(三)旅游产品创新能力不足

国际经验表明,大学是传承与创新地方文化的引擎。在武陵山区,6个中心城市有12所高校,其中本科院校5所,高职7所(湘西:吉首大学、湘西州民族职业技术学院;张家界:吉首大学张家界旅游学院、张家界航空职业技术学院;恩施:湖北民族学院、恩施职业技术学院;怀化:怀化学院、湖南医药学院、怀化职业技术学院;铜仁:铜仁学院、铜仁职业技术学院)。但渝东南现有的高校不仅成立时间短,而且没有本科院校。本科院校科研的社会服务能力是专科院校所不能及的,因而区域内民族文化精品的创新明显失衡。

(四)旅游扶贫精准度不够

当前武陵山区的旅游发展主要依托景区开发带动相关产业,在某种程度上仍然存在"旅游开发"即"旅游扶贫"的观念混淆,既有"旅游飞地"现象,也存在受益主体是乡村精英问题。武陵山区旅游发展不均衡,国家旅游局等12部门公布的乡村旅游扶贫村名单中,恩施222个、铜仁市316个、张家界235个、怀化市313个、湘西州244个、重庆东南地区(黔江、酉阳、秀山、彭水、石柱)139个,多数距离景区较远的地区,旅游可进入性能力较差,导致精准扶贫的效率低。

二 武陵地区发展旅游产业的条件与优势

旅游业被誉为"朝阳产业""无烟工业",是国家大力提倡和支持发展的产业。武陵山片区旅游资源十分丰富,通过开发利用得天独厚的旅游资源,发展以旅游业为龙头的特色产业,带动相关产业的发展,是武陵地区实现发展的第一选择。

第一,生态旅游优先,符合国家发展战略。国家"十二五"规划纲要分别用两篇的文字论述"转变增长方式"和"绿色发展、建设资源节约型、环境友好型社会",可见,国家对转变经济增长方式和保护生态环境、保护资源的重视。旅游属于环保型产业,是国家提倡大力发展的产业。武陵山区是我国第二级阶梯向第三级阶梯过渡地带,是长江支流沅水、乌江、清江、澧水主要流经地区,也是珠江的源头,是长江中上游和珠江上游重要水体补足区和长江中下游的生态屏障,生态安全极其重要;同时武陵山区是云贵高原向洞庭湖平原延伸地带,地形垂直落差大,且大多是喀斯特地貌,生态极为脆弱,容易造成水土流失;武陵山区也是我国生物资源极为丰富的地区,动植物种类繁多,区域内有众多自然保护区与森林公园。可见,保护这一地区的生态环境和多样性资源,对于我国的生态安全和持续发展至关重要。武陵山片区发展旅游产业正好适应国家转变经济增长方式的需要,也能有效地保护中国中部地区生态安全。

第二,旅游资源富集,基础条件优越。武陵山片区由于特殊的地形地貌和各民族的长期创造,旅游资源十分丰富,类型多样。从自然旅游资源看，奇山、秀水、溶洞、峡谷、自然保护区样样齐备，如张家界被列入世界自然遗产，梵净山加入国际生物圈组织，恩施大峡谷、仙女山、腾龙洞、小南海、清江画廊、沿河乌江山峡（亦称"乌江画廊"）、桃花源、猛洞河等景区闻名遐迩。武陵山区文化旅游资源也很丰富，由于武陵山区历来就是各种文化的交会点和人群迁徙流动的走廊，是中国多元文化相互交融的典型地区和文化多样性的重要保留地，留下了众多的文化遗迹，如里耶秦城、仙佛寺、凤凰古城、德夯古寨、恩施古城以及众多的古村落，同时还保留了丰富多彩的活态文化，如侗族大歌和芦笙舞，苗族银饰、蜡染、苗鼓，土家族民间表演艺术茅谷斯、摆手舞，等等。由于文化生态良好，湘西州申报的武陵山区土家族苗族文化生态保护试验区已获文化部批准。

第三，地理位置居中，区位优势明显。武陵山片区正好处于中国的腹心地带，自古就是联结中原与西南地区的重要通道。随着西部大开发战略的推进，武陵山区的交通条件有了很大改善，渝怀铁路、宜万铁路、沪蓉西高速公路、包茂高速公路、长张高速公路、长吉高速公路等都已通车，加上恩施机场、张家界机场、铜仁大兴机场、芷江机场、黔江舟白机场的开通，武陵山区初步形成了铁路、高速公路、航空三线立体交通网络。随着黔张常铁路（黔江—常德）、恩黔高速（恩施—黔江）、吉恩高速（吉首—恩施）、宜张（宜昌—张家界）高速的修通，武陵山片区的交通还将得到更大改善。届时武陵山片区周边大城市，如重庆、武汉、长沙、贵阳等进入武陵山核心景区只需3—5小时，即使北京、上海、广州等地游客到武陵山区旅游，也比进入云南、西藏、新疆、贵州等地路程成本低得多。

三　武陵山民族文化旅游产业发展的协调机制

（一）区域统筹，资源共享

"十三五"期间，站在长江黄金旅游带的基点上，武陵民族地区应当走区域大旅游、大市场、大产业的发展之路，坚持"错位发展、创意发展"的原则，培育长江中游城市群、长三角城市群客源市场，合作分享入境旅游市场、错位竞争发展养生旅游产业、大力开发避暑纳凉市场、乡村旅游等。到2020年，以资源为依托，以市场为导向，以产品为中心，以少数民族文化为特色，将武陵地区建成"国内特色文化产品和高山生态绿色产品供给地""国内外知名的生态文化旅游区"。

（二）整体规划，特色配置

一是做好武陵山区民族文化旅游业发展策划和规划。组织人文、历史、地理、旅游、建筑、规划等专家学者，深入挖掘养生文化、民族民俗文化的内涵和外延，在民族文化的历史形态、内容形态、舞蹈艺术、音乐特色、产业发展等方面形成研究成果的基础上，编制完成《武陵山区民族文化旅游产业发展总体规划》。

二是推动文化旅游精品项目建设，重点打造古镇文化品牌，加快旅游配套产业发展。扩大星级农家乐规模，深度挖掘少数民族养生饮食文化，发展独具特色的休闲农庄和星级农家乐；加快推进"智慧旅游"建设，建成武陵山区旅游导视系统；加大旅游商品市场培育，利用区域独特的民间工艺艺术，开发具有鲜明特色和文化元素的旅游纪念品、工艺品，支持以养生为主题的木雕、石雕、刺绣（西兰卡普）等手工艺品为代表的旅游纪念品开发、生产。

三是全方位立体推动文化旅游产业融合和营销。挖掘整理武陵山区养生文化、民族民俗文化以及古城名人逸事、故事传说，实施文化旅游融合工程，将文化植根于山水和景观建设；实施"旅游八个一"工程，即编制一批通用精当的旅游解说词，出版一套武陵山旅游画册，邀请一名形象代言人，拍摄一部反映武陵山区历史文化的电视或电影，打造一个知名电子媒介推广平台，制作一部精致的微电影，培养一批能说会道、业务能力强、综合素质高的导游和讲解员，培养一批业务水平高、懂行业规律的专家型管理者。

四是大力发展文化产业。科学设计合理布局，狠抓民族文化载体建设，依托渝东南文化创意园、湘西州文化产业园等，发展养生文化产业园、创意园、主题公园、博览园等文化旅游产业；加强文化旅游人才队伍建设，实施文艺人才"123"工程，即培养100名全国知名文艺专家、2000名市级文艺人才、30000名基层文化艺术骨干。深入挖掘武陵山区土家苗瑶少数民族民俗文化，编辑出版系列研究成果。

（三）创新政策，多元协作

一是政府统筹协调。加快成立文化旅游产业发展工作领导小组，统筹协调发改、财政、国土、规划、环保、扶贫开发、民宗、行政综合执法、交通、住建、林业、水利、文化、文物、公安、金融、工商、国税、地税、物价、安监、卫生、药监等部门，为发展文化旅游提供有效组织保障。二是提供人才保障。健全旅游从业人员教育、培训体系，充分发挥地方高校和中等职业院校的办学优势，加快培养一批"留得住、干得好"的高中级旅游管理人才和实用人才，优化旅游行业队伍学历结构。逐步推进旅游职业经理人工作，提高旅游从业人员综合素质。三是完善武陵山区文化旅游产业政策。包括有利于文化旅游产业发展的用地政策、投融资政策、文化保护政策、文化旅游融合发展政策。建立优质文化旅游资源开发政府担保机制，引导社会资本进入优质文化旅游资源的开发。

第四节　区域劳动力转移"近迁"协调发展机制

农村剩余劳动力转移是武陵山区社会经济发展的重要途径之一。武陵民族地区属典型的山区农业经济，随着农村产业结构调整和城市化进程，大量农村剩余劳动力到外地务工挣钱，以提高经济生活水平，已成为农村经济发展和脱贫致富的重要途径和持续的必然趋势。但长期在外务工的劳动力更希望成为一个真正的城市市民，享受城市现代生活，又有较为足够的生活保障，所以在近10年的城镇化发展中，一部分农民工选择了在离家乡较近的中小城镇迁居，成为"近迁城镇"的市民，同时，由于交通的不断改善，他们不但可以很好地照顾家乡的亲人（包括父母和亲戚），还可以继续在外打工挣钱，保证其经济收入甚至寻找更大的发展机会。这一趋势我们在前一章已经论述，并称为"流而近迁"，由此而产生的"双摆效应"构成了现在和今后一个时期劳动力转移的重要趋势。武陵地区是由四省跨界接壤地区构成，所以在实现交通大连通后，区域内的大中小城市都成了劳动力转移向往的"近迁城市"，如何使这些劳动力实现理想的"近迁"成为市民，必须在武陵地区区域建构和完善合理顺畅有效的协调机制。

一　武陵地区农村劳动力转移发展存在的问题及分析

第一，向经济发达地区单向流动为主。武陵山区生产力发展水平低，经济发展环境差，资金积累能力弱，小城镇建设滞后，乡镇企业发展规模小，第二产业基础十分薄弱，第三产业发展缓慢，这些严重制约了该地区农村经济的全面发展，当地吸纳农村剩余劳动力能力有限，造成大量农村剩余劳动力向外地尤其是向沿海发达地区流动。

第二，转移的主体是青壮年和受教育程度较高的农民。武陵山区农业劳动力的流动对象，主要是以青壮年为主，这部分劳动者相对劳动能力强、文化程度高、掌握技术好。

第三，剩余劳动力流动缺乏有效的组织管理。武陵山区农村剩余劳动力流动具有盲目性、自发性、无序性，主要原因在于缺乏有效的组织和引导，输出渠道不畅通，农业剩余劳动力主要依靠"地缘、血缘"，进行自发性流动。

第四，转移劳动力以从事体力劳动为主。武陵山区农业劳动力综合素质低，在对外转移的劳动力中，受过专业技能培训、掌握一技之长的劳动者很少。被转移的农民在城市中从事的大都是层次低、收入少的行业，社会地位卑微，携金回家、返乡创业的能力有限。这种状况大大削弱了武陵山区经济社会发展的力量，阻碍和延缓了经济社会发展的进程。

造成以上这些问题主要有三个原因：一是武陵山区农民的思想观念落后，市场经济观念淡薄，思维方式保守狭隘，依赖心理相对严重，在国家民族政策和扶贫政策的照顾下，"等、靠、要"思想严重。部分农民对发展本地经济缺乏应有的信心，把致富的眼光盯在外面，形成了打工是致富唯一出路的片面思想，大大削弱了发展本地经济的动力。二是受教育程度低。农村劳动力的文化水平总体上很低，第一代农民工绝大多数文化程度在初中以下，高中生所占比例很小，大专以上文化程度的劳动者更是寥寥无几，文盲、半文盲劳动力的比重远高于全国水平；第二代农民工在义务教育推动下大多数为初中和部分高中毕业，但学业较差水平太低，对农村劳动技能不懂（也不愿意懂），现代技术操作又没有学，所以外出务工效率低、风险性大、收益小。三是现代职业技能水平偏低。农业劳动力的文化程度低，严重制约了该地区农业劳动力智能水平的发展，阻碍着他们对现代农业科技知识、先进的农业耕作技术的学习、吸收和掌握，绝大多数农民还是停留在自然经济农耕技术的水平上，除了会做简单的农活外，别无一技之长。

二　建立和完善武陵民族地区劳动力转移协调机制

实现农业剩余劳动力合理有效的流动是实现武陵地区经济社会发展的重要途径。武陵山区农业剩余劳动力流动应从本地区实际出发，通过有为、有效、有限的合理流动，实现农业剩余劳动力充分就业。农业剩余劳动力流动要为武陵山区经济社会发展提供足够的人力资源保障，推动新农村经济协调可持续发展，促进新农村产业结构的调整和优化，促使农民收入长期稳定增长和生活水平稳步提高，培养大批新时期新农村的新型农民。

（一）发展民族教育，提高农村劳动力素质

从整体上看，武陵民族地区劳动力素质较低，是影响其有效转移流动的重要障碍。素质低下的劳动力由于缺乏必要的文化知识和技能，只能长期滞留在传统农业领域从事简单的农业劳动。正如英国著名经济学家哈比森所言，一个地区如果不能发展人民的技能与知识，就不能发展任何别的东西。这句话道出了发展民族教育、提高农村人力资本是解决农村劳动力转移的关键和根本。人力资本是指凝聚在劳动者身上的知识、技能及其所表现出来的能力。这种能力是生产增长的主要因素，它是具有经济价值的一种资本。民族教育是人力资本形成的最主要途径。而以学校教育为核心的民族教育对提高劳动力素质有着基础性、根本性和长远性的意义，它能为受教育者提供适合于现代文明社会所需要的最基本的知识与文化，并为学习专有知识和技能奠定必要的基础。其他各种形式的教育必须以学校教育为基点，因为没有较好的学校教育就培养不出具有一定素质的劳动者。

首先，民族教育有助于更新农村劳动力的就业观念，提升农村劳动力的职业道德水平。影响农村劳动力转移的因素是多方面的，观念落后是一个重要原因。民族教育开展得如何，直接影响着农村人口思想观念的形成。民族教育不发达将会导致缺乏文化的劳动者存在只能同土地打交道的传统心理，而受教育程度越高的劳动者就越容易转变观念，萌发转移的欲望。所以，现代民族教育的发展使得越来越多的人在观念上背弃了传统的农村生产方式及与其相适应的生活方式。他们不再满足于在固定的地方守着土地的传统劳动生活，开始以新的生活方式面对现实，以新的思维审视问题。于是，就有更多的农村青年在农业生产方式现代化不足的条件下选择流入城市。这种迁移是观念的驱使，而民族教育对这种迁移内部动机的形成产生了重要作用。

在民族教育过程中，可以运用多种多样的教学方法，如开展讨论、讲授案例等，对职业学校的学生和接受职业技能培训者有针对性地讲授相关行业的职业道德；民族教育在教学活动中注重道德教育的渗透，对受教育者的道德成长起着有益的导向作用；民族教育还可以促进民族地区劳动者的道德内化和自我教育，增强其自身道德修养的自觉性和主动性。

其次，民族教育有助于提升农村劳动力的科学文化素质。根据农村劳动力流动的具体情况，农村劳动力转移主要有三种形式：一是就地转移，即农村劳动力由农业转向非农产业。非农产业的发展客观上需要有一定的文化水平和技能水平的劳动力。二是异地转移，即农村劳动力向大中城市或发达地区转移。在大中城市或发达地区就业，更需要有一定劳动技能的劳动力。农村人口只有获得了知识，提高了劳动技能，增强了对新工作的适应性，才能增加他们在城市中获得工作的可能性，进而促使人们做出迁移的决定。三是升学转移，即农业人口通过升学转化成非农业人口。这种转移方式与教育直接关联，是农业人口向非农业人口转移的基本途径之一。农村青少年考入中等专业学校或高等学校学习，毕业后成为社会第二、第三产业的从业人员，接受教育是实现这种转移的首要条件，也是唯一的条件。尽管这三种转移形式各自的特点、层次不同，但却有一个共同的方面，即教育在其中发挥着重要的作用。"知识教育"中的基础教育能增加劳动者的基础知识，为农村劳动力的个人发展奠定知识基础；在对农村劳动力进行学历与非学历的"技术教育"过程中，将"知识教育"渗透进来、结合起来，不仅能提升农村劳动力的职业技能，而且能够提升其科学文化素养。因此，农村劳动力顺利实现转移，在其他行业就业或在农业之外创业，就必须接受教育；政府促进农村劳动力转移，就必须大力发展民族教育，提高农村劳动力的文化素质。

最后，民族教育有助于提高农村劳动力的职业技能。马克思曾提出，"要改变一般人的本性，使他获得一定劳动部门的技能和技巧，成为发达的和专门的劳动力，就要有一定的教育和培训"①。劳动力的素质对农村劳动力转移的速度和规模具有十分重要的作用。实践证明，劳动者素质越强，转移的难度越小，转移的稳定度越高。相反，劳动力素质越差，可供选择的就业空间越窄，转移难度越大，稳定度也越低。没有以较高的文化和技术素质为基础的农村劳动力转移，实际上是低层次、低水平、暂时的流动，就业稳定性差，重回农业率高。真正意义上的农村劳动力转移，是农民的全面素质不断提高，具备较强的职业转换和创业能力的转移。农村劳动力转移，从本质上说，就是提高农村劳动力的人力资本水平，从而实现个人收入增加和社会经济的和谐发展。

（二）加快武陵民族地区城镇化发展，建立和完善劳动力转移"流而近迁"的协调机制

上一章我们讨论过劳动力"流而近迁"流动的重要意义，即有利于武陵民族地区城镇化发展，有利于农村经济社会建设，有利于民族文化传承，有利于农村社会和谐稳定，有利于解决"留守儿童"的教育管理、亲情照顾等一系列问题，也没有大的文化差异和文化适应问题。因此，应该鼓励和创造条件让外出务工人员适时地选择区域内"近迁"入城成为市民，这就必须建立和完善区域内跨省界、市区界、县市界的迁居协调机制。

1. 加快武陵民族地区城镇化建设，总体上构建武陵地区大中小城市和中心集镇的布局规划，形成相互畅通、相互促进、相互补充、相互协调的大中小错落有致、各具特色的生态城市群。

城镇是农村劳动力转移的最终目的地。从长远讲，城镇化能够实现农村城市化、农民市民化、农业现代化。因此，稳步推进新型城镇化建设是有效解决武陵山区农村剩余劳动力转移就业问题的根本途径，而逐步推出和完善城镇化相关配套政策和措施则是解决农村剩余劳动力转移就业问题的基本保障。

（1）要从总体上规划武陵地区城镇化建设布局，明确该地区城市建设定位为大中小城市群，而且这一地区城市群只能建个别大城市，应该建设大量的中小城市和中心集镇，突出民族性、生态型特色。

① 《马克思恩格斯全集》第 23 卷，人民出版社 1972 年版，第 195 页。

（2）城镇化带动工业化。在城镇化发展中，工业化作为发展的原动力处于主导地位。依托具有坚实基础的高速发展的工业化，可以在推动新型城镇化建设过程中创造更广、更多有效的就业岗位以满足日渐庞大的农村剩余劳动力转移就业需求。在通过促进就业和创业吸纳农村剩余劳动力的同时，也为农业现代化创造了必要条件。大城市发展战略中，应严格控制"两高"和产能过剩行业的盲目扩张，既要积极鼓励和大力推动新兴产业的发展，又要扶持和稳定劳动密集型产业的发展，而中小城市和小城镇发展战略中，应以有利于扩大就业的工业和服务业为发展主线。

武陵地区在经济社会发展和扶贫攻坚过程中，城镇化是必由之路。武陵山片区位于中国中部大山之中，交通闭塞，基础条件差，经济社会发展滞后，城镇化水平低，2010 年城镇化率为 31.88%，比全国同时期城镇化率低 17.8 个百分点。因此，武陵山片区在城镇化进程中不能照搬东部地区或发达国家城镇化的模式，必须探索自己的发展之路。根据武陵山片区独特的自然条件、资源禀赋、交通条件、人口分布、产业优势、现有基础等因素，必须走具有自身特色的城镇化发展道路，在充分保护、利用和优化现有自然资源、人文资源的基础上，以自身的资源和产业优势为依托，以中心城市为辐射点，带动县城和集镇协调发展，以资源的永续利用为前提，以突出特色为切入点，以建设资源节约型、环境友好型社会为目标，以提高人民收入、改善民生为落脚点，全面提升城镇化的质量和水平，走非均衡发展、差异化发展、特色发展的道路。

武陵山区六地市均处各省（市）边远地区，远离省城和中心城市，城市化率低，导致城镇吸纳剩余劳动力的容量极其有限。在该地区进行城镇化建设，可以依托资源优势，集中财力、物力，重点发展各类特色小城镇。如边区贸易物资集散型小城镇、旅游资源优势小城镇、矿产资源优势小城镇、农产品资源优势小城镇、民族文化资源优势小城镇、加工型资源优势小城镇、红色资源优势小城镇等，使之尽快成为发展乡镇企业和第二、第三产业的集中地，成为吸纳农村剩余劳动力的重要阵地，走出一条适合山区特点的城市化建设道路。

大力发展乡镇经济，改善和丰富农民的物质文化生活，引导乡镇企业发展与小城镇建设结合是关键。没有与小城镇建设相适应的乡镇企业，小城镇就失去了经济基础，失去了农村劳动力向小城镇转移的吸引力。一是各级党委政府推进农民居住集中和加强小城镇建设的目标应与农民的需求结合起来。政府不能强拆强赶，强行将农民逼进小城镇，而应根据农民的意愿确立政府关于小城镇建设的工作目标，如不这样，势必会引发新的政府与群众的矛盾。设立小城镇和发展小城镇，应当走市场发展的路子，通过市场调节，引导投资、人口、企业、居住、交通、物流、人流等而形成，小城镇的建设和发展应当是市场作用的结果，而不应当是政府拍脑袋的产物。二是在小城镇建设中要特别注重引导各类企业向小城镇集中。当前，政府应在统一规划的基础上以现有的县城为骨干，选择部分条件好且有一定工业基础的乡镇重点加以发展，在产业政策、投资政策、信贷政策、金融政策上让乡镇企业享受与城市工业同等待遇，积极支持各类企业落户城镇，建立乡镇工业小区、农民创业园等，连片开发，给进城的乡镇企业一定的政策扶持，发挥好小城镇的"聚集效应"。同时政府还要培育新的增长点，引导乡镇企业改变现有的发展格局，充分利用本地资源，加大乡镇企业改制力度，尽可能让乡镇企业的发展上一个新的台阶，继续为转移进镇的农村劳动力做出应有的贡献。三是加大资金投入。小城镇建设需要的大量资金应主要通过民间融资来解决。比如，小城镇基础设施建设的资金可本着共同受益、共同负担的原则来筹集，同时应搞活小城镇房地产市场，通过经营土地、有偿转让等方式筹集小城镇建设资金。

（3）城镇化促进农业现代化，提高农业对农村剩余劳动力就业的吸纳能力。在城镇化发展中，农业现代化是发展的重要基础，通过发展现代农业可以有效提高农业领域对农村剩余劳动力就业的吸纳能力。然而，目前武陵山区农业发展面临的一个突出问题是农业现代化程度较低，农业劳动力资源弱化。因此，加快武陵山区农业现代化建设，提高农业领域对农村剩余劳动力就业的吸纳能力，应从四个方面着手扎实推进：一是要高度关注"三农"问题，不仅要确保国家各项支农惠农政策落到实处，而且要建立以工促农、以城带乡的长效机制；二是要加快农业科技进步，切实加强农业创新，科技引领农业发展，提高农业生产效率和农业领域吸引力；三是要因地制宜发展特色农业和农产品加工业，以此来吸纳更多农村剩余劳动力进入与农业相关的产业中实现就业；四是要抓好新型农民培养工程，建设一支有文化、懂技术、会经营的新型农民队伍，同时培育农民专业合作社、农业产业化龙头企业等新型经营主体，以适应现代农业发展需要。①

2. 国家层面上制定武陵民族地区城市建设规划和建设条例，使这里的城市建设在国家法治层面进行，而不因为领导的更换影响持续发展。

武陵民族地区的城市建设必须符合当地实际，以建设生态文明城市为目标，必须坚决彻底地制止以损害生态为代价的做法。这就要求从国家层面制定这个地区的《城市建设条例》或者制定一个区域整体的《生态保护条例》，协调统筹对这个跨省界的区域城市群建设，以保证其健康持续的高标准建设，真正尽早把这个地区建设成为具有世界影响的民族生态旅游家园。

3. 跨界各级政府制定有利于劳动力转移"近迁"的开放性政策，如户籍政策、小孩上学政策、劳动社会保险政策、土地出让政策、劳动力创业就业政策等激励性保护性政策。

要吸引劳动力转移"近迁"为武陵地区城市市民，就必须制定相应的优惠政策和基础条件。如果能从住房、子女就学、公共交通、文化娱乐、医疗卫生等公共服务方面切实加以改善，就可以吸引农村劳动力到小城镇就业创业。一要加快小城镇居住区建设进度。原始的农村居住村落分布较零散，目前，通过土地集中、居住集中、项目集中的"三集中"政策，可以让农民以房换房，政府给予适当补贴的形式，让农民享受拆迁安置政策，拆旧房，到小城镇购置新房。对于部分贫困家庭，可以为他们提供廉租或经济适用房。二要解决进入小城镇农民子女入园、入学问题。农民工经过拼搏基本解决温饱之后，考虑最多的是子女教育，希望子女接受优质教育改变命运。因此，小城镇建设要根据农民需求，合理布局中、小学和幼儿园规划建设，切实解决进入小城镇农民子女入托、入园、入学问题，消除他们的后顾之忧。三要提供方便快捷的公共交通服务。随着小城镇建设范围日益扩大，进城农民迫切需要方便快捷的交通方式，以满足上下班、购物和往返家庭等出行需要。但现在的小城镇

---

① 李亦楠、邱红：《新型城镇化过程中农村剩余劳动力转移就业研究》，《人口学刊》2014年第6期。

普遍没有公交车，政府有必要加强小城镇交通投入，因地制宜地设立公交线路和班次，为小城镇人员提供交通方便。四要加强文化娱乐设施建设。小城镇要根据当地现实情况，在数字电视、网吧、电影院等文化娱乐设施方面规划建设，丰富农民的业余文化生活，同时还能起到加强党和政府在思想文化领域的宣传、引导和管理的目的。五要为小城镇农民提供良好的生活服务。小城镇建设，不仅仅满足于改善基础设施硬件环境和优化服务软件环境，更需要加速提升与小城镇发展相适应的综合配套服务能力，包括商贸流通、餐饮住宿、文化体育、医疗卫生、金融通信等服务功能，真正为农民在小城镇就业、生活提供周到服务。

4. 强化社会公共服务，实现城乡公共服务均等化。

公共服务均等化是满足民生需要的基本公共服务，是由政府提供的"托底"性的公共服务。公共服务均等化的目标：一是要实现平等，即为所有需要的人提供同等的服务机会，并使其获得大致相等的服务结果；二是要救助弱者，对于社会弱势群体，政府要采取特殊强化的政策和措施以保证他们能够获得均等的服务。农村劳动力向小城镇转移，就必须加强小城镇社会公共服务体系建设，政府各职能部门也要充分发挥职能作用，加强协调配合，为农民提供城乡均等化社会服务。一是建立农民综合服务中心。在小城镇农民集中区建立人社、综治、工商、税务、计生等为一体的综合服务中心，为进入小城镇农民提供就业社保、子女就学、户籍登记、计生、购（租）房、工商税务等一站式服务。在硬件上要做到"四有"，即有机构、有人员、有经费、有场所，软件上要加强服务载体网络化、服务功能标准化、服务手段信息化、工作队伍专业化、管理方式一体化、保障机制长效化的"六化"建设，着力打造覆盖城乡、全民共享、统一规范、功能完善、便捷高效、机会均等的社会公共服务体系。公共服务场所建设因耗资巨大，往往地方财力难以全部承担，这就需要上级财政给予强力支持。从长远来看，需要建立国家、省、市专项资金转移支付制度，帮助、支持乡镇建设统一格局、标准和服务流程的社会公共服务平台。二是职能部门要为农民提供良好服务。各有关部门、各基层组织要充分发挥职能作用，服务并推动农村劳动力向小城镇转移，服务小城镇建设发展。新闻单位要大力宣传引导进城就业创业的重要性和现实意义；公安部门要建立基层联防协访网络，确保农民家庭及财产安全；教育部门要做好中小学和幼儿园上下学接送工作；人社部门要解决好农村劳动力就业创业和社会保障工作，切实解除进城农民的后顾之忧；卫生部门要为农民提供良好的医疗服务。三是从组织上为进城入镇农民提供坚实保障。为农村劳动力向小城镇聚集服务，加快小城镇发展步伐，还需要从组织上建立相应的领导管理体系，做好城镇化实施的规划、管理与协调工作，有步骤、有重点地推进农村劳动力城镇化进程。要根据当地经济社会发展水平的差异，努力探索各具特色的小城镇精品建设模式，为农民进入城镇创造美好的生产生活空间，进而带动小城镇更加繁荣，产业更加兴旺，农民更加幸福。

5. 加强引导和规范，构建组织化的流动机制。

武陵山区农业劳动力转移存在单向流动、体制性障碍、无序流动等问题，迫切需要政府加以规范和引导。

首先，完善劳动力市场机制，建立规范的劳务市场中介组织。要实现农村劳动力跨地区流动，必须加强政府宏观调控，健全就业服务体系，逐步形成统一开放、公开竞争的劳动力市场。各级政府首先要摒弃就业制度上的城市化偏向，打破劳动力流动的城乡界限、所有制界限，拆除农村劳动力在就业方面的各种壁垒，取消农民进城从事各种经济活动和生活的限制，实现城乡居民身份的真正平等，逐步建立城乡结合的分层次、网络性、综合性的劳动力市场。加强劳动力市场体系建设，一要逐步消除城乡劳动力市场的分割状况，建立"企业自主用人，劳动者自由择业"的市场化就业制度，其关键是加快城市就业用工、福利体制和社会保障"三位一体"的改革，以消除劳动力市场不良竞争的病根；二要建立规范、功能齐全的劳务市场中介组织，为农村劳动力转移提供包括信息咨询、职业介绍、职业培训、失业保险等方面的综合服务，培育和完善劳动力市场，把分散的小农户与大市场结合起来，促进劳动力有序流动和合理使用；三要加快劳动力市场规则的建设，防止市场垄断、歧视、不公正交易及侵犯自主交易权和人身权利、契约权利等不正当行为；四要加强政府对劳动力市场的预测、规划、调控、立法和监督，使劳动力转移走向制度化、规范化；五要加快劳动力市场信息网络建设，促进全国统一劳动力市场的形成，使农村剩余劳动力的转移更加规范有序，更加富有成效。

其次，加快户籍制度的改革，建立合理的农村土地流转机制。户籍管理制度的改革应旨在消除城乡人口和劳动力的分割和不平等，其核心是要剔除附着在户籍关系上的种种社会经济差别，真正做到城乡居民在发展机会面前人人平等。我国应尽快变户口静态管理为动态管理，淡化户籍制度对经济活动的制约作用，实行用工制度与户籍制度弹性挂钩，建立规范的劳动力市场，加速实行证件化管理，用经济手段而不是行政手段来调节人口迁移，真正实行城乡统一的户籍管理制度，最终目标是保障公民迁徙自由的权利，并以法律的形式规定下来，从而使迁移做到有法可依。农民落户城镇后，按有关文件规定可享受与当地城镇居民相同的待遇，包括就业、收入、子女受教育、居住、福利等待遇，避免出现对农民的制度性歧视，彻底解决进镇农民的后顾之忧。

完善现行农村土地制度，推进农村土地合理流转。土地不仅是重要的生产要素，还是农民的生存保障，对于迁出农民来说，放弃土地就意味着放弃财富。为了让农民无后顾之忧地向城镇和非农产业转移，应尽快建立合理的农村土地的流转机制，促进农村土地市场的发育，以割断人口城镇化的"脐带"。在长期稳定农村土地承包关系的前提下，要尽快以法律形式赋予长期而有保障的土地使用权，允许和鼓励外出农民依法转让、转租、入股、抵押土地承包权，并获得相应的适度收益。

最后，统筹城乡社保，加强权益维护，农村劳动力享受城镇职工一样的社会保障制度。为妥善解决进城就业的农村劳动者社会保障问题，促进农村劳动者稳定就业，武陵山区各地制定了城镇化过程中农村劳动力和被征地农民的社会保障办法，将进城就业的农村劳动者纳入养老、失业、医疗、工伤和生育保险参保范围，进城就业农民与城镇职工享受同样的政策和同等的社会保险待遇。依法维护农民工合法权益，督促各类用人单位招收录用农村劳动力要签订劳动合同，按时、足额支付劳动报酬，缴纳社会保险，稳定就业岗位，减少员工流失，真正让农村劳动力充分就业、稳定就业、体面就业和更高质量就业。

第五节 区域劳动力转移教育培训协调发展机制

武陵民族地区劳动力转移教育培训需要研究三大问题：一是现有劳动力转移的素质和技能培训；二是新生代劳动力（或叫新生代"农民工"）教育培训问题，即中级和高级职业教育问题；三是如何根据武陵民族地区特点统筹布局区域内的劳动力教育培训，建构良好的跨界培训协调机制问题。

一 劳动力转移的素质与技能培训

（一）武陵民族地区劳动力转移培训现状

劳动力转移效果与劳动力所具有的基本素质和基本技能直接相关，所以，加强劳动力素质和技能的培训对提高劳动力转移成效、促进转移劳动力健康发展十分必要。近十多年来，各级政府逐步采取了支持劳动力培训的政策和财政支持，实施了劳动力培训工程。如，2004 年由农业部、财政部、劳动和社会保障部、教育部、科技部和建设部共同启动实施的"阳光工程"，由财政支持的农村劳动力转移培训项目，重点是培训农民，核心是转岗就业，目的是促进农村经济发展和农民增收。[①] 武陵民族地区恩施自治州实施的"雨露计划"工程，主要按照"大培训、大转移、大增收、大发展"的农村劳动力转移培训的工作思路，对恩施贫困劳动力转移进行培训。[②] 2005 年以来，共青团湖北省委实施的"青春富康"行动工程在恩施州落到实处，在农村劳动力转移培训、鼓励支持青年农民创业方面做出了成绩。2006 年湖北省开始实施"温暖工程"，首先在恩施州几个县市进行，湖北省委统战部、农业厅下发了《关于印发〈2007 年湖北省"温暖工程李兆基百万农民培训"项目实施方案〉的通知》，将一些职业学校作为委托培训的机构，并下达完成培训计划人数，取得了一些成绩。以上种种培训措施都是在政府的推动下进行的，事实

---

① 谭志松：《湖北民族地区农村劳动力转移研究——以民族教育为视角》，民族出版社 2008 年版，第 153—155 页。

② 同上书，第 158 页。

上，后来还有一些社会组织机构实行有偿服务培训，如，民运驾校、私人企业技术培训（计算机操作培训、餐饮业培训等）等。其实，劳动力培训在武陵民族地区其他三个省市（湘渝黔）实施了各种劳动力转移培训工程或计划，也都取得了一定的成效。

（二）存在的问题

第一，总体来看，武陵民族地区劳动力转移培训没有形成系统和体系。

从现实的情况看，武陵民族地区劳动力转移培训还处在"工程项目式""部门数据任务式""义务援助式""短期突击式""一般号召式"等形式和措施阶段，还没有比较完整的培训体系，也没有实质性地担负培训任务的培训机构。一般都是某一"工程"或"计划"或"行动"或"任务"下达或实施后，具体培训委托给某职业学校或培训机构，所以其培训无系统性，也没有专门的符合实际需要的条件和培训老师，因而其效果并不理想。因为这些培训职业学校并没有系统培训方案和教学计划，管理上也很松散，没有部门对其培训有合适的评价标准和机构保证其培训质量，也没有理顺职业技术学校与劳动力转移培训的关系，因而，劳动力培训成为职业学校额外的临时任务，无法做好充分的准备。

第二，资源分散、目标针对性差、投入效度低等制约劳动力转移培训效果。

第三，培训内容缺少针对武陵民族地区资源保护与开发、产业结构调整所需要的职业技能和素质的培训内容，培训人员缺乏当地创业开发的素质和技术。

第四，需要和准备转移的劳动力对于接受培训的积极性很低，致使培训规模小、培训人员稳定性差，造成资源浪费、效果不佳。

二　新生代劳动力转移培训问题

新生代劳动力转移培训重点是职业技术教育问题。武陵民族地区初中升高中学习的比例仍然不足50%，职业技术教育是在普通教育的基础上把一般性的劳动者进一步转变为某一领域、某一行业以至某一工种的专门劳动者。基础教育是对劳动力进行再生产中的一种基础性的工作，普通教育培养的是作为劳动后备力量的劳动者，着眼于劳动者基本素质的提高。而职业教育是转移农村劳动力的桥梁和纽带,对提高劳动力专业技术素质意义重大。要使农村剩余劳动力获得农业以外的就业机会,关键是通过职业技术教育提高劳动力的文化程度和技能水平,提升人力资本的质量。同时,农村产业结构的调整、农村现代化的进程,也急需职业技术教育为其培养一大批有知识、懂技术、会管理的新型农民。

武陵山区社会发展程度低,生产力发展水平低,劳动者科技文化素质低,物质技术基础低,自然经济比重高,贫困人口比重高,文盲半文盲比重高,地区发展不平衡,山区半山区占国土面积94%以上,人均耕地仅0.81亩,而且相当一部分是靠天吃饭的山坡地。按农村生产力水平,武陵山区约有530万个富余劳动力,占农村总劳动力的63.3%。为了尽快增加群众收入,缓解生态压力,组织大批农村劳动力转移输出已成为武陵山区贫困群众脱贫致富的重要途径。然而,随着武陵山区产业结构升级,经济增长方式由粗放型向集约型转变,以及新兴产业的兴起,武陵山区劳动力素质相对较低的状况,已经很难适应产业升级和技术进步的要求。因此,加快发展武陵山区职业技术教育,下大力气转移培训农村劳动力,实现农村富余劳动力与外部资金、技术等生产要素的优化配置,对武陵山区经济和社会的全面发展具有重大而深远的意义。

三 武陵山区职业教育培训状况

新中国成立后,武陵山区的民族教育作为一种相对独立完整的教育体系得到了党和政府的高度重视,取得了长足的发展。改革开放以来,武陵山区以"普六""普九"为重点的基础教育全面推进。为适应农村经济发展的需要,武陵山区实行了基础教育、职业教育和成人教育的"三教统筹",为农村培养了大批实用技术人才。20世纪80年代初期开始,武陵山区先后在农村开设了增加学生生存和就业能力的职业技术高中,在城市建立和发展职业技术学院,逐步建立了县、乡、村三级农村职业技术教育网络和城市高等职业技术网络,初步建立起了与普通教育、成人教育相互沟通,初、中、高相互衔接的职业教育体系,培养了数十万各类专门人才,为武陵山区的经济建设和社会发展发挥了重要作用。但是,武陵山区的职业技术教育仍处于整个教育体系的薄弱环节,这主要表现为职业技术教育被边缘化、办学条件较差、教学资源有待整合加强、专业设置与用工需求脱节等。因此，认真贯彻落实《国务院关于大力推进职业教育改革与发展的决定》，抓住国家组织实施农村劳动力转移培训"阳光工程"和贫困地区劳动力转移培训项目等机遇，利用武陵山区现有职业技术教学资源，采取政府扶持与市场运作相结合，培训与输出相结合，输出地与输入地相结合，逐步建立集转移培训、市场信息、政策保障、管理服务为一体的武陵山区职业技术教育网络，推动农村劳动力转移培训，使之成为武陵山区群众增收致富的重要产业，是武陵山区职业技术教育的重要发展方向。

（一）建立了高度耦合地方经济发展的中、高等职业教育体系和专业体系

武陵山区改革与发展现代职业教育，建立了以高等职业教育为主体、以中等职业教育为补充、中高职衔接、职前职后互为沟通、公办与民办共同发展的职业教育体系。

如，铜仁市职业教育体系包括三所高等院校，分别为应用型本科的铜仁学院，国家骨干职业院校铜仁职业技术学院、幼儿师范高等专科学校。同时还有初高中、中等职业教育学校，形成了办学层次分明、专业结构完善的职业教育和培训体系，为铜仁市的发展提供源源不断的人才支撑。铜仁职业技术学院是铜仁市工业的教育支撑平台，办学独具特色，成立了铜仁市职业教育集团，通过集团式办学，重点发展各自办学专业特色，达到专而精，同时高职引领中职，促进各区县中职学校共同发展，支撑地方区县经济发展，进而辐射各地社会发展。

截至2012年年底，恩施州现有高等职业院校1所，中等职业学校16所，其中普通中专2所、县市职教中心（职高）8所、民办中等职校1所、技工学校5所，在校学生达3万余人，覆盖工、农、商、卫等各个领域，职业教育结构日趋合理，规模不断壮大。2014年，恩施全州完成各类中职招生11350人左右。全州各行业主管部门、职业院校、职业技能培训机构以就业为导向，实施工学结合、校企合作、顶岗实习的人才培养模式，依据州内外市场人才需求状况，充分发挥各校自身优势，调整优化专业结构，建设特色专业品牌，提高人才培养质量，先后已有32个高职专业和38个中职专业面向州内外招生，培养了18万高中技能人才，众多毕业生已成为各行各业的骨干，为该州经济社会发展做出了贡献。同

时，积极开展职业技能培训，先后开办了"阳光工程""温暖工程""雨露计划"、大学生村干部培训、村支书培训、导游人员培训、农村劳动力转移培训、农村实用人才培训等各类专题培训班，使 10 多万务工就业人员的劳动技能和广大民众的综合素质得到大幅提高，产生了较好的经济社会效益。①

2007 年以来，黔江区职业教育形成了以重庆旅游职业学院、重庆经贸职业学院、黔江区民族职业教育中心为主体的，比较完整的职业教育体系。现有公办、民办高职各 1 所，其中公办高职重庆旅游职业学院于 2010 年招生、民办高职重庆经贸职业学院于 2011 年招生；有公办、民办中职各 1 所，其中公办中职为黔江区民族职业教育中心、民办中职为重庆经济技术管理学校。有中短期职业培训学校 16 所。形成了集公办、民办高职，公办、民办中职，中短期职业培训学校为一体的多元化、多层次职业技术教育办学格局。2016 年现有高职学生 1750 人（其中重庆旅游职业技术学院 1400 人，重庆经贸职业技术学院 350 人），中职学生 11738 人（其中区职教中心 11614 人，区经济技术管理学校 124 人）。特别是中职在籍学生从 2007 年初的 1000 余人发展到现在的近 1.2 万人，高中阶段普职比接近 1∶1，职教中心在全市 236 所中职中专学校中跨入超万人的 5 所学校行列，位居武陵山片区前列，并成功跻身"国家中等职业教育改革发展示范校"行列。②

截至 2015 年，湘西土家族苗族自治州有高职院校 1 所，中等职业学校 19 所，职业教育加快发展，基本形成了以"高职为龙头，中职为重点，职业培训为依托"的职业教育办学格局。湘西州各县市教育行政部门加大了对"双师型"教师的培养力度，加大了对民族特色专业建设的扶持力度，湘西州正在积极营造职业教育建设大环境，形成全社会支持发展的良好氛围。

武陵山区各级职业教育机构按照"教育脱贫一批"的要求，紧贴地方产业发展和农村扶贫脱贫的技术技能需要，围绕产业办专业，为地方培养了数以万计"下得去、留得住、用得上"的大批技能型人才和高素

---

① 数据根据 2014 年 7 月课题组在恩施调研时当地教育行政部门提供的材料整理而得。
② 数据根据课题组 2014 年 7 月在黔江实地调研时相关行政部门提供的材料整理而得。

质劳动者。比如，铜仁职院构建了以药物制剂技术、畜牧兽医、设施农业技术、茶叶生产加工技术、康复治疗技术等优势专业为主干，相关专业群为支撑的"农、医、管、工、药、文"协调发展的全方位为农服务的专业体系，学校招生就业工作持续呈现"进口旺，出口畅"的良好态势。截至2015年8月底，铜仁市2016届毕业生初次就业率达98.5%，远高于贵州省90.9%的平均就业率。

武陵山区各级职业教育机构努力创新人才培养模式，服务地方经济发展需求。比如，铜仁职院与当地政府签订合作协议，订单式培养地方发展急需的人才。在2016年，铜仁职院订单、定向培养计划中，包括铜仁市人民政府订单，学生毕业后由市政府安排到所属乡镇工作，有编有岗；贵州省所开展的专科层次农村订单定向免费医学生培养项目，学生入学免学费、住宿费，补助生活费，毕业后到指定的农村乡镇卫生院、村卫生室工作；教育精准扶贫计划培养生，享受国家精准扶贫相关政策支持。近年来，铜仁市大力发展电子商务，铜仁高新区电商园获批国家级电子商务示范基地。为此，铜仁职院着手成立电子商务学院，培养铜仁市电商发展急需人才。该校创意项目"优滋果惠"获全国大学生"互联网＋"创新大赛暨第三届发现杯全国大学生互联网软件设计一等奖；"后花苑——花卉种植产品销售＋生态园区建设"电商创业项目获得贵州省特等奖，并在第六届全国大学生电子商务"创新、创意及创业"全国总决赛上获得一等奖及最佳创意奖等。根据规划，该校未来将成为贵州省乃至整个武陵山片区利用"大数据"助推"大发展"、落实"大扶贫"战略的高素质IT技术人才的培养基地。

（二）职业教育和培训水平不断提高

为利用教育资源优势提升劳动力技能，助推民族地区精准扶贫精准脱贫。比如，铜仁职院组建"博士团""硕士团""教授团"等技术服务团队，对接乡镇村寨开展包乡包村技术服务活动，实施"一村一品""一师一班一村"等帮扶计划。一批脚上有泥、手上有茧的"天麻教授""西瓜教授""牛教授"们进村入户现场指导，先后指导农户近2万户，受益人口近10万人。在技能培训过程中，专家教授们让老百姓积极参与实践操作，在增强培训效果的同时，也增强了群众干事创业的信心。铜仁职院通过"120"农技服务电话、"农民之友"手机短信等实施个性化技术指导，受益农户1万余户。该校还组建了应用技术服务中心，成立种植技术、养殖技术、茶叶加工技术、中药材生产加工技术、医疗卫生技术等专业技术服务部，并在铜仁市10个区县设立专门技术服务点。铜仁职院与铜仁市及各区县扶贫办、农委、就业局、工会等部门联合实施"雨露计划""阳光工程""农民工技能就业培训工程""农民工素质提升培训""农民创业培训工程"等。

2014年，恩施州在努力规范职业学校教学常规的同时，还开展了全州中职学校学科抽考及学科竞赛，强化了技能竞赛和对口升学教学指导，在2013年6月的全国技能大赛上获2个三等奖；2013年11月的省技能大赛上获1个一等奖、11个二等奖、13个三等奖，在省信息化说课竞赛上获2个三等奖。2013年，通过对口升学和技能高考，恩施州共249人考上本科，2578人考上高职高专。其中，建始县职校519人参考，上本科67人，恩施市职校317人参考，上本科34人，巴东县职校344人参考，上本科30人。

（三）为地方产业转型升级提供了技术保障和智库支撑

武陵山区各级政府集中力量，整合资源，不断提升服务国家和地方发展战略的能力和水平。比如，铜仁职院民族中兽药分离纯化技术国家地方联合工程研究中心、国家茶产业体系铜仁茶叶综合试验站（国家重点项目）、贵州省中兽药工程研究中心、铜仁市产业发展研究中心等20余个技术技能研发机构，在促进地方产业转型升级、带动农民脱贫致富中积极作为。目前，该校正与多家研究单位紧密合作，规划设计建设贵州省"万头肉牛繁育和品种改良养殖基地"。铜仁职院紧密结合国家和地方脱贫攻坚战略的实施，承担国家民委委托的"职业教育服务少数民族和民族地区精准扶贫精准脱贫"和"武陵山区职业教育服务少数民族和少数民族地区精准扶贫精准脱贫研究"课题研究，承担大数据战略、医养一体化路径、工业供给侧结构性改革、大物流发展等一系列地方发展重大研究课题，智库支撑作用不断增强。

四　武陵山区农村劳动力职业教育和培训面临的问题

（一）职业教育和培训机会的供求能力不足

我国职业教育和培训仍属于准公共产品，实行的又是属地化财政职业教育经费分配体制，县域财政能力和人均收入的差距就隐含着县域职业教育培训经费保障差异化和职业教育、培训机会不均衡等问题。在武陵山区，职业教育发展规模长期受制于同级地方财力不及农户的有效需求能力。

第一，地方财政支持能力弱小，职业教育与培训边缘化。武陵山区各地（州、市）2007 年统计年鉴表明，武陵山区所覆盖的 48 个行政县，人均生产总值 5530 元，仅为全国平均水平的 34.7%；人均财政收入 434.69 元，只有全国平均水平的 14.5%。由于区域经济落后，可作为农民培训的资源极为有限，各县各级各类教育的发展也从根本上受到制约。尽管中央政府和各级地方政府不断加大对武陵山区的职业教育和培训的投入，但是，这些投入仍然不足以改变区内职业教育培训被边缘化的困顿。2007 年，湘西自治州所辖八县（市）生均预算内职业教育事业费只占全国平均水平的 46.3%，仅 4.4% 的乡镇地域内有职业技术学校。可以说，无论是对在业人口、求业人口的农业技术、职业技能培训补救措施，还是针对未能升学的初、高中毕业生就业能力的教育和培训计划，县级财政都难以保证实施。

第二，农户自身多处于"生存收入"阶段，分担职业教育成本的能力非常有限。2007 年我国农村居民恩格尔系数为 43.1%，而武陵山区则高达 55.38%，按照国际粮农组织的界定，该区域农户收入只够解决温饱问题，对于按照"谁受益，谁付费"的原则供给的职业教育培训机会，并不具有相应的有效需求能力。更为严重的情况是"生活贫困"的困迫。2007 年各地统计局公布的贫困人口监测数据表明，整个武陵山区农村仍然还有 147.67 万绝对贫困人口，占总人口的 7.32%；低收入贫困人口 282.82 万人，占总人口的 14.1%，两者合计还有超过 430 万人在贫困中挣扎。而同时，政府教育救助主要集中在义务教育阶段和高等教育阶段，较长时期较大程度地忽略了职业教育阶段贫困生的救助问题，甚至是职业教育的救助保障长期缺位。虽然"十一五"期间，中央财政计划每年出资 40 亿元资助中职贫困生，但是救助面窄、救助标准低的问题仍然突出。在武陵山区，经济困难仍然是贫困农户子女获得职业教育和培训机会的最大阻碍。

（二）观念落后，职业教育和培训意愿低

观念的落后不仅表现为对现代社会认识的能力和水平较低，还表现为社会的、文化的或心理的因素长期积淀后而形成的落后的心态和一成不变的思维定式、价值取向，进而形成顽固的文化习俗、意识形态。这实际上形成了一种对贫困适应的文化，即贫困文化，从而使浸没于贫困文化的人甘于贫困落后，对于任何促使他们发展（比如教育培训）和增加财富的事物都不感兴趣。劳动适龄人口接受职业教育和培训的意愿不高，农村劳动力培训仍然处于迟滞和缺乏状态。近年来，武陵山区培训农村劳动力的工程措施主要包括技能型人才培养培训工程、农村劳动力转移培训"阳光工程"、农村实用人才培训工程。同时，还展开了新型农民培训工程。但是，各项培训工程实施规模小、覆盖面窄，能够受惠的对象非常有限。铜仁地区第二次农业普查结果表明，2006 年全区农村外出务工劳动力 55.64 万人，其中受过专业技能培训的只占 11.4%；湘西州就业服务管理处统计结果表明，2007 年全州农村外出从业劳动力 38.13 万人中，受过转移培训的只占 17.76%。2007 年《恩施州统计年鉴》载明，在农村住户就业劳动力人数中，接受过技能培训的只占 15.43%，而在农村住户外出就业劳动力人数中，受过专业培训的也只占 21.09%。迄今，武陵山区绝大多数农业从业人员的劳动技能还停留在自然经济农耕技术水平上，除了会做简单的农活外，别无一技之长。农村绝大部分"求业人口"缺乏非农生产所必须具备的技术和技能，在主要靠拼技能而不是拼体力、工业化和信息化快速推进的城市中，有效就业表现出越来越艰难的局面，越来越多的人在劳务、就业机会的竞争中首先被排斥出去，被迫又回到家乡和传统农业中。2007 年湘西州所辖八县内农业从业人员占农村从业人员总数的比重仍高达 89.5%。

在武陵山区的职业教育培训中，贫困文化影响可以从三方面得到印证：

第一，观念、认识上的偏差，对职业教育和培训的态度不积极。调查中我们发现，武陵山区农村有较大部分的劳动适龄人口没有经过任何技能培训或职业技术教育，并不是因为没有机会，而是因为他们追求眼前得失，主动放弃了原本可以获得的职业教育和培训机会，有的人甚至拒绝接受职业教育和培训。尤其是近年来，外出打工愈益成为人们提高家庭收入、摆脱经济贫困的主要选择，以至贫困家庭子女对职业教育期望远低于普通家庭的子女。即使政府、社会扶贫组织为其提供了足够的职业教育或就业培训机会，他们仍然会选择流失在职业教育或培训之外。比如，恩施土家族苗族自治州内外各学校在招生大战中不规范，招生管理处于失控状态，部分生源流向州外周边地区，中职与普通高中在校学生比例呈下降趋势（2015 年为 3.6∶6.4），普通教育与职业教育失衡，呈现出明显向普通高中"一边倒"的态势，从而导致职业教育发展不充分，技能型人才培养与技能型人才需求之间的矛盾日益突出。

第二，知识贫困，使之不能取得较好的职业教育和培训成就。个人低水平的职业教育和培训意愿总是与其知识贫乏状态相关联。由于绝大多数农业劳动力的文化程度在初中以下，文盲、半文盲劳动力的比重远高于全国水平。这种教育状态构成了他们学习、吸收和掌握职业教育、培训内容的无形障碍，不能取得较好的学习成绩，索性选择放弃职业教育和培训的机会。

第三，"技术停滞"，故步自封。武陵山区是典型的传统农业区域，千百年来在农业生产方式中，劳动力的身体素质比文化技术素质对生产结果所起的作用更大，并且人均耕地较少。有关专家估算这一地区农业剩余劳动力的数量超过 530 万人。农民作为"理性"生产者也不需要问津改造性的或革新性的农业生产手段和生产方法，凭借传统的经验型技术方法以及试错改错过程就能使"习俗经济"获取很高的效率。虽然在开放经济的大环境下，传统农业中积累下来的"过剩"劳动力产生了强烈的转移倾向，并发生了空前的转移现象，个人的职业技能和职业适应能力愈益重要。然而"贫困文化"仍然从思想、态度、行为上束缚着他们参与职业教育和转移就业培训的积极性。

（三）职业教育、培训的内容和取向不符合地方经济发展和市场就业需求

职业教育培训应坚持以服务地方经济为宗旨，以促进有效就业为导向。但是，在武陵山区职业教育培训普遍存在两大问题。其一，职业教育专业设置和技能培训内容与当地经济社会发展需求结合度不高。武陵山区至今还处在以农业为主体的农业社会，职业教育和培训应该主动满足农村产业发展对实用种植、养殖以及农业产业化的知识技术的需求。

但是，受师资能力、培养条件制约，涉农专业建设严重滞后。根据湘西州和怀化市的第二次全国农业普查主要数据公报，湘西、怀化两地每一万名农业从业人员中分别拥有农业技术人员 36.40 人、32.73 人，只相当于全国平均水平的 61.34%、55.15%。根据湘西州教育局关于中等职业学校的专业设置、学生分科情况统计（2007—2008 学年），该州中等职业技术学校有在校学生 22508 人，毕业 6196 人，新招生数 10439 人，其中，农林牧类在校学生 415 人，只占 1.8%，平均每万人口中仅有农林牧类在校学生 1.5 人；农林牧类专业毕业生 202 人，只占全部毕业生的 3.26%，而其招生数 157 人，只为招生总数的 1.5%。其二，职业教育和培训的质量、成就与就业岗位指向的职业技能要求存在较大差距。贫困地区的职业教育培训更需要突出职业技能、职业资格和创业本领的培养。但是从 2007 年湘西州中等职业学校的培养情况看，在全部毕业生中，获得职业资格证书的人数只占 57.2%，其中农林牧类毕业生获得职业资格证书的人数仅为 29.2%，旅游专业毕业生取得导游资格证的人数不足 23%，师范类毕业生获得相应教师资格证书的人数只占 13.3%。绝大多数中等职业学校与行业、企业之间的良性互动以及产学结合、校企合作、订单式培养仍处于较浅层次。尤其是各地相关政府部门开设的农民夜校及各种短期培训班，培训过程走形式、走过场的情况严重存在；培训效果差，对改变农村劳动力能力匮乏、无效就业状况作用不大的情况普遍。学不到、学不会致富的职业技术技能，这是职业教育和培训机会事实上不均等的实质性问题，也是区内一些农户及其子女轻视职业教育的潜在根源。

五　优化武陵山区农村劳动力职业教育培训的机制

现阶段，武陵山区的农村劳动力呈现出总量严重过剩，农村剩余劳动力加速转移的潮流不可阻挡。因此，如何破除法律和政策障碍，增加农村剩余劳动力转移教育与培训法律和制度供给，构建促进农村劳动力转移就业的长效机制，就成为政府必须面对和着力解决的一项紧迫任务。

（一）健全农村劳动力教育培训的政策法规体系

对农村劳动力资源开发与教育培训实施依法管理，这既是教育培训工作复杂性的要求，也是整合培训力量、规范培训行为、确保培训质量的需要。培训政策法规必须就培训与劳务输出、培训与持证上岗的关系，教育培训的管理体制、组织机构、各部门团体的职责任务、培训的办学主体、培训基地（学校）的建设、培训经费的筹措、培训师资的配置、应知应会和实作方面应该达到的培训要求、培训的质量监督与评估、职业技能的考核发证等做出明确具体的规定，使之有法可依，有章可循。武陵山区各级政府可以通过地方立法或部门条例的形式，形成约束利益相关者行为、规范其相互关系、维护农民培训市场秩序的基本依据。

培训是就业的基础和出发点，就业是培训的归宿和落脚点，解决好农民教育培训后的就业问题可以刺激农民对转移培训的有效需求。武陵山区各级政府应建立劳工、用工单位资源库；承接职业技术培训，办理职业资格证书；代办就业社会保险；进行农民工的跟踪服务等。劳动力人才交流市场必须进行市场化管理，各级政府、教育、劳动、建设、农业、科技等部门也要大力支持劳动力人才市场的建立，并监督其依法按市场规律办事，使农民工的转移、职业培训、劳动就业准入制度、劳动就业社会保险等工作有机地结合起来，使农民工的转移工作逐步纳入法制、科学、规范的运行轨道，解决农民工的后顾之忧。

（二）借鉴国外成功经验，构建多元化的农村劳动力教育培训经费保障机制

许多发达国家的农民培训，尽管类型多样，但都建立在尊重利益相关者利益选择的基础上，通过经济诱导而不是行政强制，激发企业、培训机构和其他利益相关者参与农民培训的积极性，如加拿大和德国政府等都设有专项基金，鼓励企业对农民进行培训。在经济诱导中，资金是一切工作的生命线，国外筹措培训经费的主要措施有：一是政府财政拨款。多数国家都采用这种方式。二是征收培训税。巴西、委内瑞拉、秘鲁等拉美国家采取这种方式。税率一般为企业工资总额的1%—2%。法国规定雇员在10人以上的企业，须交纳相当于工资总额1.5%的培训税；10人以下的，不低于0.25%[①]。

多渠道筹集资金，加大对武陵山区职业技术教育的投入，针对武陵山区职业技术教育的特殊性和滞后性，在稳定职业技术教育投入的基础

---

① 刘红强：《农村劳动力转移培训问题研究》，博士学位论文，中国农业科学院，第38—41页。

上，各级应随地方财政收入的增长而相应增加投入。同时，武陵山区职业技术教育机构要积极争取国家政策扶持，努力与农村劳动力转移培训相结合，与行业、企业、用工单位合作，千方百计筹措更多资金，从根本上改变目前武陵山区职业技术教育机构办学条件差的状况。由于武陵山区农民整体收入水平较低和政府财力有限，单纯依靠农村劳动力自筹经费或财政投入来开展农村劳动力培训都是不切实际的，必须建立培训经费多元化投入机制。培训经费由政府、用人单位、个人三者共同负担。在经济欠发达的武陵山区，培训经费采取以政府和用人单位承担为主、个人承担为辅的方式；政府对用人单位承担的那部分培训费用可以通过经济诱导而不是行政强制，激发企业参与农民培训的积极性，政府可以规定雇员在 10 人以上的企业，须交纳相当于工资总额 1.5% 的培训税；10 人以下的，不低于 0.25%。为鼓励企业开展培训，国家可以将培训税的一部分返还给企业。如让企业把花费的培训费用计入生产成本，待企业售出产品时再对其减免税收。

在武陵山区，农村职业教育培训机会首先受制于属地化的财政职业教育经费分配体制，在民族贫困地区中央和省级财政应承担这项投入的主要保障责任。一是在财政预算中设立民族贫困地区职业教育和培训专项经费，并根据不低于平均水平的生均经费标准，安排专项经费额度，优先在民族贫困地区建立面向全体劳动者的职业教育培训制度和农村富余劳动力转移就业培训制度，优先实行中等职业教育免费。二是在社会救济专项资金中列入民族贫困地区职业教育和培训救助金。民族贫困地区往往是对福利救助支出需求最大的地区。在分税制财政管理体制下，地方政府是职业教育救助和职业技能培训专项援助的主要责任者。显然，这在民族贫困地区是没有财源保障的，中央、省级政府必须发挥教育扶贫解困主渠道作用，将用于民族贫困地区职业教育和培训救助的保障资金列入中央和省级财政预算，纳入其社会救济专项资金支出项目。

现阶段我国农村居民最低生活保障制度，为收入难以维持最基本生活的农村贫困人口拉起了最低生活保障防线，这是政府解决农村贫困问题的一项重大举措。但是，如何防止"贫困陷阱"，避免将有劳动能力的贫困人口长期纳入低保范围内，这就需要农村救助制度由最基本生活救济向劳动技能、就业能力开发援助延伸和发展。一是面向有劳动能力的贫困人口，提供职业技能培训所需的条件和机会。该项援助措施不仅应满足每一个有劳动能力的贫困人口对职业技能培训服务可及性和可得性的要求，而且培训的方式和内容必须讲求针对性。即根据培训对象的个人特征，结合当地农业结构调整和第二、第三产业发展的实际需要以及劳动力市场变化，针对性地进行"订单式"的、"个性化"的培训，从根本上保证培训的实际效果。二是面向贫困家庭初、高中毕业学生，实施"9＋2"或"12＋1"教育救助工程。即强制要求贫困农户未继续升学的初、高中毕业生参加，使劳动者在就业之前都能接受劳动预备制教育和培训。这应该是一种更具深远意义的社会救助模式。

（三）优化师资队伍结构，切实加强职业技术教育师资队伍建设

以骨干教师队伍建设为重点，以优化教师队伍结构为主线，根据劳动力转移培训任务，努力建设高素质、高水平，适应职业技术教育事业发展需要，具有创新精神的职业技术教育师资队伍。

第一，建立专业教师准入制度。按照"专业技能教学水平合格证书、教师资格证书"的要求，引入教师，迅速充实武陵山区"双师型"教师队伍。

第二，建立健全"双师型"教师激励机制和选聘机制。其一，引入激励竞争机制，完善职业资格认证制度和专业课教师技能教学水平认证制度，实行"双证书"制度，促进"双师型"教师队伍的壮大；其二，建立"重能力、重实绩、重贡献"的激励机制，采取高职低聘及低职高聘等激励性措施，最大限度地调动教师提高专业技能教学水平的积极性和主动性。

第三，健全"双师型"教师培养培训制度。一方面，依靠企业、行业和社会力量，采取"请进来、走出去"的办法培训教师，建立专业教师定期到生产服务一线实践的制度；支持职业学校聘请各行各业的专业技师和能工巧匠到职校讲课、办讲座等，培训在岗教师，促进"双师型"教师的成长。另一方面，依靠职业院校或其他地区大专院校，定点、定向开办民族地区职业技术教育师资培训班。同时，建立民族贫困地区职校专业教师技能教学培训基地和专业带头人培养基地，建立健全在职教师培训制度，实现在职教师继续教育正规化、制度化。

第四，营造有利于职业教育教师培养的政策环境。我国职业教育经过30多年的快速发展，在国家的重视、自身不懈努力下，社会鄙视职业

教育的陋习有了很大改观，但发展职业教育的环境还亟待改善。以职业技术师范院校为例，有多个方面束缚其改革创新，如目前许多职业技术师范院校都认为应按照职业教育理论和实践一体化教学进行改革，但鉴于大量毕业生还需要提高学历参加研究生入学考试，而目前研究生考试实行全国统考，在教学中还要与普通高校专业教育和普通师范教育保持一致，因而处于两难境地。因此，国家需要不断创设有利于职业教育发展的制度环境。一是尽快颁布实施《中等职业学校教师专业标准》，为职业学校教师准入和管理提供科学依据；二是建立符合职业教育特点的职业学校教师准入考试标准，建立国家考试标准，使大量技术技能人才和职业技术师范院校培养的学生能够进入职业学校；三是进一步完善职业教育校企合作的相关法律法规。《国家中长期教育改革和发展规划纲要（2010—2020）》提出："依托相关高等学校和大中型企业共建'双师型'教师培养培训基地。"现实中企业参与职业教育的积极性不高，国家需尽快出台《职业教育校企合作促进办法》，明确企业参与职业教育的责、权、利，解决好企业参与职业教育的利益机制问题。

（四）改革办学体制，实现培训主体多元化

民族地区职业技术教育应坚持以改革求发展，以服务为宗旨，以就业为导向，面向市场，不断创新教学和人才培养模式。

第一，整合教育培训资源。要在武陵山区域内整体构建培训机构（学校）、划分职能、立足地方产业发展、全区协调培训学员入训机构，既保证培训质量和资源节约，又保证培训机构规模效率和培训的持续性；将政府主导的部门职教资源、城乡职教资源纳入当地农民技能培训规划，作为培训农民的载体和阵地，形成农民技能培训与职业教育一体化的网络。扩大农村职业技术教育的规模和人数，通过合并、联合、划转、置换等方式，优化职业技术教育资源。争取在县级集中力量办 1 所中等职业技术学校或培训中心，积极稳定地在普通高中增加职业高中功能，全面放开中专职业技术学校招生计划和专业设置，由学校按市场需求自主决定招生规模和设立专业，招收学生既可实行考试入学，也可凭初中毕业证书免试入学。针对民族地区边远分散、语言不通的特点，采取职业中等专业学校派出有丰富实践经验的专业技术教师到乡镇农民技术学校授课，通过当地双语教师的配合，开展农村劳动力转移培训。

第二，在国扶县、省扶县，增加教育培训基地和相应的培训点。争取每个乡（镇）至少应办好一个扶贫培训基地，每个村办好一个扶贫培训点。同时，壮大涉农学校、农科教中心、农业技术推广站和农机站等，形成多层次的农业实用技术培训网络。

第三，采取联合、连锁等办学模式。推动骨干示范性中等职业学校和县级职业教育中心与薄弱职业学校或培训点联合办学，实现以强带弱，共同发展。

第四，大力促进民办教育培训。武陵山区各级政府应该认真落实《民办教育促进法》。其一，按照公益事业的有关规定，对于民办职业技术教育在征用土地、建设配套及信贷等方面，给予与公办学校同样的优惠政策，以及与公办职业学校同等的法律地位，使其具有完整的产权权能。其二，推动"民办公助"培训形式的发展。可将一定面值的"劳务培训券"无偿地发给贫困农户的劳动适龄人口，由他们根据劳务市场需求和自己的基础、兴趣，凭券自主选择培训机构、培训内容，以此扩大贫困地区教育培训资源、培训规模，提高培训质量，增强贫困农户对职业技能培训服务民营化供给的有效需求能力，推动民办培训网络的加快发展。

第五，自主培训，用人单位采取措施增加有效供给。政府除了要鼓励和支持职业学校进行农民工培训外，还应当制定法律或者采取相应的奖罚措施，要求使用农民工达到一定数量的企业或单位，必须对所用农民工的全面素质进行综合培训。做到这一点的企业和单位，应当视其对社会做出了贡献。既然使用了一定数量的农民工，为了企业或单位自身发展的需要，就应当负起对这些农民工继续教育的责任。这一责任，要么体现在农民工的工资中，要么对其进行培训。鉴于农民工自己并非都能认识到提升自身素质的重要性，因此，无论于社会、于企业或单位都更有利的措施应该是，由企业或单位出面组织培训，将本应打入农民工工资的这部分用于农民工继续教育的费用集中使用，举办相应的培训班，帮助农民工提高素质。当然，要求企业投入资金培训会有一定的风险，如果受培训的农民工流动频率高，就会影响企业对人员培训的积极性。因此建议企业适当提高农民工的工资、社会保障等方面的待遇，改善定居条件以稳定人心，培养农民工对企业的感情和奉献精神，鼓励雇佣关系长期化、稳定化，从而使企业和农民工的利益都得到保障。用人单位对农民工培训，可以采取的具体模式主要有：一是用工单位自办培训。用工单位利用自己的培训基地、设施，定期或不定期、脱产或不脱产地培训职工；有的也采取以会代训、师带徒、老带新、跟师学艺、岗位练兵、劳动竞赛等方式进行在岗培训。在农村富余劳动力实现就业后，应该鼓励用人单位主动组织农民工参加培训，不断提高其技能水平，实行人力资源的开发。《2003—2010 年全国农民工培训规划》规定，用人单位开展农民工培训所需经费从职工培训经费中列支，职工培训经费按职工工资总额的 1.5% 比例提取，计入成本在税前列支。二是用工单位与有关部门联办培训。积极探索与经济发达地区用工企业、民营经济建立协作关系的办学之路，把职业技术教育与农村劳务输出有机结合起来。一个优秀的企业，应该随着社会发展而不断深化改革，建立规范的具有长远眼光的农民工用工制度，把吸纳和培训优秀的农村富余劳动力作为发展和壮大企业的基本策略。不仅要加强企业管理人员培训、全面轮训企业正式职工，而且也要为企业农民工的培训制订出计划、政策措施。企业应该主动与职业技术学校建立一种互惠互利的供需关系。企业向学校提供人才需求信息和设备资源，学校为企业培训技术人才。职业技术学校聘请工商企业界权威人士担任学校顾问，帮助学校设计和更新课程、评价检查学校的教学活动、向学校提供信息，学校采取集中与分散、定点与非定点、短训与学历教育相结合的方式为用工单位培训职工，为他们开展岗前技能培训、劳动安全、法律法规知识、日常生活常识培训等。这种方式既减轻了用工单位的培训负担，又增强了培训学校的办学实力。

（五）加强职业技能培训，提高农村劳动力转移培训的质量和效益

职业技能培训是提高农村劳动力岗位工作能力的重要途径，更是增强农村劳动力就业竞争能力的重要手段，对改变民族地区目前农村劳动力缺乏一技之长，劳务输出大部分从事"高、惊、险、脏、乱、差"工种的现状至关重要。有条件的职业技术教育机构，要争取劳动保障部门的支持，实现职业技术教育课程设置与职业资格证书制度的有效结合，建一批职业技能鉴定机构。通过政策的扶持，依托用工企业，扩大农村劳动力转移培训中职业技能培训的规模和人数，使武陵山区农村劳动力不仅输得出，稳得住，而且收益大，能创业。

　　本章从五个方面提出构建武陵地区有助于劳动力转移的协调机制，但是，实际操作中存在具体协调的跨省机构载体执行问题。目前，主要是以扶贫开发片区的一些对口支援的部委组织、协作性和群众性或社会性组织，在奋力创新做一些促进工作，也取得了不小的成绩。然而，要构建全面促进武陵地区发展的协调机制还有一定难度，需要进一步解放思想，开创性工作。

参考文献

一 专著

郑杭生：《郑杭生自选集》，学习出版社 2013 年版。

哈经雄、滕星：《民族教育学通论》，教育科学出版社 2001 年版。

滕星：《族群、文化与教育》，民族出版社 2002 年版。

《现代汉语词典》，商务印书馆 1994 年版。

谢启晃：《中国民族教育史纲》，广西教育出版社 1989 年版。

[美] 乔纳森·特纳：《社会学理论的结构》（下），邱奇章译，华夏出版社 2001 年版。

马和民、高旭平：《教育社会学研究》，上海教育出版社 2000 年版。

王养冲：《西方近代社会学思想的演进》，华中师范大学出版社 1996 年版。

[苏] P. 费里波夫：《教育社会学研究的对象》，载张人杰《国外教育社会学基本文选》，华东师范大学出版社 1991 年版。

钱民辉：《教育社会学：现代性的思考与建构》，北京大学出版社 2005 年版。

谭志松：《多民族国家大学的使命：中国大学的功能及其实现研究》，民族出版社 2008 年版。

郑杭生：《民族社会学概论》（第二版），中国人民大学出版社 2005 年版。

谭志松：《湖北民族地区农村劳动力转移研究——以民族教育为视角》，民族出版社 2008 年版。

谭志松：《土家族非物质文化的教育保护与传承研究》，民族出版社 2011 年版。

谭志松：《武陵地区民族教育的历史与现状》，民族出版社 2005 年版。

马克思、恩格斯：《马克思恩格斯选集》第 1 卷，人民出版社 1995 年版。

郑杭生、刘少杰：《马克思主义社会学史》，高等教育出版社 2006 年版。

［美］约翰·R. 霍尔、玛丽·乔·尼兹：《文化：社会学的视野》，商务印书馆 2002 年版。

［苏］斯大林：《马克思主义和语言学问题》，《斯大林文选》，人民出版社 1962 年版。

马戎：《民族社会学导论》，北京大学出版社 2005 年版。

毛泽东：《毛泽东选集》第一卷，人民出版社 1991 年版。

［美］布劳：《社会生活中的交换与权力》，孙非等译，华夏出版社 1988 年版。

江波：《文化支持：农民工子女融入城市文化的研究》，苏州大学出版社 2012 年版。

马克思、恩格斯：《马克思恩格斯选集》第 4 卷，人民出版社 1965 年版。

马克思、恩格斯：《马克思恩格斯全集》第 16 卷，人民出版社 1964 年版。

马克思：《政治经济学批判序言》，《马克思恩格斯选集》第 2 卷，人民出版社 1995 年版。

联合国教科文组织：《学会生存》，教育科学出版社 1996 年版。

［奥］阿德勒：《自卑与超越》，作家出版社 1986 年版。

江立华、符平：《转型期留守儿童问题研究》，上海三联书店 2013 年版。

刘永芳：《归因理论及其应用》，山东人民出版社 1998 年版。

赵俊超：《中国留守儿童调查》，人民出版社 2012 年版。

朱智贤：《心理学大辞典》，北京师范大学出版社 1989 年版。

谭志松：《武陵地区民族教育调查报告》，民族出版社 2006 年版。

袁同凯：《教育人类学简论》，南开大学出版社 2013 年版。

陈向明：《教师如何做质的研究》，教育科学出版社 2001 年版。

冯增俊：《教育人类学》，江苏教育出版社 1988 年版。

闫旭蕾、杨萍：《家庭教育新论》，北京大学出版社 2012 年版。

冯文全：《现代教育学》，北京师范大学出版社 2012 年版。

王道俊、王汉澜：《教育学》，人民教育出版社 1999 年版。

林崇德、姜璐等：《中国成人教育百科全书·心理·教育》，南海出版公司 1994 年版。

汝信：《社会科学新词典》，重庆出版社 1998 年版。

［德］福禄培尔：《人的教育》，孙祖复译，人民教育出版社 1991 年版。

费孝通：《生育制度》，天津人民出版社 1981 年版。

高书国：《中国城乡教育转型模式》，北京师范大学出版社 2012 年版。

周大鸣：《渴望生存——农民工流动的人类学考察》，中山大学出版社 2005 年版。

［美］查得理·谢弗：《社会学与生活》，刘鹤群译，世界图书出版公司 2006 年版。

费孝通：《乡土中国》，北京大学出版社 1998 年版。

［德］O. F. 博尔诺夫：《教育人类学》，李其龙等译，华东师范大学出版 社 1999 年版。

［英］安东尼·吉登斯：《现代性与自我认同》，赵旭东等译，生活·读 书·新知三联书店 1998 年版。

［美］戴维·波普诺：《社会学》，李强译，中国人民大学出版社 1999 年版。

王思斌：《社会学教程》，北京大学出版社 2003 年版。

［美］埃里西·弗罗姆：《健全的社会》，王大庆等译，国际文化出版公司 2003 年版。

袁振国：《当代教育学》，教育科学出版社 2004 年版。

李艳、李双名：《农村义务教育制度选择论》，北京师范大学出版社 2009 年版。

李少元：《农村教育论》，福建教育出版社 2000 年版。

瞿瑛：《义务教育均衡发展政策问题研究：教育公平的视角》，杭州大学 出版社 2010 年版。

刘铁芳：《乡土的逃离与回归》，社会科学文献出版社 2008 年版。

谭志松、李素芹：《乡镇教育与农村社会发展研究》，中央民族大学出版 社 2012 年版。

［美］约翰·罗尔斯：《正义论》，何怀宏等译，中国社会科学出版社 1988 年版。

费孝通：《费孝通学术文集：学术自述与反思》，生活·读书·新知三联书店 1996 年版。

杨东平主编：《教育发展报告（2010）》，社会科学文献出版社 2010 年版。

国务院农民工办课题组：《中国农民工发展研究》，中国劳动社会保障出版社 2013 年版。

辜胜阻：《当代中国人口流动与城镇化》，武汉大学出版社 1994 年版。

王章辉、黄柯可：《欧美农村劳动力的转移与城市化》，社会科学文献出版社 1999 年版。

李竞能：《当代西方人口学说》，山西人民出版社 1992 年版。

［英］W. A. 刘易斯：《二元经济论》，施炜等译，北京经济学院出版社 1989 年版。

［英］安东尼·吉登斯：《社会构成》，李康等译，生活·读书·新知三联书店 1998 年版。

李培林：《社会转型与中国经验》，中国社会科学出版社 2013 年版。

张志良：《开发扶贫移民》，兰州大学出版社 1999 年版。

杜鹰、白南生：《走出乡村——中国农村劳动力流动实证研究》，经济科学出版社 1997 年版。

黄平：《寻求生存——当代中国农村外出人口的社会学研究》，云南人民出版社 1997 年版。

二　期刊

王正伟：《做好新时期民族工作的纲领性文献——深入学习贯彻习近平总书记在中央民族工作会议上的重要讲话》，《求是》2014 年第 20 期。

钱民辉：《民族教育三疑三议》，《西北民族研究》2004 年第 3 期。

郝时远：《坚定不移走中国特色解决民族问题的正确道路——学习中央民族工作会议精神的几点体会》，《民族研究》2014 年第 6 期。

李俊霞：《少数民族农民工异地就业的文化适应性理论研究》，《成都行政学院学报》2011 年第 5 期。

谢会时：《西藏文化产业的发展战略和对策思考》，《西藏艺术研究》2011 年第 2 期。

丁虎生：《论民族教育概念的形成及其范畴》，《贵州民族研究》1991 年第 4 期。

耿金生：《论民族教育的概念和民族教育的特点》,《民族教育研究》1991年第2期。

王鉴：《简论民族教育的概念及其本质》,《西北师范大学学报》(社会科学版) 1994年第2期。

段成荣、周福林：《我国留守儿童状况研究》,《人口研究》2005年第1期。

樊洁、梁宁建：《中学生成就动机的年级差异研究》,《心理科学》2003年第5期,第26页。

范柏化、刘伟、江蕾：《乡村留守儿童及其应对策略研究》, Journal of US-China Public Administration, 2007, 4 (6)。

范先佐、郭清扬：《农村留守儿童教育问题的回顾与反思》,《中国农业大学学报》(社会科学版) 2015年第32期第1卷。

高文斌、王毅、王文忠、刘正奎：《农村留守学生的社会支持和校园人际关系》,《中国心理卫生杂志》2007年第11期。

韩仁生：《当代归因训练三种模式述评》,《齐鲁学刊》1998年第4期。

黄爱玲：《"留守孩"心理健康水平分析》,《中国心理卫生杂志》2004年第5期。

黄艳苹、李玲：《不同留守类型儿童心理健康状况比较》,《中国心理卫生杂志》2007年第10期。

刘晓慧、杨玉岩、哈丽娜、王晓娟、李秋丽、戴秀英：《留守儿童情绪性问题行为与社会支持的关系研究》,《中国全科医学》2012年第15期第28卷。

龙翔、章秀、陈利群、朱梅芳、汤银霞：《铜陵农村不同类型留守初中生心理健康状况分析》,《中国学校卫生》2013年第1期。

吕利丹：《从"留守儿童"到"新生代农民工"——高中学龄农村留守儿童学业终止及影响研究》,《人口研究》2014年第1期。

吕勇、阴国恩、练永文：《中学生学业成就归因与学习动力的相关研究》,《心理与行为研究》2003年第1期第4卷。

马艳琳：《对初中"留守儿童"学习习惯现状的调查研究》,《当代文化与教育研究》2007年第3期。

全国妇联课题组：《全国农村留守儿童、城乡流动儿童状况研究报告》,

《中国妇运》2013 年第 6 期。

孙煜明：《考试成败结果的复合原因、情感反应和行为决策试探》，《南京
　　师范大学学报》1999 年第 4 期。

王东宇、王丽芬：《影响中学留守孩心理健康的家庭因素研究》，《心理科
　　学》2005 年第 2 期。

王世嫘、赵洁：《留守中学生学习归因与学习自我效能感的关系》，《中国
　　学校卫生》2011 年第 12 期。

沃建中、黄华珍、林崇德：《中学生成就动机的发展特点研究》，《心理学
　　报》2001 年第 33 期第 2 卷。

吴霓：《农村留守儿童问题调研报告》，《教育研究》2004 年第 10 期。

闫茂华、陆长梅：《农村留守与非留守儿童健康状况调查分析——以连云
　　港市为例》，《安徽农业科学》2013 年第 2 期。

叶敬忠、王伊欢、张克云、陆继霞：《对留守儿童问题的研究综述》，《农
　　业经济问题》2005 年第 10 期。

叶敬忠、王伊欢、张克云、陆继霞：《父母外出务工对农村留守儿童学习
　　的影响》，《农村经济》2006 年第 7 期。

余安邦：《影响成就动机的家庭社会化因素之探讨》，《中研院民族学所集
　　刊》1991 年第 71 期。

袁晓琳：《归因训练的研究及其对教育的启示》，《当代教育论坛》2005
　　年第 12 期。

曾嵘、张伶俐、罗家有、龚雯洁、杜其云、吴虹：《中国 7 省市农村地区
　　4—7 岁留守儿童情绪与行为问题及其影响因素研究》，《中华流行病学
　　杂志》2009 年第 30 期。

张帆、刘琴、赵勇、孙敏红、王宏：《我国留守儿童心理健康问题研究的
　　系统评价》，《中国循证医学杂志》2011 年第 8 期。

周福林、段成荣：《留守儿童研究综述》，《人口学刊》2006 年第 3 期。

全国妇联：《全国农村留守儿童状况研究报告》（节选），《中国妇运》
　　2008 年第 6 期。

刘志军：《留守儿童的定义检讨与规模估算》，《广西民族大学学报》（哲
　　学社会科学版）2008 年第 5 期。

王艳波、吴新林：《农村"留守孩"现象个案调查报告》，《青年探索》

2003 年第 4 期。

郝振、崔丽娟：《留守儿童界定标准探讨》，《中国青年研究》2007 年第 10 期。

王青：《农村"留守幼儿"生存与发展问题初探——以湖北省浠水县兰溪镇为例》，《学前教育研究》2007 年第 6 期。

郭春涵：《农村学前留守儿童的心理行为问题及其成因分析》，《教育观察》2013 年第 1 期。

朱芳红：《农村留守学前儿童家庭教育弱化探析》，《现代教育科学》2006 年第 6 期。

孟凡蕾：《农村留守儿童的思想道德问题及其教育对策——基于山东省某农村小学的实证调查与分析》，《中国教育学刊》2012 年第 6 期。

宋仕平、谭志松：《民族地区农村留守儿童社会化状况的调查与分析——以湖北省恩施州巴东县野三关三所小学为考察对象》，《中南民族大学学报》（人文社会科学版）2013 年第 6 期。

李秀英：《农村"留守学生"调查与思考》，《中国妇运》2004 年第 10 期。

段成荣、吴丽丽：《我国农村留守儿童最新状况与分析》，《重庆工商大学学报》（社会科学版）2009 年第 2 期。

卢国良、李云中等：《民族地区留守儿童心理发展现状研究》，《当代教育论坛》2011 年第 12 期。

杨竹：《贵州农村少数民族留守儿童社会支持系统研究》，《贵州民族学院学报》（哲学社会科学版）2010 年第 5 期。

肖晓：《少数民族地区留守儿童思想政治教育问题初探》，《西北农业大学学报》（社会科学版）2011 年第 8 期。

刘超祥：《贵州省民族地区农村留守女童问题研究》，《贵州民族研究》2008 年第 5 期。

黄勇：《武陵山民族地区"留守儿童"的对策研究——基于人力资本的视角》，《湖北民族学院学报》（哲学社会科学版）2012 年第 4 期。

杨若邻、洪战辉：《武陵山片区留守儿童心理健康问题及对策研究——以湖南省怀化市通道县菁芜洲镇为例》，《家教世界》2012 年第 20 期。

许传静：《武陵土家族地区留守儿童教育问题研究——以利川市钟鼓村为

个案》，《长江师范学院学报》2010 年第 1 期。

周全德、齐建英：《对农村"留守儿童"问题的理性思考》，《中州学刊》2006 年第 1 期。

黄祖辉、许昆鹏：《农民工及其子女的教育问题与对策》，《浙江大学学报》（人文社会科学版）2006 年第 4 期。

叶仁荪、曾国华：《国外亲属抚养与我国农村留守儿童问题》，《农业经济问题》2006 年第 11 期。

范先佐：《农村"留守儿童"教育面临的问题及对策》，《国家教育行政学院学报》2005 年第 7 期。

潘璐、叶敬忠：《农村留守儿童研究综述》，《中国农业大学学报》（社会科学版）2009 年第 2 期。

李复新、瞿保奎：《教育人类学：理论与问题》，《教育研究》2003 年第 10 期。

邬志辉：《中国农村学校布局调整标准问题探讨》，《东北师大学报》（哲学社会科学版）2010 年第 5 期。

吴春霞：《中国城乡义务教育经费差距演变与影响因素研究》，《教育科学》2007 年第 12 期。

李炳呈、任建东：《论解决农村留守儿童教育问题的最佳途径：集中寄宿制》，《长沙大学学报》2009 年第 1 期。

项继权：《农民工子女教育：政策选择与制度保障》，《华中师范大学学报》2005 年第 5 期。

马和民：《论传统中国的社会教化实践与社会化榜样》，《浙江大学学报》（哲学社会版）2004 年第 5 期。

董素云：《城镇化对三峡民族地区传统文化的影响》，《三峡大学学报》（人文社会科学版）2012 年第 4 期。

康丽颖、贾丽：《中美儿童托管教育的比较分析》，《比较教育研究》2011 年第 12 期。

邹燕舞：《法国儿童托管教育：课外活动中心运作模式及其启示》，《四川师范大学学报》（社会科学版）2012 年第 1 期。

尚涤尘：《人的全面发展与青年的基本素质需求》，《社会科学辑刊》2004 年第 2 期。

徐国英：《农村中小学撤点并校政策价值分析》，《教育管理研究》2011
　　年第 8 期。

姚永强：《规模经济视域下的农村中小学布局调整》，《现代教育科学》
　　2009 年第 3 期。

李盼强、曾尔琴：《公平与效益的博弈——关于中部地区农村撤点并校的
　　调查与反思》，《湖南人文科技学院》2012 年第 4 期。

叶敬忠：《农村中小学布局调整的社会宏观背景分析》，《中国农业大学学
　　报》2012 年第 12 期。

王嘉毅、吕晓娟：《教育公平视野中的农村学校布局调整》，《甘肃社会科
　　学》2007 年第 6 期。

郭清扬：《我国农村中小学布局调整的具体成效——基于中西部 6 省区的
　　实证研究》，《教育与经济》2007 年第 2 期。

王莹、黄亚武：《农村中小学布局调整中的教学点问题研究——基于河
　　南、湖北的调查分析》，《江西教育科研》2007 年第 2 期。

王一涛：《农村中小学布局调整过程中撤销教学点应注意的问题——基于
　　中西部地区的调查研究》，《河北师范大学学报》2008 年第 12 期。

范先佐、周芬芬等：《我国农村中小学布局调整的背景、目的和成效——
　　基于中西部地区 6 省区 38 个县市 177 个乡镇的调查与分析》，《华中师
　　范大学学报》2008 年第 7 期。

巴战龙、滕星：《坚持实事求是坚持自主选择——民族地区农村中小学布
　　局结构调整问题访谈》，《云南民族大学学报》2007 年第 11 期。

孙佳琳、王莎：《民族地区农村小学布局结构调整研究报告——以云南省
　　怒江州贡山独龙族怒族自治县为个案研究》，《经营管理者》2010 年第
　　23 期。

石人炳：《国外关于学校布局调整的研究及启示》，《比较教育研究》2004
　　年第 12 期。

庞丽娟：《当前我国农村中小学布局调整的问题、原因与对策》，《教育发
　　展研究》2006 年第 2 期。

何双梅：《农村学校布局调整要关注学生安全问题》，《中国教育学刊》
　　2009 年第 5 期。

万明刚：《"积极差别待遇"与"教育优先区"的理论构想——西部少数

民族贫困地区教育发展途径探索》，《教育研究》2002 年第 5 期。

雷万鹏、张婧梅：《构建公正的学校撤并程序对民众参与度和满意度的实证调查》，《全球教育展望》2011 年第 7 期。

邬志辉、史宁中：《农村学校布局调整的十年走势与政策议题》，《教育研究》2011 年第 7 期。

李玉英：《调整农村小学布局要允许复式教学的存在》，《陕西教育学院学报》2008 年第 6 期。

万明刚：《以促进教育公平和教育均衡的名义——我国农村撤点并校带来的隐忧》，《教育科学研究》2009 年第 10 期。

谢治菊、刘洋：《边远贫困山区农村寄宿制学校建设研究——基于贵州省黔东南州两山地区的实证调查》，《中国教育学刊》2012 年第 8 期。

褚卫中、张玉慧：《农村义务教育撤点并校负面影响分析》，《教学与管理》2012 年第 3 期。

陶青、卢俊勇：《农村小班化教学：促进城乡教育均衡发展的有效途径——撤点并校十年后的调查》，《教育理论与实践》2011 年第 10 期。

冉芸芳、王一涛：《教学点：何去何从——关于农村学校布局调整的一项质的研究》，《当代教育科学》2007 年第 9 期。

万明刚、白亮：《"规模效益"抑或"公平正义"——农村学校布局调整中"巨型学校"现象思考》，《教育研究》2010 年第 4 期。

范先佐：《农村中小学布局调整的原因、动力及方式选择》，《教育与经济》2006 年第 1 期。

周大鸣：《外来工与"二元社区"——珠江三角洲的考察》，《中山大学学报》（社会科学版）2000 年第 2 期。

三 学位论文

黄艳苹：《家庭教养方式对农村留守儿童心理健康的影响》，硕士学位论文，江西师范大学，2006 年。

梁慧：《农村留守儿童心理弹性与一般自我效能感、归因方式的关系研究》，博士学位论文，曲阜师范大学，2011 年。

栾国霞：《中学生时间管理倾向、成就动机、自我效能与成就归因对学业成就的影响》，硕士学位论文，曲阜师范大学，2007 年。

钱珍：《初中生父母教养方式、学业归因、学业自我效能感与学业成绩的关系研究》，硕士学位论文，华中师范大学，2008 年。

汪胜亮：《中学生成就动机归因训练对学业成绩的干预研究》，博士学位论文，江西师范大学，2009 年。

刑心菊：《初中生成就动机与心理控制源、父母养育方式的关系研究》，硕士学位论文，扬州大学，2008 年。

尤祺：《青海省高中留守儿童自尊、亲社会行为倾向与学业成就归因的关系研究》，硕士学位论文，青海师范大学，2014 年。

余洁：《大学生自尊与自我效能感及归因的相关研究》，博士学位论文，湖南师范大学，2002 年。

张巨贞：《初中生归因方式对自我意识和学业成绩的影响》，博士学位论文，河北师范大学，2007 年。

周生彬：《中小学生成就动机、成就归因和成就目标的研究》，硕士学位论文，曲阜师范大学，2007 年。

邹敏：《初中生的考试成败归因特点与归因训练实验研究》，硕士学位论文，曲阜师范大学，2006 年。

曾祥文：《贫困地区农村留守儿童与非留守儿童学业差异及影响因素研究》，博士学位论文，云南大学，2013 年。

王谊：《农村留守儿童教育研究——基于陕西省的实地调研》，博士学位论文，西北农林科技大学，2011 年。

孟茜茜：《农村留守儿童教育问题探析——以河南省孟津县为例》，硕士学位论文，西南财经大学，2009 年。

田小飞：《渝东南地区"农村留守儿童"学习和生活状况的调查研究》，硕士学位论文，青海师范大学，2011 年。

张丽维：《基于教育资源配置合理性的农村小学布局调整问题研究——以重庆市 F 区为例》，硕士学位论文，西南大学，2012 年。

张丹：《农村中小学撤并衍生文化中心消逝问题研究——以昌图县为个案研究》，硕士学位论文，沈阳师范大学，2011 年。

周芬芬：《效率与公平：农村中小学布局调整的目标冲突与协调》，博士学位论文，华中师范大学，2008 年。

王林：《民族贫困地区农村中小学布局调整问题研究——来自云南省镇沅

彝族、哈尼族、拉祜族自治县的个案研究》，硕士学位论文，云南师范
　　大学，2006 年。

周复生：《西部民族地区农村中小学布局调整研究——基于内蒙古东乌珠
　　穆沁旗的研究》，硕士学位论文，首都师范大学，2009 年。

谢林明：《巴东县村级寄宿制小学生管理研究》，硕士学位论文，华中师
　　范大学，2008 年。

江险峰：《农村小学布局中的"拆并"问题研究——基于浙江省缙云县的
　　实证调查》，硕士学位论文，东北师范大学，2008 年。

四　其他

民族教育司：《蓬勃发展的中国民族教育——纪念党的十一届三中全会召
　　开二十周年》，http：//www. skycedu. com/ex/web/old/teacher/jyxx/10.
　　htm。

陈千恩、张安地：《野三关镇专业合作社达 88 家》，2013 – 04 – 22。

涂启亮：《湖北金山峡公司免费培训蚕农》，http：//www. cjbd. com. cn，
　　2013 – 03 – 27。

《雨露计划》，http：//baike. baidu. com/view/918145. htm。

《巴东 2012 年人口形势分析报告》，http：//www. bdtjj. com. cn，2013 –
　　02 – 10。

鲁焰：《新疆严禁在职教师有偿补课或举办补习班》，新疆日报网，ht-
　　tp：//www. xjdaily. com. cn。

高毅哲：《代表委员谈农村教育布局调整，撤点并校因地制宜》，中国教
　　育报，2013 – 02 – 16。

《国务院办公厅关于规范农村义务教育学校布局调整的意见》（国办发
　　〔2012〕48 号），2012 – 09 – 06，http：//www. gov. cn/zwgk/2012 – 09/
　　07/content_ 2218779. htm。

万建辉：《华中师范大学专项调查：全国农民工返乡率 72.5%》，《长江
　　日报》，2009 年 4 月 21 日。

教育部：《多地盲目撤点并校，致学生上学远负担大》，2012 – 11 – 25，
　　http：//news. youth. cn/jsxw/201211/t20121125_ 2647521. htm。

《关注农村中小学布局调整：把群众满意放在第一位》，2011 – 08 – 22，http：//www. edu. cn/fa ＿ zhan ＿ yan ＿ jiu ＿ 277/20110822/t20110822 ＿ 670748. shtml。

《教育部部长袁贵仁：农村撤点并校并未失败》，人民网，2013 - 03 - 09，ht-tp：//lianghui. people. com. cn/2013npc/n/2013/0309/c357183 － 20734915. html。

蒙兰凤代表：《农牧山区仍需保留必要的教学点》，http：//www. jyb. cn/photo/gnjy/201303/t20130317＿ 531254. html。

袁贵仁：《2013 年全国教育工作会议讲话》，教育部，2013 - 01 - 24。

五　外文资料

W. R. smith, *An Introduction to Educational Sociology*, Houghton Mifflin, 1917, 15.

H. Suzzallo, "*Sociology*", In Paul Monroe (editor chief), A Encyclopedia of Education, 1913, 361.

F. J. Bromn, *Educational Sociology*, Prentice Hall, N. Y. , 1947.

Dewey, J. The School and Society, The University of Chicago Press, 1900.

Abramson, L. Seligman, M, &Teasdale, J. *Learned heiplessness in human*：*Critique and reformulation* ［M］. Journal of Abnormal Psychology, 1978, 87.

Atkinson, J. & Bitch, D. *An introduction to motivation* ［M］. New York：Van Norstrand, 1964：3.

Davies, P. T. , Forman, E. M. *Children's patterns of preserving emotional security in the inter-parental subsystem* ［J］. Child Development. 2002, 73 (6).

Dnaiel J. *The effect of student invovement on the deveolpment of academic self-concept* ［J］. The Journal of Social Psychology. 2000, (2).

McClellan d DC. *The achieving Society* ［M］. Princeton, NJ：Van Nostrand, 1961.

Pottinger, A. M. *Children's experience of loss by parental migration in inner city Jamaica* ［J］. American Journal of Orthopsychiatry. 2005a, (4).

Pottinger, A. M. , Stair, A. G. , Brown, S. W. *A counseling framework for*

Caribbean children and families who have experienced migratory separation and reunion ［J］. International Journal for the Advancement of Counseling. 2008，（30）.

Robinson、Shaver、Wrightsman 主编：《性格与社会心理测量总览》，杨宜音等译校，远流出版事业股份有限公司 1998 年版。

Weiner B. *A theory of motivation for some classroom experience* ［J］. Journal of Educational Psychology，1979，（71）.

Weiner，B. *Human Motivation*. Sage Publications，Inc. 1992. 253 – 270.

Weiner，B. *An attribution theory of achievement motivation and emotion* ［J］. Psychology Review，1974，（92）.

Bryant，J.. *Children of international migrants in Indonesia，Thailand and the Philippines：A review of evidence and policies* ［J］. Innocenti Working Paper，2005.

McKenzie，D&Rapoport，H.. *Can migration reduce educational attainment：Evidence from Mexico* ［J］. The World Bank Policy Research Working paper series，2006.

Hanson，G. H. &Woodruff，C.. *Emigration and educational attainment in Mexico* ［J］. Working paper，2004.

Chad D. Meyerhoefer，C. J. Chen. *The effect of parental labor migration on children's educational progress in rural China* ［J］. Re Econ Household，2010.

Pottinger，A. M.. *Children's experience of loss by parental migration in inner city Jamaica* ［J］. American Journal of Orthopsychiatry，2005，75（4）.

W. T. S. GouldandR. Lawton. *planning for Population Change*，Croom Helln Ltd，London. 1986.

Yeager. R. F. Rationality and Retrenchment. *The Use of a Computers Simulation and Urban* society 11.

Cuban. L. 1979，Shrinking enrollment and Consolidation. *Political and organizational Impacts and Arlington*. Viginal 1973 – 1978. Education and Urban society 11.

Mets. M. H. 1981. *The Closing Andrew Jackson Elementary school：Magnets in school system organization and politics*, in B. S. New York. Prager.

AlanPeshkin Growing up American: *Schooling and theSurvial of Community*. Chicago: University of Chicago Press, 1978.

Cotton, D. and A. Frehch, *Enrollment Decline and school Closing in a large City*, *Education and Urban Society*, 1979, 11.

Douglas Leman. *Bringing the school to the Children*: *Shortening the Path to EFA*. 〔DB/OL〕 http://www. worldbank. org/education/notes. asp, 2008 - 03 - 31.

Adrian Bell and Sigsworth Alan. *The small rural primary school*: *a matter of quality* 〔M〕. London; New York: Falmer Press, 1987.

E. S. Lee (1966): *A Theory of Migration. Demography*3 (1).

后　记

　　书稿准备送出版社时，感觉心里还有许多话要说。思绪万千，最想说的还是关于自己的民族教育研究工作方面。我的民族教育研究经历，大致分为三个阶段：

　　第一阶段，起步阶段。由于工作需要，我在实践中学习，需要中学习，不系统的实用主义学习。1995 年 8 月，我从刚任职一年半时间的教务处副处长破格提升为湖北民族学院副院长，先后分管教学、科研、学科与研究生、成教、学报、图书馆等部门，一个破格晋升的年轻数学教授突然又被破格提升为大学校级领导，当时确实感到有些不知所措。但是，我很快意识到自己的责任和使命发生了变化，应该及时调整自己的工作重心和工作思路，调整个人的生活节奏和生活方式，将主要精力放在学校的事业发展上，暂时放缓自己酷爱的代数学研究。

　　初任校级领导，我对自己提出了三点要求：一是不能辜负组织和教职工的期望，尽全力创造性地做好自己应该完成好的工作；二是自己必须加强高等教育理论和管理理论的学习，掌握民族高等教育发展的基本规律，以正确的教育理念和思想指导自己的工作；三是要多关注和了解国内外教育发展形势和研究动态，把握国家教育发展方向和教育政策，使自己的教育思想符合教育发展的方向。于是，我开始一边工作一边自学教育学理论和教育政策以及教育学界的热点。当时我关注并思考了教育界四个方面的问题，并发表了相关文章：第一个是师范教育的变革。湖北民族学院的前身是恩施师范高等专科学校（后经过 1984 年至 1989 年的鄂西大学建设发展成为湖北民族学院），在全国师范院校纷纷向综合化发展的大趋势中，我所面临的是我校的专业发展和教学改革问题，在学习实践的基础上，我撰写发表了一篇关于高等师范教育发展方面的文章《21 世纪的中国高等师范教育》（《湖北民族学院学报》1998 年第 5 期），以此厘清自己的改革思路，使之符合自己学校发展的实际。第二个问题是关于素质教育的提出和起步，我发表了《关于民族地区实施素质教育的思考》（《民族教育研究》1998 年第 1 期）。第三个问题是民族院校的改革发展问题，我发表了《民族高教面临的挑战及思考》（《中国教育报》1999 年 7 月 31 日和人大复印资料《高等教育》1999 年第 9 期）。第四个问题是有关大学教学评估，发表了《论中国特色高等教育质量保证体系的构建》（《中南民族大学学报》2004 年第 4 期）。这期间还发表了一些教育方面的其他文章，这算是我民族教育研究的起步阶段吧！

第二阶段，系统学习研究，走上专业化研究阶段。1999 年 5 月，我参加了华中科技大学（原华中理工大学）高等教育研究所举办的"高等教育学在职博士班"，学习期间有幸聆听了著名教育学家朱九思教授、知名学者涂又光教授、文辅相教授、姚启和教授和沈红教授等的精彩讲课，受益良多。2002 年 3—5 月我有幸被派到国家高级教育行政学院（现国家教育行政学院）20 期高校领导干部进修班学习，听了 30 余场部委领导和相关著名学者的报告。2003 年 7 月我如愿以偿考取著名民族教育家、中央民族大学原校长、博士生导师哈经雄教授的博士研究生，攻读民族学专业的民族教育学方向，于 2007 年毕业并获法学博士学位。这一时期，我除了认真完成学校的相关工作外，就是集中精力扎扎实实读书、学习、思考、研究，系统地提升了自己的专业知识体系，拓宽了个人的人文学科理论知识面，努力使自己成为民族教育研究的专业化学者。这期间，我还主持完成了全国教育规划教育部重点课题"西部大开发背景下武陵地区民族教育发展研究"，主编出版了"武陵地区民族教育研究丛书"（5本）结题成果，其中我主编的《武陵地区民族教育的历史与现状》于 2008 年获湖北省人民政府第六届社会科学优秀成果二等奖，这个课题成果是较为系统研究武陵地区民族教育的最早成果。同时，我还完成了由导师哈经雄教授主持的国家社科基金重点课题"西部大开发与中国少数民族教育改革和发展研究"的子课题"西部大开发与民族院校人才培养模式改革研究"，并与常永才教授合作完成并出版了《新时期民族院校人才培养问题研究》的课题结题著作（总课题鉴定为优秀等次）。另外，还完成了湖北省民族问题研究课题"湖北民族地区劳动力转移素质提高研究"，出版了《湖北民族地区农村劳动力转移研究：以民族教育为视角》（2010 年获湖北省人民政府第七届社会科学优秀成果一等奖）。

2007 年 6 月我被湖北省委调任三峡大学党委常委、副校长。同年，成功申报国家社科基金教育学一般课题"民族教育与土家族非物质文化保护和传承研究"，2011 年完成结题并获良好等次，出版了结题成果著作《土家族非物质文化的教育保护与传承研究》（2013 年获湖北省人民政府第八届社会科学优秀成果二等奖），论文《土家族非物质文化教育传承的主要特征》2014 年获国家民委社会科学优秀成果三等奖。2011 年年底我又成功申报国家社科基金教育学一般课题"民族教育与武陵民族地区农村劳动力转移研究"，本书就是这一课题的结题通过鉴定的成果。这期间（2014）我还成功申报了教育部民族教育问题研究重点课题（也称荣达基金长线课题）"社会转型与民族团结教育创新研究"，该课题正在研究中。除了完成这些研究工作，在此期间，自己也成为中国少数民族教育学会常务理事，教育部全国民族教育专家委员会委员，中国教育人类学会常务理事，中国人类学民族学研究会副会长、常务理事，中国民族学学会常务理事（2002 年至今），国家社科基金通讯评审和成果鉴定专家等。所以，这一阶段是我走上民族教育研究专业化并有所建树的阶段。

第三阶段，拓展自己民族教育研究领域，开展与民族教育紧密相关的应用社会学研究阶段。在第二阶段的研究过程中，自己深切感受到民族教育的许多问题已经不只是民族教育学学科理论本身能解决的，还需要涉及其他学科的内容，特别是与社会变迁和社会转型有直接的紧密关系，即利用社会学学科的理论、原理和方法去分析和阐释民族教育问题，可以得到更好的效果。从实践操作层面看也是如此，许多看似民族教育的问题，在实际工作中却不是单纯的教育部门（教育机构）通过民族教育行动能解决的，它需要政府和社会力量的支持与配合。这一深切的体会把我带入了教育与社会相关的研究，从教育社会学的视角研究教育和民族教育问题，提出了民族教育社会学的学科概念和初步的理论框架建构，这是本书的重要理论成果之一。

2009 年 9 月，学校批准成立了三峡大学应用社会学研究所，我担任第一任所长，组织学校教育学、社会学、民族学、政治学、哲学、文化学等多学科教师，开展了以教育学、社会学、政治学、民族法学为核心内容的综合性应用社会学研究，并在恩施自治州野三关镇建立了实地研究基地和研究生创新实践基地。我们的第一项集体攻关课题是"乡镇社会发展研究"，对野三关镇的教育发展、社会建设、文化发展、旅游发展、安全管理、劳动力转移等问题进行了深入系统的研究，历时两年多完成并出版了"乡镇社会发展研究丛书"（6本），为野三关镇成立了"土家族文化传承院"，建立了"野三关民族博物馆"。2013年我们以应用社会学研究所为基础整合学校和宜昌市相关平台资源，成功申报湖北省人文社科重点研究基地"三峡大学区域社会管理创新与发展研究中心"，我担任第一任主任。这是在党的十八届三中全会重大决定指引下的产物，我们利用开放基金进行的第一个重大攻关课题是"三峡流域城市社会治理研究"。历时三载，于2016年10月完成并出版了"三峡流域城市社会治理研究丛书"（9本），在业界产生了重要影响。现在和未来近5年内主要进行第二批和第三批重大攻关项目"三峡流域社区自治研究"和"应用社会学理论基础研究"，还将建立三峡流域社会发展和社会治理数据库。在第三阶段中，除了对省基地的总体研究方向和课题构建上的思考和把握外，我的研究主要集中在社会转型与教育创新以及社会治理的实践探索上，出版了5本作品，并发表了一系列文章，还成功申报了国家民委民族问题研究课题"武陵地区乡镇社会治理研究"（2014），该课题于2016年完成，经国家民委组织专家鉴定通过并获良好等次。这些研究均提出了一些有价值的学术观点和有意义的对策建议。个人认为这一阶段是我随着国家发展和社会进步的需要，自己在研究过程中对社会发展认识的不断加深，从而自然地开阔了视野、自觉地拓展了自己的研究领域。

回过头来，谈谈本书的研撰事情。本书是由我主持的国家社科基金课题"民族教育与武陵民族地区农村劳动力转移研究"的结题成果，是在全国教育科学规划办组织专家鉴定通过后，再做了适当修改、补充而完善成本书的。历时四年的研究，从实地调研到研究撰写以及发表成果，课题组成员付出了辛勤劳动。在此，我要对课题组成员邓莹辉教授、宋仕平教授、覃美洲副教授、梁贤艳副教授、李建顺副教授、谭瑜博士以及已经毕业参加工作的谢陈陈、王琴、吴容硕士等表示由衷的谢意！感谢中共恩施土家族苗族自治州州委原副书记、现湖北省委高校工委副书记孔祥恩，湘西土家族苗族自治州政协副主席李汉林，铜仁市政协副主席周建英等，以及这些地方的人社部门、民政部门的领导在课题组实地调研过程中给予的大力支持和帮助，感谢现任恩施自治州招商局副局长、时任野三关镇书记的朱宏等领导的支持和帮助。感谢三峡大学社科处副处长周卫华博士为课题的顺利完成所做出的贡献。

该书虽然出版，但肯定还有不尽如人意之处，特别是该书涉及面广而实地调研深入程度有限，可能在概括提炼方面还存在有待完善的空间，恳请相关地方的领导和专家以及广大读者批评指正。

谭志松

云锦花园专家楼

2017 年 12 月 18 日